获得菏泽学院博士基金项目资助。项目名称：数字赋能黄河流新性发展研究。项目批准号：XY22BS46。

传统村落的保护
与创新发展之路研究

韩素娟　著

中国商业出版社

图书在版编目（CIP）数据

传统村落的保护与创新发展之路研究 / 韩素娟著. -- 北京：中国商业出版社, 2023.11
ISBN 978-7-5208-2774-4

Ⅰ.①传… Ⅱ.①韩… Ⅲ.①村落 – 保护 – 研究 – 中国 Ⅳ.①K928.5

中国国家版本馆CIP数据核字(2023)第240263号

责任编辑：王　静

中国商业出版社出版发行

（www.zgsycb.com　100053　北京广安门内报国寺1号）

总编室：010-63180647　编辑室：010-83114579

发行部：010-83120835/8286

新华书店经销

定州启航印刷有限公司印刷

*

710毫米×1000毫米　16开　18.75印张　260千字

2023年11月第1版　2024年1月第1次印刷

定价：78.00元

* * * *

（如有印装质量问题可更换）

前言

随着经济全球化的加速发展,传统村落作为一种独特的文化遗产和历史见证,受到了前所未有的关注。传统村落承载着世代相传的民间文化、风俗习惯和生活方式,是我们民族精神的重要载体,具有较高的文化、历史、艺术和旅游价值。然而,在现代化进程中,传统村落也面临着空心化、被破坏和发展失衡等一系列问题。因此,探讨传统村落的保护与创新发展显得尤为重要。

本书旨在系统阐述传统村落的保护与创新发展相关理论、策略和实践,为政府部门和社会各界提供理论支持和实践指导。全书一共七章。

第一章是传统村落概述。本章首先回顾了传统村落的形成与发展历程,为读者提供了一个宏观的历史背景。其次,对传统村落的分类与特征进行了深入剖析,使读者能够深入了解不同类型的传统村落。再次,对传统村落的空间结构与形态进行了探讨,揭示了其内在的组织逻辑。最后,从新时代的视角出发,探讨了传统村落的价值和保护与发展传统村落的意义,为传统村落的保护与创新发展提供了理论基础。

第二章是传统村落保护与创新发展的理论基础。本章从相关法律法规、可持续发展理论、文化生态学理论和旅游地生命周期理论四个方面展开论述,为传统村落保护与创新发展提供了坚实的理论支撑。

第三章是传统村落保护与创新发展的文化要素分析。本章通过对传统村落的山水文化、民俗文化、建筑文化、农耕文化和乡贤文化五个方面的深入剖析，揭示了传统村落丰富的文化内涵和独特的魅力。

第四章是不同地区传统村落保护与创新发展的模式。本章从浙江省丽水市、江苏省苏州市、广西壮族自治区柳州市和山东省济南市四个地区的实践出发，探讨了不同地区传统村落保护与创新发展的模式。本章通过对比分析，揭示了各地区传统村落保护与创新发展的共性与个性，为其他地区的传统村落保护与创新发展提供了借鉴和启示。

第五章是传统村落保护与创新发展的基本策略。本章从提高主体主动参与意识、加强传统村落基础设施建设、活化传统村落文化要素、探索不同传统村落创新发展模式以及构建传统村落保护效果评估体系五个方面展开论述，为实现传统村落保护与创新发展提供了策略指导。

第六章是传统村落与旅游的协同发展。本章首先对旅游与传统村落旅游做了介绍；其次对传统村落旅游资源分析及其开发进行了探讨；再次，从策略层面探讨了传统村落与旅游协同发展的策略；最后，以老君堂村景区和山东传统村落为例，详细介绍了传统村落与旅游协同发展的实践案例。

第七章是数智技术赋能传统村落的保护与创新发展。本章首先介绍了数字技术与人工智能技术的基本概念；其次，论述了数智技术在传统村落保护与创新发展中的应用；最后，以黄河流域传统村落为例，阐述了数智技术如何赋能传统村落保护与创新发展。

本书旨在通过对传统村落保护与创新发展的深入研究，提供一种全面、系统、科学的研究方法和发展策略，助力传统村落在新时代焕发新活力。通过对传统村落的保护与创新发展进行全方位的探讨，笔者希望为相关领域的研究者、政策制定者和实践者提供有益的参考资料，共同推动传统村落的保护与创新发展，为构建美丽乡村、实现乡村振兴、传承优秀民族文化作出贡献。

前 言

在写作本书的过程中，笔者深感传统村落保护与创新发展任务的艰巨与迫切。我们期待与更多的研究者、实践者共同探讨、共同努力，为传统村落保护与创新发展贡献智慧与力量。同时，我们也期待读者的批评与指正，以求更好地推动传统村落保护与创新发展的研究、实践。

韩素娟

2023 年 3 月

目录

基础理论篇

第一章 传统村落概述 / 003

第一节 传统村落的形成与发展 / 003

第二节 传统村落的分类与特征 / 008

第三节 传统村落的空间结构与形态 / 020

第四节 传统村落的新时代价值 / 026

第五节 传统村落保护与创新发展的意义 / 037

第二章 传统村落保护与创新发展的相关理论 / 045

第一节 相关法律法规 / 046

第二节 可持续发展理论 / 054

第三节 文化生态学理论 / 062

第四节 旅游地生命周期理论 / 069

探索篇

第三章 传统村落保护与创新发展的文化要素分析 / 079

第一节 传统村落的山水文化 / 079

第二节 传统村落的民俗文化 / 084

第三节 传统村落的建筑文化 / 095

第四节 传统村落的农耕文化 / 105

第五节 传统村落的乡贤文化 / 113

第四章 不同地区传统村落保护与创新发展的模式 / 121

第一节 浙江省丽水市传统村落保护与创新发展的模式 / 121

第二节 江苏省苏州市传统村落保护与创新发展的模式 / 130

第三节 广西壮族自治区柳州市传统村落保护与创新发展的模式 / 136

第四节 山东省济南市传统村落保护与创新发展的模式 / 148

第五章 传统村落保护与创新发展的基本策略 / 157

第一节 提高主体主动参与意识 / 157

第二节 加强传统村落基础设施建设 / 164

第三节 活化传统村落文化要素 / 172

第四节 探索不同传统村落创新发展模式 / 184

第五节 构建传统村落保护效果评估体系 / 194

目 录

拓展篇

第六章　传统村落与旅游的协同发展 / 209

　　第一节　旅游与传统村落旅游 / 209

　　第二节　传统村落旅游资源分析及其开发 / 216

　　第三节　传统村落与旅游协同发展的策略 / 225

　　第四节　传统村落与旅游协同发展的案例
　　　　　　——以老君堂村景区为例 / 237

　　第五节　传统村落与旅游协同发展的案例
　　　　　　——以山东省传统村落为例 / 249

第七章　数智技术赋能传统村落的保护与创新发展 / 260

　　第一节　数字技术与人工智能技术 / 260

　　第二节　数智技术在传统村落保护与创新发展中的应用 / 267

　　第三节　数智技术赋能传统村落保护与创新发展
　　　　　　——以黄河流域传统村落为例 / 277

参考文献 / 285

基础理论篇

传统村落的保护与创新发展之路研究

第一章 传统村落概述

第一节 传统村落的形成与发展

一、传统村落的形成

（一）传统村落形成的过程

传统村落是综合了物质文化遗产和非物质文化遗产的具有历史性、地域性和文化独特性的聚落。传统村落的形成可以概括为以下几个阶段。

1. 原始聚落阶段

在史前时期，人类主要以采集、狩猎为生，生活方式以游牧为主。随着生产力的发展和人类对自然环境的认识逐渐加深，人类开始从游牧生活向定居生活过渡，逐渐形成了以家庭为单位的原始聚落。在该阶段，人们的居住地点通常选在水源充足、地势较高的地方，以便于获取食物和水源，并防范野生动物的侵扰。原始聚落的建筑形式简单，主要以木材、竹子、石头等自然材料为主。原始聚落的规模较小，人口数量有限，主要以血缘关系为纽带，形成亲属共同体。

2. 农耕文明阶段

随着农业的发展，人们开始围绕着水源、土地等资源进行聚居，形成了以农耕为基础的村落。和原始聚落相比，该阶段村落的规模逐渐扩大，人口数量增多，农业经济开始发展。农耕文明阶段的村落建筑形式也开始变得多样化，除了住宅建筑外，还出现了仓库、牲畜圈等农业设施。此外，农耕村落的社会结构也逐渐形成，并以家庭为基本单位，形成了不同的社会阶层，有了一定的职能划分。

3. 封建社会阶段

在封建社会时期，传统村落以宗族、家族为核心，具有较强的宗教文化色彩，庙宇、祠堂等宗教建筑成为传统村落的精神中心和象征。宗族、家族是维系村落关系的主要纽带，推动了村落的团结与和谐发展，也承担了一定的法治教育和道德教育职能。宗教信仰在村落中占据举足轻重的地位，对村落的建筑风格、艺术表现以及村民的生活方式产生深远影响。

该阶段村落的经济发展逐渐多样化。除了农业经济外，手工业、商业等非农经济逐渐兴起。这些经济活动为村落的繁荣和发展提供了强大的经济支撑，使村落的生活更加丰富多彩。同时，村落还形成了独特的文化氛围和地域特色。传统的民间艺术、民间信仰、风俗习惯等在村落中得到广泛传播和传承，使村落的文化底蕴更加深厚。同时，村落的教育、科技水平也得到了一定程度的提高，为村落的进一步发展奠定了基础。

总体来说，传统村落的形成是一个漫长的历史过程，经历了原始聚落阶段、农耕文明阶段和封建社会阶段。在这个过程中，地理环境、生产方式、社会结构、宗教信仰、文化传承等因素共同作用，塑造了各具特色的传统村落。这些村落不仅是人类历史和文化的载体，而且为当代社会的发展提供了宝贵的经验。

（二）传统村落形成的影响因素

传统村落的形成受到人类历史上各个阶段的自然环境、历史文化、社会制度、经济发展等诸多因素的影响。

1. 自然环境因素

自然环境是影响传统村落形成的重要因素。地理环境、气候条件、水源分布等自然因素对村落的选址、布局、建筑风格等方面产生了重要影响。例如，传统村落通常会选择临近河流、湖泊等水源的地方建立，以便于农业生产和居民生活。同时，山地、丘陵、平原等不同地貌特征也决定了村落的布局和建筑风格。

2. 历史文化因素

历史文化对传统村落的形成具有重要影响。不同民族和地区的文化传统、民风民俗、艺术风格等都会在村落的建筑、布局、风俗等方面体现出来。同时，村落也是历史文化传承的载体，村民们通过举办各种节庆活动、民间艺术活动等方式传承和弘扬文化。

3. 社会制度因素

社会制度是影响传统村落形成的重要因素之一。封建制度、土地制度、宗族制度等社会制度在一定程度上决定了村落的社会结构、权力分配以及与外界的交往。例如，在以宗族为基本单位的村落中，宗族的分布、地位等将对村落的布局和建筑产生重要影响。

4. 经济发展因素

经济发展是传统村落形成的重要推动力。不同历史时期的经济发展状况会影响村落的生产方式、生活方式和人口规模等方面。例如，农耕经济的发展促使人们围绕着水源、土地等资源进行聚居，从而形成以农耕为基础的村落。随着手工业、商业等经济形态的发展，村落的经济结构逐渐多元化，对村落的形态产生了影响。

5. 交通因素

交通条件也在很大程度上影响着传统村落的形成。易于通行的地区往往有利于村落的形成和繁荣，同时也有利于村落文化、技术和资源的交流与传播；相反，交通不便的地区往往会形成相对封闭的村落，其发展可能受到一定程度的限制。

6. 战争和自然灾害因素

战争和自然灾害也会对传统村落的形成产生影响。战乱时期，人们可能会选择远离战火的地区建立村落，而灾害频发的地区则可能导致村落的迁移或消失。另外,战争和灾害也可能促使人们团结一致,共同抵御外敌和自然灾害,从而加强村落的凝聚力。

7. 生产生活因素

生产生活因素对传统村落的形成具有直接影响。为了满足居民的生产生活需求,村落在选址和布局上需要充分考虑到农田、水源、建筑材料等资源的分布,以便于提高生产效率和改善居民生活条件。此外,村落内部的空间布局也会根据生产生活的需要进行调整,如设置集市、作坊、祠堂等功能性建筑。

深入了解和研究这些因素,有助于人们更好地认识传统村落的独特魅力和价值,为保护和发展传统村落提供有力的理论支持。

二、传统村落的发展

传统村落在发展的过程中也会受到多种因素的影响,具体而言,主要包括以下几个关键要素。

(一)生产方式的变革与技术进步

传统村落的发展与生产方式的变革和技术进步密切相关。从原始聚落到农耕村落,再到封建社会阶段的村落,生产方式的变革推动了村落经济的发展。随着农业技术水平的不断提高,耕地的利用率得到提升,农业产量大幅增加,为村落的繁荣提供了物质基础。与此同时,手工业、商业等非农产业的兴起,使得村落经济逐渐多元化,推动了社会分工的发展。这些新兴产业的发展为村民提供了更多的就业机会,提高了他们的生活水平,从而促进了村落的发展。

(二)人口变化与社会组织结构

传统村落的发展与人口变化和社会组织结构紧密相关。随着村落规模的扩大,传统村落中人口数量逐渐增多,家族和宗族关系变得更加复杂。这些变化促使村民形成更为紧密的组织关系,以应对外部的压力和解决内部的矛盾。在封建社会阶段,家族、宗族成为村落社会关系的核心。他们通过联姻、互助等方式加强联系,维护村落的团结和稳定。家族、宗族还承担了一定的教育职能,为村落的发展提供了有力的支撑。

(三) 文化传承与创新

文化传承与创新是传统村落发展的重要驱动力。在长期的历史发展过程中,传统村落形成了独特的地域文化、民间艺术、风俗习惯等。这些传统文化得到了村民的传承和发扬,为村落的发展提供了精神支柱。随着时代的变迁,传统村落面临着诸多挑战,如生态环境恶化、传统产业衰退等。为应对这些挑战,村民要积极创新,将传统文化与现代科技相结合,发展新兴产业,推动村落的发展。

(四) 与外部世界的互动

传统村落的发展离不开与外部世界的互动。在历史长河中,传统村落并非孤立存在,而是与周边地区以及其他文明进行着不断的交流和互动。一方面,村落之间通过贸易、人口流动等方式进行了文化、技术和资源的交流。这种交流促进了村落经济的发展,丰富了村落文化,提高了村民的生活水平。同时,这种交流也促进了外来文化的融入,使村落的文化更加多元化,更具包容性。另一方面,与外部世界的互动使传统村落在应对各种挑战时具备了更强的适应性。面对外来侵扰、自然灾害等威胁,村落通过加强与外部世界的联系,吸收新的知识和技能,提高了自身的防御能力。

(五) 政策与法规

政策与法规在传统村落的发展中起到了关键作用。在不同的历史时期,政府的政策对村落的经济、社会、文化等方面产生了重要影响。尤其在近现代,政府对传统村落的保护与发展给予了越来越多的关注。一方面,政府通过制定相应的法律法规,保护了传统村落的自然环境、历史文化、民间风俗等。这些法律法规为传统村落的发展提供了有力的保障，确保了村落的可持续发展。另一方面，政府还通过扶持政策，支持传统村落的产业转型和创新发展。例如，发展乡村旅游、文化产业等新兴产业，为传统村落带来了新的发展机遇。

总之，传统村落的发展是一个多维度、多层次的过程。在生产方式、人口变化、文化传承与创新、与外部世界的互动、政策与法规等诸多因素的共同作用下，传统村落得以在历史长河中不断发展和繁荣。

第二节　传统村落的分类与特征

一、传统村落的分类

传统村落可以根据不同的标准进行划分，图 1-1 列出了几种常见的分类方式。

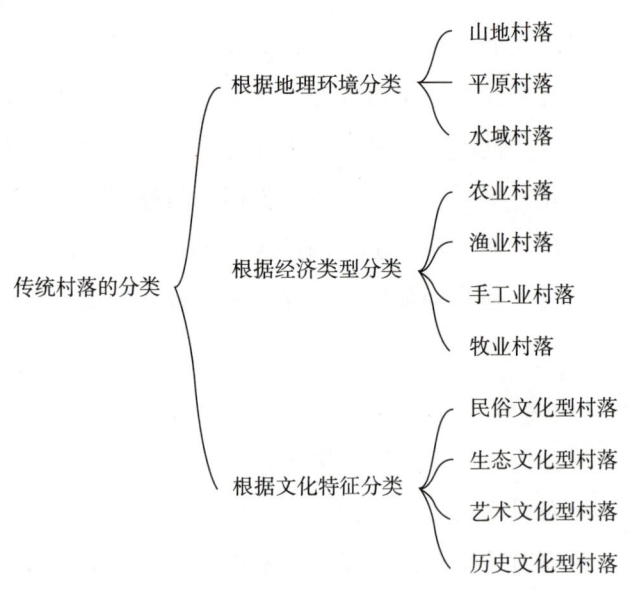

```
                          ┌─ 山地村落
           根据地理环境分类 ─┼─ 平原村落
          │               └─ 水域村落
          │
          │               ┌─ 农业村落
传统村落的分类 ─根据经济类型分类 ─┼─ 渔业村落
          │               ├─ 手工业村落
          │               └─ 牧业村落
          │
          │               ┌─ 民俗文化型村落
          └─ 根据文化特征分类 ─┼─ 生态文化型村落
                          ├─ 艺术文化型村落
                          └─ 历史文化型村落
```

图 1-1　传统村落的分类

（一）根据地理环境分类

根据地理环境，传统村落大致可分为山地村落、平原村落和水域村落。

1. 山地村落

山地村落分布在我国各地的山区，地形复杂，这类传统村落的主要特点有以下几点。

（1）地形地貌独特。山地村落地处丘陵、山脉等多变地形地区，地势较为险峻。这种地貌使得村落拥有较强的自然防御功能，同时也为村落赋予了壮丽的自然景观。

（2）农业多样化。由于山地地形和土壤条件的差异，山地村落的农业发展呈现出多样化特征。例如，山坡地可种植茶叶、果树等经济作物，山谷地可种植粮食作物和蔬菜等。

（3）交通不便。山地村落的交通条件相对较差，道路曲折且狭窄。这使得山地村落的生产生活与外界交流相对受限，但也有利于保护当地的生态环境和传统文化。

（4）建筑风格与地形地貌相适应。山地村落的建筑风格通常以地形地貌为依据，如悬崖上的悬空寺、依山而建的民居等。这些建筑充分利用地形地貌的特点，节约土地资源，保持自然环境的和谐。

（5）山地文化丰富。山地村落拥有独特的山地文化，如山地农耕文化、民间信仰、神话传说等。这些传统的山地文化为村落赋予了鲜明的文化特色。

2. 平原村落

平原村落位于地势平坦、土地肥沃的平原地区，这类传统村落的主要特点有以下几点。

（1）以农业为主要经济支柱。由于土地肥沃且气候适宜，平原村落的农业发展水平较高，种植业和畜牧业是村民的主要生产和经济来源。

（2）空间布局规整。平原地区地势较为平坦，有利于规划和布局。

因此，平原村落的空间布局通常较为整齐有序，农田、水系和交通设施相对完善。

（3）农业文化丰富。平原村落拥有悠久的农业历史和丰富的农耕文化，包括耕作、种植、丰收等农事活动，这些传统的农业文化为村落赋予了独特的文化特色。

（4）村民生活节奏稳定。平原村落的村民以务农为主，生活节奏较为稳定。此外，由于平原地区土地辽阔，村民们通常能够拥有较为宽敞的居住环境。

（5）社群关系紧密。平原村落的村民相互依赖，形成了紧密的社群关系。在农耕、生产和生活等方面，他们互相支持和帮助，共同维护村落的和谐稳定。

3. 水域村落

水域村落的水系发达，水文条件独特，这类传统村落的主要特点有以下几点。

（1）独特的水文条件。水域村落地处水系丰富的区域，拥有湖泊、河流、水道等水资源。这些水资源为村落提供了丰富的水产、灌溉和航运等资源。

（2）以渔业和水上交通为主要经济支柱。水域村落的渔业资源丰富，渔业是村民的主要生产和经济来源。此外，水上交通也在该类村落的经济发展中扮演着重要角色。

（3）建筑风格和生活方式与水密切相关。水域村落的建筑风格通常以水为主题，如水上人家、渔排等。村民的生活方式也以水为主题，如捕鱼、养殖、航运等。

（4）水域文化丰富。水域村落拥有独特的水域文化，包括渔业知识、水上民俗、船只制造等。这些传统的水域文化为村落赋予了鲜明的文化特色。

（二）根据经济类型分类

根据经济类型分类，传统村落可分为农业村落、渔业村落、手工业村落和牧业村落。

1. 农业村落

农业村落是指以农业为主要经济来源的传统村落，包括种植业、畜牧业等。其主要特点如下。

（1）紧密依赖土地资源。农业村落的生产活动主要依赖土地，土地资源为村民提供了生产资料和生活来源。

（2）农业生产为主要经济支柱。农业村落的经济来源以农业生产为主，种植业、畜牧业等为村民创造收入。

（3）农耕文化和乡土风俗丰富。农业村落拥有悠久的农耕历史，形成了丰富的农耕文化和乡土风俗。

2. 渔业村落

渔业村落是指以渔业为主要经济来源的传统村落，主要依赖水域资源。其主要特点如下。

（1）丰富的水域资源。渔业村落地处水域资源丰富的区域，拥有湖泊、河流、水道等水域资源，为渔业生产提供了基础。

（2）渔业为主要经济支柱。渔业村落的渔业资源丰富，捕捞、养殖等渔业活动为村民创造收入。

（3）渔村文化丰富。渔业村落拥有独特的渔村文化，包括渔业知识、水上民俗、船只制造等。

3. 手工业村落

手工业村落是指以手工制品生产和销售为主的村落，拥有悠久的手工艺传统。其主要特点如下。

（1）传统手工艺技能丰富。手工业村落拥有丰富的手工艺技能，如编织、陶瓷、木雕等，为村民提供生产和经济来源。

（2）手工制品为主要经济支柱。手工业村落以手工制品生产和销售为主要经济来源，产品多样化且具有独特的地方特色。

（3）丰富的民间技艺和传统工艺文化。手工业村落拥有丰富的民间技艺和传统工艺文化。这些传统的手工艺为村落赋予了鲜明的文化特色。

4. 牧业村落

牧业村落是指主要以畜牧业为生产和经济来源的村落，通常分布在草原、高原等适宜放牧的区域。其主要特点如下。

（1）适宜放牧的自然环境。牧业村落位于草原、高原等生态环境优越的地区，为畜牧业生产提供了良好的条件。

（2）畜牧业为主要经济支柱。牧业村落以畜牧业为主要经济来源，如养殖、剪毛、乳制品加工等。

（3）丰富的游牧民族文化。牧业村落拥有丰富的游牧民族文化，包括民族传统、生活习俗、民间信仰等，为村落赋予了鲜明的文化特色。

（三）根据文化特征分类

根据文化特征分类，传统村落可分为民俗文化型村落、生态文化型村落、艺术文化型村落和历史文化型村落。

1. 民俗文化型村落

民俗文化型村落是以丰富的民俗文化为特色的传统村落。这类传统村落的主要特点如下。

（1）独特的民俗文化。民俗文化型村落拥有丰富的物质、精神和社会民俗文化，如建筑风格、服饰、饮食、娱乐、节庆、礼仪等。这些传统文化是村落的地方特色，也是村落历史文化的重要组成部分。

（2）民俗活动丰富。这类村落通常有丰富的民俗活动，如庙会、舞狮、舞龙、村庙祭祀等。这些活动具有浓厚的地方特色，展现了村民对传统文化的传承和发扬。

（3）生活方式与民俗文化密切相关。民俗文化型村落的生活方式通常与当地民俗文化密切相关，村民生活中的各种习俗和活动都是民俗文化的体现。

第一章 传统村落概述

（4）民俗文化传承和保护。这类村落通常重视民俗文化的传承和保护，通过举办各种活动、培训和展示等方式，让更多人了解和传承民俗文化。

2. 生态文化型村落

生态文化型村落是以自然生态环境为特色的村落。这类传统村落的主要特点如下。

（1）优美的自然生态环境。生态文化型村落拥有美丽的山水、湖泊、森林、草原等自然景观，为村落提供了宜居的生态环境。

（2）重视生态文化传播和保护。这类村落通常重视生态文化的传播和保护，通过举办各种活动和宣传，提高村民和游客对生态环境的认识和保护意识。

（3）注重生态农业发展。这类村落注重发展生态农业，采用有机农业种植、绿色养殖等方式，保证生态环境的可持续性，并为村民提供健康、安全、绿色的食品。

3. 艺术文化型村落

艺术文化型村落是以某种艺术形式为特色的村落。这类传统村落的主要特点如下。

（1）独特的艺术形式。艺术文化型村落拥有丰富的艺术形式，如曲艺、民间音乐、绘画、雕刻等，这些艺术形式与当地的自然和人文环境有密切关系。

（2）重视艺术的保护与传承。艺术文化型村落注重保护和传承传统文化遗产，继承和弘扬传统艺术形式，保护当地的历史文化资源。

（3）注重文化交流和活动。艺术文化型村落常常会举办各种文化交流活动，吸引外来游客和艺术家，促进文化交流和艺术创作。

4. 历史文化型村落

历史文化型村落是以历史文化遗迹等为特色的村落。这类传统村落的主要特点如下。

（1）丰富的历史文化遗迹。历史文化型村落拥有众多历史文化遗迹，如古代战争遗址、历史文化名人故居等，这些遗迹是村落历史文化的重要组成部分。

（2）注重保护和修复历史文化遗产。这类村落通常重视历史文化遗产的保护和修复，通过修缮、维护和开放等措施，保持历史遗迹的完整性和真实性。

（3）重视历史文化教育与传承。历史文化型村落通常重视历史文化的教育与传承，通过设立博物馆、纪念碑、雕塑等，传播历史知识，培养村民和游客的历史文化意识。

二、传统村落的特征

前面针对不同类型村落的特点进行了论述，在此，笔者将立足于传统村落这一整体性的概念，论述其特征。

（一）历史悠久

传统村落，作为一个地区历史的见证者和承载者，拥有数百甚至上千年的历史，凝聚着世代相传的文化底蕴。这些村落不仅见证了历史的风云变幻，更是人类活动演变过程的一个缩影。在这些古老的村落中，我们可以感受到历史的沧桑，也能触摸到先民们智慧的火花。传统村落中的建筑、风俗、习惯等，无不蕴含着深厚的历史信息，为我们了解和研究过去的社会提供了珍贵的实物资料。具体来说，传统村落的历史悠久性主要表现在以下几个方面。

1. 传统村落的建筑风格是历史的写照

在不同的传统村落中，其建筑风格各异，这反映了不同时期、不同地域的文化特点。这些历史建筑如同活化石，从古至今屹立在这片土地上，诉说着曾经的辉煌。它们承载着世代居民的生活方式和价值观，形成了独特的地域文化。古建筑的结构、装饰、材料等都是研究古代建筑技艺、社会制度、民间信仰等的重要依据。

2.传统村落的民间风俗是历史的记忆

传统村落的民间风俗丰富多彩，具有很高的文化价值。这些风俗活动不仅为村民的生活增色，还在无形中将历史传承下去。这些风俗活动包括节庆、祭祀、婚丧喜庆等，它们凝聚了民间的智慧与情感，反映了人们对自然、社会的认识与信仰。从这些风俗活动中，我们可以窥见过去的社会风貌，感受到历史的气息。

3.传统村落的民间艺术是历史的精华

传统村落的民间艺术形式繁多，具有鲜明的地域特色。这些艺术形式包括剪纸、刺绣、陶艺、木雕等，它们承载着民间智慧与审美观念，是先民们对生活的独特诠释。在这些作品中，我们不仅可以欣赏到民间艺术家的精湛技艺，还能体会到他们对美好生活的追求与向往。这些民间艺术作品是研究历史文化的宝库，为我们揭示过去的生活场景、价值观念和审美取向提供了重要线索。

4.传统村落的地理环境和自然资源是历史的底蕴

很多传统村落位于地势险要、水源丰富的地区，当地的地理环境和自然资源为人们的生活、生产提供了得天独厚的条件。在这些村落中，我们可以看到古代农耕文明的痕迹，如梯田、水利设施等，它们诠释了人与自然的和谐共生。这些自然景观和人文景观相辅相成，为研究历史环境变迁、人类活动演变提供了珍贵的实物资料。

总之，传统村落是一个地区历史的载体，承载着世代居民的生活方式和价值观。通过研究这些村落的建筑、风俗、艺术等方面，我们可以深入了解过去的社会，感受历史的沧桑与传承。这些村落如同一部活着的历史教科书，为我们提供了丰富的实物资料，帮助我们揭示历史的奥秘。

（二）较强的地域性和生态价值

传统村落通常根据周围的地理环境而建立，如山地、平原、河流、湖泊等，使得每个村落都具有独特的地理特点和景观。在漫长的历史过程中，村落居民逐渐适应并利用周围的自然条件，形成了与之相适应的生产方式和生活习惯。这种与自然环境紧密相融的特征使传统村落具有较强的地域性和生态价值。具体而言，其地域性和生态价值主要体现在以下几个方面。

1. 传统村落的生产方式与生活习惯彰显了地域性特征

在传统村落中，我们可以发现丰富多样的农耕、渔猎、手工业等生产方式，它们与周围的自然环境密切相关。这些生产方式和生活习惯是村民们在长期的历史实践中形成的，它们反映了人们对所处环境的认识和适应。这种地域性特征不仅有助于我们了解古代人类的生产活动和生活方式，还为地理学、生态学、人类学等多学科的研究提供了有益的参考。

2. 传统村落的民间信仰与习俗融汇了地域文化

在传统村落中，民间信仰与习俗丰富多样，具有鲜明的地域性。这些信仰与习俗往往源于人们对自然环境的崇拜和敬畏，表达了人们对生活环境的感悟和对美好生活的向往。它们既包括对自然神灵的信仰，如山神、水神、土地神等，也包括对祖先、英雄、历史人物的敬仰。这些信仰与习俗在地域文化的传承与发展中扮演着重要角色，为我们研究古代社会的宗教信仰、道德观念、民族心理等方面提供了宝贵的线索。

3. 传统村落的生态保护与可持续发展思想彰显了地域性的智慧

在传统村落中，我们可以看到许多生态保护的实践，如水土保持、植树造林、土地休耕等。这些生态保护措施不仅有利于维护生态平衡，还有助于实现可持续发展。这种生态保护与可持续发展思想是古代人类对自然环境的珍视与尊重，为我们今天的生态文明建设提供了宝贵的借鉴和启示。

4. 传统村落的选址与布局充分体现了对自然环境的尊重与利用

古人在选择村落建设地点时，充分考虑了地势、气候、水源等因素，力求达到人与自然的和谐共生。这些村落的布局往往顺应地形，既能满足居民的生活需要，又能保护生态环境。这种选址与布局方式是对自然地理条件的充分利用和保护，为研究古代人类对自然环境的认知和适应提供了宝贵的实物资料。

综上所述，传统村落具有较强的地域性特征和生态价值。在这些村落中，我们可以看到地理环境与人类活动的紧密联系，感受到古代人类对自然环境的认知、尊重与利用。这些地域性特征和生态价值不仅丰富了我们对传统村落的认识，还为多学科的研究提供了有益的参考。在现代社会高度重视生态文明建设的背景下，我们更应该关注传统村落的地域性和生态价值，借鉴古代人类的智慧，为当代生态环境保护和可持续发展贡献力量。

（三）社会结构稳定

传统村落以家族、宗族为核心，形成了稳定的社会结构。这种结构在维护社会秩序、促进村落和谐发展方面发挥了重要作用。同时，家族与宗族在村落中的组织作用也有助于传承家族传统、习俗和道德观念，为居民之间的相互帮助和亲情往来提供了有力的支撑。下面，笔者将针对传统村落的社会结构稳定及家族、宗族传承进行深入探讨。

1. 家族与宗族是传统村落社会结构的基础

在这种结构中，家族成员之间关系紧密，形成了一种类似现代企业的组织模式。家族内部的长辈担任领导角色，负责处理家族事务、制定家族规矩、解决纠纷等。这种以家族为基本单位的社会结构在一定程度上保障了社会的稳定，为村落的长远发展提供了有利条件。

2. 家族、宗族的传统与习俗在社会结构中起到了重要的纽带作用

这些传统与习俗包括家族祠堂的建设、祖先的祭祀、家族的联谊活动等。这些活动不仅加强了家族成员之间的凝聚力，还使家族文化得以传承。此外，这些习俗与传统还对家族成员的道德观念和行为规范产生了深远影响，使得村落内部的秩序得以维持。

3. 家族、宗族在传统村落的经济发展中扮演了重要角色

在农耕社会，家族、宗族成员共同耕作、繁衍生息，形成了一种以家族为单位的经济生产方式。这种方式在一定程度上保障了村落的经济发展和稳定。同时，家族、宗族之间的互助合作也促进了村落的社会和谐，为经济发展创造了良好的社会环境。

4. 家族、宗族间的亲情往来与相互帮助在传统村落中具有重要意义

家族成员之间关系密切、亲情深厚，这使得村落内部的人际关系更加和谐，人们相互信任和支持。当有人遇到困难时，家族成员会积极伸出援手，提供物质和精神上的支持，这种相互帮助的精神也促进了村落的社会稳定。

总之，传统村落的社会结构以家族、宗族为核心，这种结构在维护社会秩序、促进村落和谐发展方面发挥了重要作用。同时，家族、宗族传承的习俗和传统也对村落内部的秩序、道德观念、经济发展等方面产生了深远影响。虽然现代化进程使得传统村落的社会结构和生活方式发生了变化，但是我们仍然可以从中吸取宝贵的经验和教训，为当今社会的发展提供借鉴和启示。

（四）丰富的文化底蕴

传统村落作为一个地域性的文化载体，凝聚了世代相传的历史文化、民间传统和宗教信仰。这些瑰宝般的文化底蕴在建筑、艺术、手工艺、歌舞、戏剧等多种文化形式上得到了充分的体现。世代相传的文化传统使得每个传统村落都具有鲜明的个性和特色，这些文化现象不仅反映了居民的生活方式、审美观念和道德观念，也为当地的经济发展和文化交流提供了有力的支撑。

1. 建筑艺术是传统村落文化底蕴的重要体现

每一座古建筑都诉说着一段历史，承载着一份文化记忆。不论是精美的木雕、砖雕，还是富有地方特色的建筑风格，都展示了古人的智慧和匠心独具的艺术成就。传统村落中的建筑不仅具有很高的历史价值，更是研究和传承民族文化的宝贵资料。此外，古建筑和传统村落的和谐共生，为现代人提供了一次追溯历史、体验古韵的难得机会。

2. 民间传统是传统村落文化底蕴的核心内涵

民间传统主要包括祭祀仪式、民俗活动、传统技艺等。这些传统活动不仅是村民之间心灵交流的纽带，也是传承先祖智慧、弘扬民族精神的重要途径。祭祀仪式、庙会、婚丧嫁娶等民间活动展示了当地人民对祖先、对生活的敬畏和感恩，传承了世代相传的信仰和道德观念。而传统技艺，如剪纸、刺绣、陶瓷制作等，无论是在技艺水平还是民间风格方面，都显示出独具特色的民族气息和地域文化特征。

3. 歌舞、戏剧等表演艺术是传统村落文化底蕴的生动表现

歌舞、戏剧等表演艺术往往融入了丰富的民间故事和传奇，寓教于乐，启迪着民众的心灵。地方戏剧、民间舞蹈等形式多样的艺术表现，不仅体现了当地的风土人情，也为世人呈现了一幅幅栩栩如生的历史画卷。这些表演艺术见证了传统村落的发展变迁，也成为弘扬民族文化、推动地区交流的有力载体。

4. 饮食文化是传统村落文化底蕴的独特风味

传统村落的饮食文化是地域文化的重要组成部分，反映了当地居民的生活习惯、口味特点和饮食传统。各种具有地方特色的美食、传统烹饪技艺以及饮食习俗，都为传统村落增添了独特的魅力。饮食文化不仅满足了人们的生活需求，还承载了民族精神，传承了世代相传的饮食智慧。

总之，传统村落丰富的文化底蕴是一个无尽的宝藏，汇集了历史文化、民间传统、歌舞戏剧表演、饮食文化等多种元素。这些文化现象反映了居民的生活方式、审美观念和道德观念，也为当地的经济发展和文化交流提供了有力的支撑。在现代社会，我们应该积极保护、传承这些传统村落的文化底蕴，让它们在不断发展中焕发出新的生机与活力，成为世代相传的文化瑰宝。

第三节　传统村落的空间结构与形态

一、传统村落的空间结构

传统村落的空间结构是复杂的，而且不同类型的村落，其空间结构也存在一定的差异。总体而言，传统村落的空间结构一般分为三种类型：点状空间、线形空间和面块空间。

（一）点状空间结构

点状空间是指村落中心点、临界点等所限定出来的空间区域，它在村落空间形态构成中往往起着画龙点睛的作用。这些"点"一般指祠堂、中心广场、宅院、庙宇、古井等，它们具有凝聚性、吸附力，是百姓容易集中的地点，地理位置比较优越。

在村落的建设与发展中，空间结构中的第一级空间尺度就是中心，它是以"点"要素构建空间核心的结构形式。以生长点为中心，以均衡或非均衡的方式呈同心圆或放射状向外拓展，构建空间体系。生长点是指一个聚落最早形成的地方，通常是由于资源丰富或者地形优越而成为最初的聚落点。随着聚落的发展壮大，生长点会成为聚落中心，并且逐渐向外扩散，形成一些次级中心，如市场、庙宇、广场等。

（二）线形空间结构

线形空间主要指村落中街巷、河流沿线、寨墙沿线等空间，它是村落空间结构中的第二级空间尺度。街巷空间是组织村落活动、道路交通的重要载体，也是百姓开展日常活动、商业活动的场所。河流沿线是村落生产、生活的重要地带，许多村落因水而建，河流成为村落的生命线。寨墙沿线则在历史上起到了重要的防御作用，如少数民族村落的围墙、瓮城等。

传统村落多以自然山水屈曲环绕的线形布局构建灵活多变的空间结构，以道路延伸控制村落空间的生长方向，以大小街巷网络构建村落内部空间的生长骨架。由于人们的集聚和人口规模的扩大，村落通常呈网状结构，纵横交错，相应生成了方便人群交往的空间，解决了村落中的交通问题。例如，江西省流坑村的"七横一竖"格局。该村在历史上曾形成耕种和漕运相结合的产业主体，因此村子根据河流位置及水运需求，采用垂直河岸的七条纵向街巷和平行河流的一条横向街道组成道路骨架，控制村落的整体布局。七条纵向街巷的入口设有码头、巷门，各分巷内布置不同房派的居住组团。各组团沿巷道两侧建住房，中心地段建各房派祠堂，形成七个居住组团，使该村的产业活动与居家有机结合，成为罕见的聚落格局。

（三）面块空间结构

面块空间通常分为两种：第一种是村落内集中的开敞空间面积占整个村落面积的一半以上，并在历史上发挥着一定的作用；第二种是村落空间中没有点状空间，也无法形成强有力的汇聚中心。

传统村落中最常见的面块空间是院落组合，它是传统村落结构的最基本单位。院落是内向性空间，也是传统村落空间中处于主体地位的构成要素。在传统村落中，以"面"形态构建的具有明显边界的封闭性空间通常被称为"领域"。这些封闭性空间的边界界面大至山川、河流、树林，小至竹篱、围墙。

传统村落空间注重封闭格局，常选址于群山环抱、河水绕流的封闭领域构建山水之中的居住环境。同时，许多传统村落出于安全防卫需求而筑墙围舍，形成封闭的聚落。例如，山西传统村落多以"堡"的形式构建具有防卫功能的封闭式聚落环境，而福建客家土楼则以土楼形式构建规模巨大、具有防卫功能的集聚建筑。这些面块空间的结构形态是根据不同地域的功能要求和当地建筑的营建特征形成的。

在传统村落环境空间设计中，为了构建更宏观的面块空间还会使用"群组"。这些群组由具有界面意义的建筑、标志物、林木、山石等要素组成。采用"起""延""开""合""转""渗"的结构方式，可以组织群体空间的层次、韵律、节奏的形态变化。标志物如树、塔、庙等可以作为起点（称为"水口"），划分外界空间。而路、桥、树或纪念建筑（牌坊、亭）则可以延伸空间。公共建筑和广场如祠堂、庙宇、戏台等则形成村内的开放空间，供村民开展聚集活动。街、巷则可以收敛和转折空间引向宅群。灵活的界面（如矮墙、竹篱、花台等隔断）可以被用来创造群组空间的互相渗透。不同的群组空间组合在一起可以塑造出多姿多彩的空间形象和聚落景观。

例如，贵州省雷山郎德上寨选址于群山环抱、寨前溪水绕流的福地。村寨依山就势、灵活布局。标志性的风雨桥横跨村前溪水，设有三个寨门，寨内道路沿地形弯曲延伸。大小广场和水塘形成村寨的活动中心，其中最大的芦笙场是全寨民族节日活动场所。民居随地形变化自由组合成大小不一、形式各异的组团空间，并以吊脚楼的形式创造出相互渗透的空间关系。宅田和路桥相互连接，构建出了一个绿色田园村寨的景象。这些设计策略的运用，使得传统村落环境空间更具生命力和美感。

二、传统村落的形态

传统村落的形态是各空间及建筑要素以街巷空间结构为骨架形成整体后所呈现出的形式，是一个村落的所有物质实体、实体环境以及各类活动的空间载体。它不仅是建筑形式的产物，更是广泛的生活方式、文化观念等社会文化长期积累形成的空间特色和场所精神，是展现地方性特色的重要因素。我国传统村落的形态有多种，下面简要介绍其中的几种。

（一）集中型村落

集中型村落是传统乡村空间布局的一种重要类型，以一个或多个核心体为中心，呈现出内向性群体空间的特点。核心体通常包括宅院群、宗庙、戏台、山林、广场等公共活动空间，构成了村落的象征性核心。集中型村落以核心体为中心，向外呈放射状扩展，形成了一个相对封闭的空间格局。这种空间结构既满足了居民的生活需求，又体现了村落的独特文化特征。下面，笔者将针对集中型村落的内涵特征进行深入探讨。

1. 核心体的设立体现了居民对公共生活空间的重视

核心体作为村落的中心，集聚了各种公共活动场所，如学堂、会馆、庙宇等。这些场所不仅是村民日常生活的重要组成部分，也是传承村落文化、弘扬民间智慧的重要载体。核心体的设立有助于加强村民之间的交流与联系，增进彼此之间的感情，促进村落的和谐发展。

2. 集中型村落的封闭空间结构体现了居民对安全与和谐的追求

在这种空间结构中，住宅、街巷、公共建筑紧密相连，形成了一道道防线，有利于防范外敌侵扰，保障村民的生命财产安全。同时，封闭的空间布局也有助于维护村落的内部秩序，增强村民之间的凝聚力和向心力。

3. 集中型村落的空间布局展现了独特的地域文化特征

各地的集中型村落在空间布局上均有其独特之处，如福建省田螺坑村的土楼、湖南省汝城县的祠堂群等。这些地域性特征不仅体现了当地居民的生活习惯和建筑风格，还凝聚了世代相传的民间智慧和文化传统。这种独特的地域文化特征为集中型村落增添了丰富的文化内涵，使之成为研究地域文化的重要窗口。

4. 集中型村落的空间布局在功能分区上表现出一定的合理性

尽管集中型村落的空间相对封闭，但住宅、商铺、手工艺作坊等各类功能区域却相互依存、互补共生。这种布局方式有助于提高居民的居住环境质量，满足居民在居住、生产、娱乐等方面的需求，同时也有利于维护村落的生态平衡，实现可持续发展。

（二）组团型村落

组团型村落是传统乡村空间布局的另一种重要类型，以多个宅区组团随地形变化或道路、水系相联系的群体组合空间形态为特点。这种村落形态具有层级清晰的空间秩序，通常用于功能性较强的村落，体现了严密的组织关系。组团型村落的布局较为宽松，多呈长方形、扇形、圆形等团块状，以纵横街巷为基本骨架。街巷平直多以直角相交，主次分明，承担村落主要交通功能。下面，笔者将针对组团型村落的内涵特征进行深入探讨。

1. 多元化的群体组合反映了村落居民对生活空间的合理利用

随着地形变化和道路、水系的联系，各个宅区组团形成一个有机的整体。这种空间布局方式充分利用了自然环境，减少了对土地资源的浪费，同时提高了居住环境的舒适度。多元化的群体组合有利于满足村民在生产、居住、交流等方面的需求，促进村落的和谐发展。

2. 组团型村落的有序空间秩序展现了严密的组织关系

在组团型村落的空间结构中，各个宅区组团按照一定的规律排列，形成了清晰的层级关系。这种有序的空间布局有助于维护村落内部的秩序，促进村民之间的交流与合作。此外，有序的空间秩序还为村落的规划与建设提供了便利，有利于实现村落的可持续发展。

3. 组团型村落的街巷布局充分体现了交通功能的重要性

在组团型村落中，纵横街巷作为村落的基本骨架，以直角相交的方式连接各个宅区组团。这种街巷布局既方便了村民的出行，又提高了村落的交通效率。街巷的主次分明，有利于满足村落内部的交通需求，同时也有助于引导村落外部的交通流向。在这样的街巷布局下，村民的生活和生产更加便利，也为村落的商业活动提供了良好的条件。

4. 组团型村落的空间布局在保护生态环境方面具有积极意义

组团型村落在充分利用自然资源的基础上，注重与周围环境的和谐共生。在村落的规划与建设过程中，充分考虑地形、水系、植被等自然因素，力求实现人与自然的和谐共处。这种生态友好的空间布局有利于维护村落的生态平衡，保障居民的生态福祉。

（三）带状村落

带状传统村落，作为一种受地形、交通和资源条件影响而形成的村落空间布局方式，具有独特的历史、地理和文化内涵。这种村落布局沿着自然地势，如山脉、河流、道路等线形地貌，线形发展。带状村落不仅充分利用了有利的地理环境和资源条件，为居民提供了便利的生活条件，还反映了当地居民在自然环境中求生存、谋发展的智慧和对自然资源的合理利用与尊重。

在带状村落的形成过程中，自然条件和人类活动相互作用，共同塑造了村落的空间格局和生态特征。在河流两岸形成的带状村落，水源的丰富性和土壤的肥沃性成为村落发展的基石。河流为村落提供了灌溉、交通、生活用水等诸多资源，同时也促进了农业、手工业、商业等经济活动的繁荣。此外，河流的侵蚀作用使得河岸地形多变，为村落提供了丰富的建筑空间和美丽的自然景观。沿着山脉或道路布局的带状村落，交通便利程度和地形限制则成为其主要影响因素。道路的延伸使得交通网络日益完善，为居民提供了方便的出行条件，也推动了村落之间的经济文化交流。

在社会文化方面，带状传统村落不仅展现了当地居民的生活方式、价值观和心理需求，还成为民族文化传承和发展的重要载体。这种村落布局有助于居民之间的交流与互动，强化了社区凝聚力。与此同时，带状村落中的建筑风格多具有地域特色，彰显了各民族文化的独特魅力。例如，我国南方的水乡古镇，河道纵横，桥梁相连，建筑沿河而建，形成了一幅幅美丽的水墨画卷。

（四）自由错落状村落

自由错落状传统村落，作为一种较为灵活、自然的村落空间布局方式，其独特的形态和内涵凸显出人类在复杂自然环境中求生存、谋发展的智慧。这种村落布局方式遵循自然地貌和地形条件，建筑和居民点在地形和地貌上自由分布，没有明确的中心和规律，体现了当地居民对自然环境的适应和尊重。自由错落状村落往往出现在地势复杂、资源条件较为丰富的地区，如山区、丘陵地带等。

自由错落状村落的形成与其所处地域的地形、气候、资源等条件密切相关。在地形复杂的山区，村落布局往往因地制宜，充分利用山地地势，如山谷、山坳、悬崖等地形特点，以求最大限度地减少人力和物力的消耗，实现人与自然的和谐共生。丘陵地带的自由错落状村落则更注重地形的利用和保护，避免过度开发地势险峻的区域，确保自然环境和生态系统的稳定。

在社会文化方面，自由错落状传统村落展示了人类对自然环境的敬畏和尊重，彰显了居民的生活方式、价值观和心理需求。这种村落布局有助于维护和传承民族文化和地域精神，强化社区凝聚力。自由错落状村落中的建筑风格多种多样，既有独特的民族特色，如中国西南的侗族鼓楼、藏族的碉楼等，也有与周边环境相融合的乡土建筑，如山区的悬崖村、丘陵地带的坡屋等。这些建筑承载了世代居民的智慧和文化记忆。

第四节　传统村落的新时代价值

传统村落在新时代仍然具有重要的价值。随着现代化进程的加速，城市化和全球化的影响越发明显，人们越来越重视对传统文化和历史遗产的保护。传统村落的新时代价值主要体现在如图1-2所示的几个方面。

第一章　传统村落概述

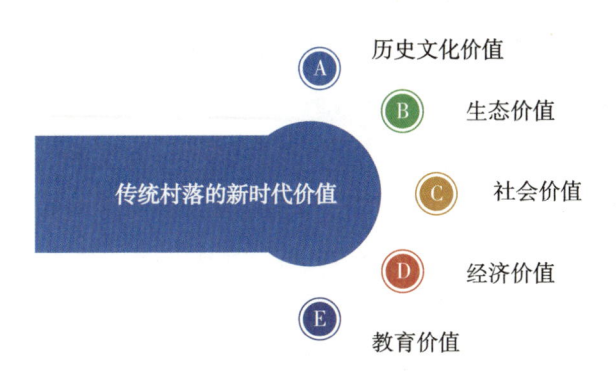

```
传统村落的新时代价值 ── A 历史文化价值
                    ── B 生态价值
                    ── C 社会价值
                    ── D 经济价值
                    ── E 教育价值
```

图1-2　传统村落的新时代价值

一、历史文化价值

传统村落作为历史文化的载体，在传承民族历史与文化方面具有不可替代的地位。在新时代背景下，深入挖掘、研究和传承传统村落的历史文化价值，对于弘扬民族精神、培育民族自豪感以及提升文化自信心具有十分重要的意义。传统村落的历史文化价值主要体现在以下三个方面。

（一）丰富的民间艺术形式

传统村落拥有丰富的民间艺术形式，如民间舞蹈、音乐、戏曲、绘画、工艺品等。这些艺术作品不仅展示了各民族才华横溢的创造力和想象力，同时也是民族历史、风俗、信仰、情感等多元文化内涵的生动体现。民间艺术是民间智慧的结晶，展现了民族特色和创造力。下面以民间舞蹈、民间音乐、民间戏曲、民间绘画和工艺品为例，简要阐述民间艺术的魅力。

1. 民间舞蹈

民间舞蹈是民族文化的重要组成部分，它以优美的舞姿、生动的形象和富有节奏的音乐，表现了民族历史、民间传说和社会生活。舞蹈中的肢体语言、动作设计和表情表现，都是民族审美观念和文化内涵的具体体现。此外，舞蹈在民族传统节日、庆典活动和宗教仪式中扮演着重要角色，强化了民族凝聚力和认同感。

2. 民间音乐

民间音乐是民族文化的灵魂，它通过优美的旋律、独特的和声和丰富的情感表达，传达了人们对生活、自然和社会的感悟。在传统村落中，民间音乐以歌谣、小调、曲艺等形式广泛传播，传承着民族的历史记忆和文化情感。民间音乐不仅体现了民族审美情趣，还具有很高的艺术价值和研究价值。

3. 民间戏曲

民间戏曲是民族文化的瑰宝，它以戏剧的形式，将民间故事、历史传说和社会生活融为一体。戏曲中的角色、表演、唱腔、音乐和舞美等元素，充分展示了人们的艺术才华和创造力。民间戏曲不仅为民众提供了丰富的精神享受，还成为民族历史、风俗、信仰等方面的生动课本。

4. 民间绘画和工艺品

民间绘画和工艺品是民族文化的精华，它们以美观的造型、独特的技法和寓意深远的题材，展现了民族的审美观念和生活智慧。在传统村落中，壁画、年画、剪纸、陶瓷等各类绘画和工艺品广泛应用于生活和宗教仪式中，为民族文化传承提供了丰富的实物载体。

（二）多样的建筑风格

传统村落的建筑风格是民族文化与地域特色融合的体现。在这里，古朴典雅的木结构建筑、气势磅礴的石头民居、错落有致的四合院等各具特色的建筑艺术相映成趣。这些独特的建筑风格不仅具有很高的审美价值，也是民族文化传承和地域特色的生动诠释。下面以木结构建筑、石头民居、四合院为例简要阐述传统村落的建筑风格。

1. 木结构建筑

木结构建筑是中国传统建筑的代表，以其精湛的结构技艺和优雅的造型设计闻名于世。木结构建筑既具有实用性，又具有美学价值。它的构件之间既有严密的承重关系，又有美观的装饰效果。此外，木结构建筑还体现了人们对自然和谐的追求，如将建筑与周围环境相融合，强调建筑与自然的和谐共生。

2. 石头民居

石头民居是一种具有地域特色的传统建筑形式，以其坚固耐用和独特的风格受到人们的喜爱。石头民居的建筑材料主要是当地的石头，充分利用了自然资源，表现了人们对自然环境的尊重与珍惜。石头民居的建筑风格既体现了民族特色，又具有很强的地域性，成为地域文化的重要载体。

3. 四合院

四合院是中国传统民居的典型形式，以其独特的布局、建筑风格和空间利用闻名。四合院的设计理念强调了家族观念、人与自然的和谐以及空间的等级性，体现了民族文化的内涵与智慧。四合院的建筑风格既有传统的韵味，又富有现代的审美情趣，为我们提供了一种生活方式启示。

（三）多元的文化景观

传统村落的文化景观是地域文化、自然环境和人类活动共同塑造的。在这里，古老的寺庙与庙会、民间信仰与祭祀、节庆习俗与民间传说等丰富多样的文化元素构成了独特的文化符号。这些文化元素不仅为民族文化传承提供了有力支撑，也展现了各民族对美好生活的追求和向往。下面以寺庙与庙会、民间信仰与祭祀、节庆习俗与民间传说为例简要阐述传统村落的文化景观。

1. 寺庙与庙会

寺庙与庙会是传统村落文化景观的重要组成部分，它们承载着民族的宗教信仰和社会生活习惯。寺庙建筑风格独特，具有很高的艺术价值和历史价值，反映了民族文化的精神内涵。庙会以丰富多样的文化表现形式展示了人们的生活习俗和精神追求。

2. 民间信仰与祭祀

民间信仰与祭祀是传统村落文化景观的核心内容，它们体现了民族对神灵、自然和社会的尊敬与感恩。祭祀活动以独特的仪式和庄重的氛围，强化了民族的凝聚力和认同感。在新时代背景下，民间信仰与祭祀活动仍具有重要的文化价值和社会价值，值得我们关注和传承。

3. 节庆习俗与民间传说

节庆习俗与民间传说是传统村落文化景观的生动体现，它们以各种形式展示了民族的历史、信仰和情感。节庆习俗在民族传统节日和庆典活动中扮演着重要角色，弘扬了民族精神和文化传统，民间传说则以生动的故事和寓意深远的主题，传达出人们的智慧和价值观念。

二、生态价值

传统村落往往与自然环境紧密相连，保留了丰富的生态资源和传统农耕文化。这些村落在千百年的历史长河中形成了与自然和谐共生的生态观念和实践。这种独特的生态价值对于生态保护和可持续发展具有重要意义。以下从五个方面论述传统村落的生态价值。

（一）传统农耕文化与生态知识

传统村落中的农耕文化与生态知识是民族智慧的结晶，体现了人与自然和谐共生的价值观。这些知识涵盖了土地利用、水资源管理、农作物种植、畜牧养殖等多个方面，对于维护生态平衡和促进可持续发展具有重要意义。在现代社会背景下，我们应当珍视和传承这些传统农耕文化与生态知识，为现代农业生产和生态环境保护提供有益借鉴。

（二）生物多样性保护

传统村落常常拥有丰富的生物资源，包括珍稀植物、动物和微生物等。这些生物资源是地球生物多样性的重要组成部分，对于维护生态平衡和促进可持续发展具有重要意义。传统村落在保护生物多样性方面具有独特优势，如地理位置偏僻、生态环境相对原始、人类活动影响较小等。因此，在保护生物多样性方面，我们应当充分发挥传统村落的优势，加强生态保护和资源管理，为生态环境保护作出贡献。

（三）生态环境保护与修复

传统村落往往拥有良好的生态环境，如清澈的河流、茂密的森林、肥沃的土壤等。这些生态资源是地球生态系统的重要组成部分，对于维护生态平衡和促进可持续发展具有重要意义。然而，在现代化进程中，传统村落的生态环境面临着诸多挑战，如土地资源紧张、水资源污染、生态退化等。因此，我们应当积极保护和修复传统村落的生态环境，采取科学合理的生态治理措施，确保生态资源的可持续利用。同时，我们还应该借鉴传统村落中的生态智慧，加强生态环境教育，提高公众的生态保护意识和参与度，形成人与自然和谐共生的良好局面。

（四）绿色生产与可持续发展

传统村落在农业生产和日常生活中，形成了一系列绿色生产与消费的习惯和技术，如节水灌溉、有机肥料、生物防治等。这些绿色生产与消费方式对于促进生态环境保护和可持续发展具有重要意义。在现代化进程中，我们应当吸收传统村落的绿色生产与消费经验，推广绿色农业、绿色产业和绿色生活，促进生态可持续发展。同时，我们应该加强对传统村落的产业扶持和技术培训，提高农村绿色发展水平，实现经济、社会与生态的全面协调发展。

（五）生态旅游与文化传承

传统村落因其丰富的生态资源、独特的历史文化和优美的自然景观具有巨大的生态旅游潜力。生态旅游不仅有助于传统村落的经济发展，还能够弘扬和传承民族文化，提高公众的生态意识和文化认同。在发展生态旅游的过程中，我们应当注重保护传统村落的生态环境和文化遗产，避免过度开发和商业化，确保生态旅游的可持续性。同时，我们还应该加强对传统村落的文化传承和生态保护宣传，让更多的人了解和关爱传统村落，共同为生态文明建设作出贡献。

三、社会价值

传统村落在社会结构、人际关系、乡村治理等方面，为现代社会提供了借鉴和启示。在现代化进程中，保持社会和谐、维系乡村纽带是传统村落所能提供的珍贵经验。以下从四个方面论述传统村落的社会价值。

（一）亲情纽带与乡土认同

传统村落中的家族观念和亲情纽带在现代社会仍具有重要意义。在当前社会快速变化的背景下，家族关系、邻里关系、乡土文化等方面的传承有助于维护社会和谐与稳定。尤其是在城市化进程中，传统村落中的亲情关系和乡土认同对于缓解现代社会中人心疏离等问题具有深远的启示作用。传统村落中的家族观念强调血缘关系、亲情责任，以及家族荣誉，这种观念在现代社会中仍然具有一定的指导价值。家族观念的传承可以强化家庭成员间的责任意识，促进家庭和睦，为社会发展提供稳定的基础。同时，乡土认同感的强化有助于增强民族凝聚力，提高文化自信，为民族复兴注入源源不断的动力。

（二）乡村治理与民间自治

传统村落在乡村治理方面具有丰富的经验和独特的优势。民间自治、乡村规范、民主协商等传统治理方式对于现代社会治理具有借鉴价值。传统村落中的乡村治理模式有助于提高凝聚力和自治能力，实现有效、高效的乡村治理。借鉴传统村落的治理经验，现代社会可以更好地应对各种社会问题，实现乡村治理的现代化。通过民间自治，鼓励居民积极参与乡村建设；强化乡村民主协商，实现民生问题的公平解决；从而推动乡村治理更好地适应现代化进程，为全面推进乡村振兴提供支持。

（三）人际关系与和谐共处

传统村落中的人际关系以亲情、友谊、邻里等多元纽带为主，强调和谐共处、互助互爱。这种人际关系对于维护社会和谐、促进社会发展具有积极意义。在现代社会背景下，我们应当关注传统村落中的人际关系，倡导和谐共处、互助互爱的价值观，营造良好的社会氛围。因此，重视并借鉴传统村落中的人际关系观念，对于现代社会具有重要的启示作用。

（四）道德观念与文化传承

传统村落中的道德观念与文化传承对于现代社会具有重要启示。诚信、孝顺、忠诚、勤劳等传统美德在现代社会仍具有积极意义。通过传承和弘扬传统美德，有助于培育良好的社会风气，提高人们的道德素质和行为规范。此外，传统村落中的故事、传说、习俗等文化元素有助于增强民族文化认同感和凝聚力。我们应当注重传统村落的道德观念和文化传承，推动社会发展和积极变革。倡导诚信、孝顺、忠诚、勤劳等传统美德，可以促进人们自觉遵循社会规范，提高道德水平，塑造和谐、美好的社会氛围。

四、经济价值

随着人们对生活品质的追求，乡村旅游、绿色消费、非物质文化遗产传承等领域逐渐兴起，传统村落成为发展乡村经济的重要资源。以下从五个方面论述传统村落的经济价值。

（一）乡村旅游的新兴力量

在城市化进程加速的背景下，人们对于自然、宁静、淳朴的乡村生活充满向往，乡村旅游逐渐成为人们休闲度假的热门选择。传统村落凭借其独特的地理位置、丰富的历史文化、美丽的自然风光等优势，吸引了越来越多的游客前来体验。传统村落可以借助乡村旅游的发展，带动当地经济增长，提高农民收入，促进乡村产业结构的优化升级。

（二）绿色消费的新生态

绿色消费是指消费者在购买和使用商品或服务过程中，注重保护生态环境，促进资源节约和循环利用。在人们越来越关注健康、环保的今天，绿色消费逐渐成为一种新的消费理念和生活方式。传统村落中的有机农产品、绿色手工艺品等，满足了人们对高品质生活的需求，为当地经济发展注入新动力。

（三）非物质文化遗产的传承与创新

非物质文化遗产是指各民族、地区在长期历史发展过程中创造、传承并具有代表性、历史性、文化性、价值性的非物质文化形态。传统村落作为非物质文化遗产的重要承载地，拥有丰富的民间艺术、手工技艺、民间传统等非物质文化资源。对非物质文化遗产的传承与创新可以将传统文化与现代产业相结合，发挥文化产业的经济效益，提升地区文化品牌价值。

（四）乡村振兴战略新活力

全面推进乡村振兴是一项关乎国家经济发展和民生福祉的长远规划，旨在推动农村经济、文化、生态等多方面的全面发展。传统村落在乡村振兴战略中具有重要地位，其丰富的自然资源、历史文化、民间智慧等优势为乡村振兴提供了宝贵的资源基础。发挥传统村落在农业、旅游、文化产业等领域的潜力，可以为乡村振兴战略注入新活力，促进乡村经济与社会的全面繁荣。

（五）文化产业的创新发展

文化产业是指以文化资源、文化产品、文化服务为主体，通过创意、技术、市场等手段进行生产、交流、传播的产业。传统村落拥有丰富的文化资源，如民间艺术、非物质文化遗产、古建筑等，为文化产业创新发展提供了独特的优势。结合现代科技手段，我们可以对传统村落的文化资源进行整合、创新、传播，开发出具有市场竞争力的文化产品和服务，为地区经济发展增添新动力。

五、教育价值

传统村落作为历史文化的载体，具有丰富的教育价值。对传统村落的研究和保护，可以增进人们对民族文化、历史的了解，提高民族认同感，为培养国家的文化自信和民族自豪感提供支持。以下从五个方面论述传统村落的教育价值。

（一）历史教育的实践基地

传统村落作为历史的见证者，积淀了世代相传的文化、习俗和故事。这些独特的文化景观为历史教育提供了生动的实践基地。实地考察和参观传统村落，使人们能够更加直观、生动地了解历史，感受民族文化的独特魅力。此外，通过与村民的互动交流，我们可以深入了解村落的发展变迁、民间故事和传统习俗，从而培养历史素养，增强对民族历史的认同感。同时，传统村落的保护和利用为历史教育的研究提供了丰富的实践资源。教育工作者可以借鉴传统村落的成功经验，制定更加科学、系统的历史教育方案，提高学生的综合素质和历史素养。

（二）民族文化的传承与弘扬

传统村落中蕴藏着丰富的民族文化资源，如民间艺术、手工技艺、建筑风格等。这些文化资源是民族文化传承与发展的基石，对于培养国家的文化自信和民族自豪感具有重要意义。通过对传统村落的保护和研究，人们可以发现、挖掘、传承民族文化的瑰宝，为民族文化的弘扬作出贡献。在此过程中，教育工作者可以将民族文化的研究成果应用于教育实践，使学生在学习传统文化的同时，激发创新精神和创造力。此外，民族文化的传承与弘扬还可以促进各民族间的文化交流与合作，增进民族团结与和谐。

(三)地域文化教育的典范

传统村落是地域文化的载体，体现了各地区特色和风俗习惯。通过对传统村落的研究，可以了解不同地域文化的特点和渊源，培养人们的地域文化认同。此外，地域文化教育还有助于增进各民族、地区之间的相互了解和尊重，促进民族团结与和谐。在教育实践中，教育工作者可以引导学生关注地域文化差异，培养他们的文化包容心态，促进文化多样性的发展。地域文化教育可以通过实地考察、交流活动等形式进行，使学生更加直观地感受地域文化的独特韵味，拓宽他们的视野。

(四)生态文明教育的启示

传统村落往往与自然环境密切相连，保留了丰富的生态资源和传统农耕文化。通过对传统村落的研究，人们可以了解生态文明的重要性，认识到和谐共生、可持续发展的理念。在教育实践中，教育工作者可以将生态文明理念融入课程体系，引导学生关注环境保护、资源节约等问题，培养他们的生态意识和环保行动力。此外，实地考察传统村落的生态文化，有助于学生了解传统农耕文化、民间智慧与可持续发展的关系，从而提高他们的生态文明素养。

(五)艺术教育与创新思维

传统村落中的民间艺术、建筑风格等艺术形式为艺术教育提供了丰富的资源。学习和研究这些艺术形式，可以激发人们的创新思维，培养艺术鉴赏能力和创作才华。同时，传统艺术与现代科技的结合为艺术教育带来新的发展方向，提高了艺术教育的现代化水平。在教育实践中，教育工作者可以将传统村落中的艺术资源与现代教育手段相结合，引导学生对传统艺术进行深入研究和创新实践。例如，通过对民间艺术的学习，学生可以了解民间艺术的发展历程、技艺特点等，从而激发他们的艺术热情和创造力。此外，教育工作者还可以鼓励学生将传统艺术与现代科技相结合，创作出具有现代意义的艺术作品。

第五节　传统村落保护与创新发展的意义

传统村落保护与创新发展具有重要意义，旨在在传承和保护历史文化遗产的基础上，推动经济、社会、文化等多方面的协调发展。以下是传统村落保护与创新发展的主要意义。

一、保护历史文化遗产

传统村落是中国历史文化遗产的重要组成部分，作为中国古代文明的重要见证，它们承载着丰富的历史文化信息。保护与创新发展传统村落是传承历史文化遗产的重要途径之一，它有利于为后人留下一份完整的历史文化遗产，使人们更好地了解和认识中国传统文化，增强民族自豪感和文化自信心。下面，笔者将论述几个有助于历史文化遗产保护的具体方向。

（一）保护与创新发展传统村落有利于对传统建筑进行修缮和保护

传统村落建筑具有独特的风格和韵味，它们是民族建筑智慧的结晶，是历史文化的载体。然而，许多传统建筑在岁月的侵蚀下显得破旧不堪，亟待修缮。对这些传统建筑进行修缮和保护，可以有效地传承历史文化遗产，保护这些建筑的原始风貌和历史文化价值。此外，修缮传统建筑还可以将现代科技与古老技艺相结合，发挥传统材料和现代材料的优势，使传统建筑焕发出新的生机，为后人留下宝贵的历史遗产。

（二）保护与创新发展传统村落有利于对传统文化进行传承

传统村落不仅包含了传统建筑，还包含许多具有文化价值的传统习俗、民俗、传说等。这些非物质文化遗产是民族文化的精髓所在，体现了民族的智慧和才情。通过传承这些传统文化，人们可以更好地了解和认识中国传统文化，增强对传统文化的认同感和自豪感，同时还可以促进文化多样性和文化交流。在保护与创新发展传统村落的过程中，我们应当注重传统文化与现代文明的交融与创新，使传统文化在新时代焕发出更加璀璨的光彩。

（三）保护与创新发展传统村落有利于对传统手工艺进行传承

传统村落中的许多手工艺已经传承了几代人，它们是民族智慧和创造力的结晶。传承这些传统手工艺可以使其得到保护和发扬，同时也可以为乡村发展注入新的生机和活力。传统手工艺不仅具有深厚的历史文化内涵，还具有较高的实用价值和艺术价值。在保护与创新发展传统村落的过程中，我们应当注重传统手工艺与现代科技的结合，运用现代设计理念和技术手段，对传统手工艺进行创新和改良，使其更好地适应现代社会的需求。

二、弘扬民族文化

传统村落作为民族文化的重要载体，既是历史的见证，也是文化传承与发展的基石。在新时代的背景下，保护与创新发展传统村落，对于弘扬民族文化、培养民族认同感和文化自信、增强民族凝聚力具有重要意义。下面，笔者将深入探讨传统村落保护与创新发展对于弘扬民族文化的重要性。

（一）保护与创新发展传统村落有助于传承民族文化

传统村落承载着世代相传的民族历史、文化、艺术和习俗，它们凝聚了民族精神和文化内涵。保护传统村落意味着对这些珍贵的文化遗产的尊重与传承，使它们在新时代得以传播与发扬。这不仅有助于激发民族自豪感、增强文化自信，还能够激发民族创新精神，为社会发展提供源源不断的文化动力。

（二）保护与创新发展传统村落有助于培育民族认同感

民族认同感是一个民族内部成员对自己民族特性的认同和认同他人

对自己民族特性的认同。通过保护与创新发展传统村落，我们可以使传统文化得以传承与发扬，从而增强民族认同感，促进民族凝聚力的提升。民族认同感的提高有助于民族团结，为国家的繁荣发展提供有力的支持。

（三）保护与创新发展传统村落有助于促进地区文化交流与融合

传统村落作为一个地域性的文化载体，可以有效地展现各地区特色文化，为世界各国了解中国各民族文化提供独特的视角。通过保护与创新发展传统村落，我们可以搭建起文化交流的桥梁，促进不同地区、不同民族之间的互动与融合，共同推动全球文化多样性和人类文明的繁荣进步。

（四）保护与创新发展传统村落有助于提升文化软实力

文化软实力是一个国家在国际交往中，通过文化传播、国际文化交流、文化产业合作等手段，实现国家利益的能力。传统村落是中国历史文化的缩影，对其进行保护与创新发展，可以展示中华优秀传统文化的魅力，提高国际社会对中国文化的认同和尊重。随着文化软实力的提升，中国在国际舞台上的地位和影响力也将进一步提升。

三、凸显地域特色

传统村落具有鲜明的地域特色，如建筑风格、生活习惯和民间艺术等。保护与创新发展传统村落有助于凸显地域特色，增加地区的文化吸引力，提升地域品牌形象。下面，笔者将深入探讨传统村落保护与创新发展对于凸显地域特色的重要意义。

（一）保护与创新发展传统村落有助于传承独特的地域建筑风格

中国各地的传统村落在建筑风格上各具特色，如江南水乡的白墙黑瓦、四川川西的藏式民居、福建土楼等。这些建筑风格不仅展示了各地区的地域特点，还反映了当地人民的生活习惯、审美观念和民族文化。通过对传统村落的保护与创新发展，我们可以传承这些独特的地域建筑风格，为后人留下宝贵的历史遗产，同时也为地区文化的多样性和独特性增色添彩。

（二）保护与创新发展传统村落有助于传承地域民俗文化

传统村落是民间习俗、节庆活动、民间艺术等地域文化的重要载体。例如，贵州的苗族踩歌堂、广东的舞龙舞狮、山西的民间剪纸等，这些民俗文化在传统村落得以流传与传承。保护与创新发展传统村落可以有效地传承这些地域民俗文化，丰富地区文化内涵，提高地区文化吸引力。

（三）保护与创新发展传统村落有助于传承地域手工艺

传统村落中的手工艺技术是地域文化的重要组成部分，如景德镇的陶瓷、苏州的刺绣、山西的剪纸等。这些手工艺技术经过几代人的传承与发扬，已经成为具有地域特色的独特文化符号。通过保护与创新发展传统村落，我们可以保护这些珍贵的手工艺技术，使其得以传承与发扬光大，为地区的经济发展和文化交流注入新的活力。

四、促进可持续发展

传统村落往往具有和谐共生、资源循环利用的生态文明理念。保护与创新发展传统村落有助于传承这些生态文明理念，推动可持续发展，实现经济、社会和生态的和谐发展。下面，笔者将深入探讨传统村落保护与创新发展对于促进可持续发展的重要意义。

（一）保护与创新发展传统村落有助于实现和谐共生

传统村落的建设往往充分考虑到人与自然的关系，注重自然资源的保护与合理利用。例如，依山傍水的建筑布局、水资源的循环利用、农田灌溉与排水系统等。通过保护与创新发展传统村落，我们可以传承这些和谐共生的理念，为当前环境保护和生态文明建设提供借鉴与启示。

（二）保护与创新发展传统村落有助于推动资源循环利用

传统村落中的生产与生活方式往往充分利用当地资源，以实现资源的循环利用和废物减排，如以农作物秸秆为饲料或燃料、废弃物的再利用等。这些传统的资源循环利用方法对于当前缓解资源紧张、环境压力具有重要的借鉴意义。保护与创新发展传统村落，可以有效地传承和推广这些资源循环利用的方法，提高资源利用效率，减少环境污染。

（三）保护与创新发展传统村落有助于发展绿色产业

传统村落中的农业、手工业等产业往往具有绿色环保的特点，注重生态平衡与环境保护。保护与创新发展传统村落，可以推动这些绿色产业的发展，提升地区产业结构的绿色化水平，为可持续发展提供有力的支撑。

（四）保护与创新发展传统村落有助于提高生态环境质量

传统村落的生活方式和生产方式往往具有较低的环境污染程度，保护与创新发展传统村落可以有效地减少环境污染，提高生态环境质量。同时，传统村落中的绿化、水源保护和土地利用等方面的理念和实践对于改善生态环境具有积极作用。传承和发扬这些生态环境保护的理念和实践，有助于提高生态环境质量，为经济社会可持续发展创造良好的生态环境。

（五）保护与创新发展传统村落还有助于提高人们的生态文明意识

传统村落中的生态文明理念和实践可以引发人们对生态环境的关注和尊重，提高人们的生态文明意识。通过保护与创新发展传统村落，我们可以促进人们树立尊重自然、保护环境的观念，为实现人与自然和谐共生、促进可持续发展提供良好的社会环境。

五、全面推进乡村振兴

保护与创新发展传统村落对于全面推进乡村振兴具有重要的支持作用。通过整合传统村落的文化、旅游、农业等资源，可以推动乡村经济发展，改善民生，增强乡村吸引力。下面，笔者将探讨保护与创新发展传统村落在全面推进乡村振兴方面的重要意义。

（一）保护与创新发展传统村落有助于挖掘和发挥文化资源价值

传统村落拥有丰富的历史文化资源，如传统建筑、民间艺术、乡土文化等。保护与创新发展这些文化资源，可以使之成为乡村振兴的重要支撑。例如，可以开展文化遗产保护与修复、非物质文化遗产传承等工作，提升乡村文化品质，培育地方特色文化产业，为全面推进乡村振兴提供强大的文化支持。

（二）保护与创新发展传统村落有助于发展乡村旅游

乡村旅游是近年来逐渐兴起的一种新型旅游形式，具有休闲、观光、体验等多元特点。传统村落具有独特的地域文化和自然景观，具有很高的旅游价值。保护与创新发展传统村落，可以打造具有特色的乡村旅游产品，如民俗体验、农家乐、乡村度假等。这将有助于吸引游客，带动乡村旅游业发展，为全面推进乡村振兴提供有力的经济支撑。

（三）保护与创新发展传统村落有助于优化农业产业结构

传统村落中的农产品往往具有独特的品质和口感，具有很高的市场价值。通过保护与创新发展传统村落，可以挖掘和发扬特色农业和农产品的优势，推动农业产业结构的优化升级。例如，可以开发绿色、有机、地域特色农产品，发展特色农业产业，提高农业产值，为全面推进乡村振兴提供可持续的发展动力。

（四）保护与创新发展传统村落有助于改善乡村民生

传统村落的保护与发展可以为当地村民提供更多的就业机会，如参与文化遗产修复、乡村旅游接待、特色农产品生产等。这些就业机会，可以帮助村民增加收入，提高生活水平。此外，传统村落的保护与发展还可以促进基础设施建设、公共服务等方面的改善，为乡村居民提供更好的生活环境。

（五）保护与创新发展传统村落有助于增强乡村吸引力

在现代社会，乡村面临着人才流失、人口外流等问题。传统村落的保护与发展可以提升乡村的文化品质和经济实力，吸引更多的游客、企业和人才前来投资、创业、生活。打造具有特色的传统村落，可以有效地提升乡村的整体吸引力，为全面推进乡村振兴提供人才和资金支持。

六、提升创新能力

创新能力是当今社会发展的核心动力。在新时代背景下，创新发展传统村落不仅可以保护和传承民族文化遗产，还可以激发人们的创新思维，培养新时代所需的创新人才。通过对传统文化、技艺的传承与创新，可以将传统村落打造成文化创意产业的孵化器，推动产业升级和创新发展。以下将详细论述创新发展传统村落对提升创新能力的重要作用。

（一）创新发展传统村落可以丰富文化创意资源

传统村落中蕴含了丰富的文化资源，如古建筑、民间艺术、乡土传说等，这些资源具有很高的创意价值。对这些文化资源的保护与创新可以为文化创意产业提供源源不断的灵感与素材。例如，可以将传统民间艺术与现代设计相结合，创造出具有地方特色的文化创意产品，推动文化创意产业的繁荣发展。

（二）创新发展传统村落有助于培养创新人才

在传统村落的保护与发展过程中，可以开展各类文化、艺术、技艺等方面的培训与教育，激发人们对传统文化的兴趣与热情，提高创新思维能力。同时，通过对传统文化、技艺的传承与创新，可以培养一批具有创新精神和实践能力的人才，为社会发展提供人才支持。

（三）创新发展传统村落有助于提升产业创新能力

传统村落中的传统产业和手工艺往往具有独特的技术和工艺特点。对这些技术和工艺的传承与创新可以推动相关产业的技术进步和产品升级。例如，可以将传统陶瓷工艺与现代科技相结合，创造出具有创新性和市场竞争力的陶瓷产品，推动陶瓷产业的创新发展。

（四）创新发展传统村落有助于构建创新生态

通过对传统村落的保护与发展可以营造出一个有利于创新的文化氛围和环境。例如，可以在传统村落中设立文化创意产业园区，吸引创意人才和企业入驻，形成产业集聚效应。同时，可以加强与高校、研究机构的合作，建立产学研一体化的创新体系，为创新发展提供技术支持和智力资源。

（五）创新发展传统村落可以促进创新文化传播

通过对传统村落的保护与发展，可以搭建起文化交流与合作的平台，推动创新文化的传播与推广。例如，可以举办各类文化艺术节、创意大赛等活动，展示传统村落的文化魅力和创新成果，吸引全球关注。通过这些活动可以加强国际文化交流，提升国家文化软实力。

第二章 传统村落保护与创新发展的相关理论

党的十八大以来，以习近平同志为核心的党中央从中华民族永续发展的高度出发，深刻把握生态文明建设在新时代中国特色社会主义事业中的重要地位和战略意义，大力推动生态文明理论创新、实践创新、制度创新，创造性提出一系列富有中国特色、体现时代精神、引领人类文明发展进步的新理念新思想新战略，形成了习近平生态文明思想，高高举起了新时代生态文明建设的思想旗帜，为新时代我国生态文明建设提供了根本遵循和行动指南。

党的二十大报告提出要建成文化强国，国家文化软实力显著增强。加大文物和文化遗产保护力度，加强城乡建设中历史文化保护传承，建好用好国家文化公园。坚守中华文化立场，提炼展示中华文明的精神标识和文化精髓，加快构建中国话语和中国叙事体系，讲好中国故事、传播好中国声音，展现可信、可爱、可敬的中国形象。党的二十大报告为新时代文化遗产保护事业发展擘画了蓝图、指明了方向。

传统村落是我国历史文化遗产的重要组成部分。在这样的时代背景下，对其进行保护与创新发展具有重要意义。我们要以习近平生态文明思想为根本遵循和行动指南，遵守相关法律法规，结合相关理论，更好地助力传统村落在新时代焕发出新活力。

第一节 相关法律法规

传统村落保护是一项长期的工作，需要依据相关法律法规和政策进行规范和引导。在我国，传统村落保护与创新发展的工作得到了多项法律法规的支持和保障。这些法律法规的出台，为传统村落文化遗产的保护和传承提供了有力的法律基础和政策支持。

一、中央政府出台的相关法律法规

（一）《历史文化名城名镇名村保护条例》

《历史文化名城名镇名村保护条例》是中华人民共和国国务院颁布的第524号条例。该条例于2008年4月2日国务院第3次常务会议通过，自2008年7月1日起施行。2017年10月7日，中华人民共和国国务院令第687号《国务院关于修改部分行政法规的决定》予以修正。

历史文化名城、名镇、名村是我国历史文化遗产的重要组成部分。切实保护好这些历史文化遗产，是保持民族文化传承、增强民族凝聚力的重要文化基础，也是建设社会主义先进文化、深入贯彻落实科学发展观和构建社会主义和谐社会的必然要求。随着国民经济和社会的发展，各地城镇化进程明显加快，建设与保护的矛盾日益突出，历史文化名城、名镇、名村保护工作面临着一些亟待解决的问题：

（1）由于一些地方的过度开发和不合理利用，许多重要历史文化遗产正在消失，其传统格局和历史风貌遭到严重破坏。

（2）保护规划的编制、修改工作滞后，忽视对历史文化名城、名镇、名村的整体保护，保护规划的科学性和严肃性需要提高。

（3）保护措施不力，管理不到位。一些地方重开发、轻保护，不注重保护真实的历史遗存，新建"假古董"，造成许多历史建筑被损毁。

第二章　传统村落保护与创新发展的相关理论

（4）保护范围内的道路、供水、排水、供电等市政基础设施落后，历史建筑年久失修，居住环境差，不能满足人们日常生活的需要，甚至存在很大的安全隐患。

（5）对于破坏传统格局、历史风貌和历史建筑的违法行为，缺乏相应的法律责任。

为了解决上述问题，国务院制定了《历史文化名城名镇名村保护条例》。该条例共包含六部分：总则、申报与批准、保护规划、保护措施、法律责任、附则。

总则部分共六条，主要规定了条例的立法目的、适用范围，历史文化名城、名镇、名村保护的基本原则，历史文化名城、名镇、名村保护资金，历史文化名城、名镇、名村保护和监督管理体制，历史文化名城、名镇、名村保护的激励机制。

申报与批准部分共六条，规定了申报历史文化名城、名镇、名村的条件，申报历史文化名城、名镇、名村应当提交的材料，申请和批准程序，具备申报条件未申报情况的处置，申报历史文化名镇、名村的确定，濒危历史文化名城、名镇、名村名单的公布等内容。

保护规划共八条，对历史文化名城、名镇、名村的保护规划编制与管理工作作出了原则性规定。其主要内容为规定了保护规划的组织编制主体、完成期限、审批与备案主体，规定了保护规划编制的内容和期限，确立了保护规划的公众参与制度，明确了保护规划修改的规定要求等。

保护措施部分共十六条，对历史文化名城、名镇、名村保护工作作出了原则性规定，内容包括明确了整体保护的原则，提出了人口容量控制和基础设施改善的要求，分别规定了保护范围、建设控制地带、核心保护范围的控制性要求和保护措施，明确了历史建筑的档案建立、维护修缮、迁移避让、外部装饰等要求。

法律责任部分共十条，该部分明确规定了政府及其有关主管部门的法律责任，并针对破坏传统格局和历史风貌的行为规定了严格的法律责任。

附则部分共两条,解释了一些专业用语,并指明了该条例的施行日期。

该条例加强了大众对历史文化名城、名镇、名村的保护意识,确立了历史文化名城、名镇、名村的价值评估体系,有效解决了文化名城、名镇、名村保护中存在的一些问题。传统村落属于名城、名镇、名村的范畴,所以该条例对于指导传统村落的保护与发展具有重要的意义。

(二)《关于切实加强中国传统村落保护的指导意见》

2014年4月25日,住房和城乡建设部、文化部(现为文化和旅游部)、国家文物局、财政部印发《关于切实加强中国传统村落保护的指导意见》(建村〔2014〕61号)。该意见指出:"传统村落传承着中华民族的历史记忆、生产生活智慧、文化艺术结晶和民族地域特色,维系着中华文明的根,寄托着中华各族儿女的乡愁。……加强传统村落保护迫在眉睫。……"

该意见共包含6个部分,每个部分所包含的核心内容如表2-1所示。

表2-1 《关于切实加强中国传统村落保护的指导意见》核心内容

主要部分	核心内容
指导思想基本原则和主要目标	指导思想:以党的十八大、十八届三中全会精神为指导,深入贯彻落实中央城镇化工作会议、中央农村工作会议、全国改善农村人居环境工作会议精神,遵循科学规划、整体保护、传承发展、注重民生、稳步推进、重在管理的方针,加强传统村落保护,改善人居环境,实现传统村落的可持续发展
	基本原则:坚持因地制宜,防止千篇一律;坚持规划先行,禁止无序建设;坚持保护优先,禁止过度开发;坚持民生为本,反对形式主义;坚持精工细作,严防粗制滥造;坚持民主决策,避免大包大揽
	主要目标:通过中央、地方、村民和社会的共同努力,用三年时间,使列入中国传统村落名录的村落(以下简称中国传统村落)文化遗产得到基本保护,具备基本的生产生活条件、基本的防灾安全保障、基本的保护管理机制,逐步增强传统村落保护发展的综合能力

续 表

主要部分	核心内容
主要任务	（1）保护文化遗产。 （2）改善基础设施和公共环境。 （3）合理利用文化遗产。 （4）建立保护管理机制
基本要求	（1）保持传统村落的完整性。 （2）保持传统村落的真实性。 （3）保持传统村落的延续性
保护措施	（1）完备中国传统村落名录。 （2）制定保护发展规划。 （3）加强建设管理。 （4）加大资金投入。 （5）做好技术指导
组织领导和监督管理	（1）明确责任义务。 （2）建立保护管理信息系统。 （3）加强监督检查。 （4）建立退出机制
中央补助资金申请、核定与拨付	四部局（住房城乡建设部、文化部、国家文物局、财政部）根据各地申请材料，研究确定纳入支持的村落范围，结合有关专项资金年度预算安排和项目库的情况，核定各地补助资金额度，并按照原专项资金管理办法下达资金。各地要按照资金原支持方向使用资金，将中央补助资金用好用实用出成效

《关于切实加强中国传统村落保护的指导意见》对于指导传统村落的保护与发展具有重要意义。

二、地方政府出台的相关法律法规

在中央政府出台的相关法律法规的指导下，一些地方政府结合自身实际，制定了更具针对性的传统村落保护相关的法律法规，这些法律法规在保护范围、保护措施、法律责任等方面具有较强的特色。下面简要介绍几个地方性的法律法规。

(一)《江西省传统村落保护条例》

2016年9月22日,江西省第十二届人民代表大会常务委员会第二十八次会议通过了《江西省传统村落保护条例》(以下简称《条例》),2016年12月1日,江西省正式实施《江西省传统村落保护条例》。《江西省传统村落保护条例》是全国首个传统村落保护的地方性法规,率先将传统村落保护纳入法治化轨道,对传统村落的责任主体、申报认定、规划编制、保护利用等作出明确规定,为规范和促进江西省传统村落保护工作提供了法治保障,发挥了重要作用。

《江西省传统村落保护条例》一共分六章五十七条,主要规定了五个方面的内容。

(1)该条例明确了传统村落保护工作县级人民政府负主要责任、住房和城乡建设部门牵头、各部门相互配合的管理体制。由于传统村落保护主要依靠当地基层和村民,该条例对乡镇人民政府及村委会的职责也作了详细规定。

(2)针对传统村落保护资金的来源,该条例作了以下规定:一是要求县级以上人民政府应当将传统村落保护纳入国民经济和社会发展规划,加大对传统村落保护的投入和扶持;二是加大资金整合力度,县级以上人民政府应当将新农村建设、农村环境保护、农村基础设施建设等项目与传统村落保护相结合,统筹传统村落保护发展规划编制、基础设施建设与维护、人居环境改善、传统建筑保护等工作;三是对传统村落被辟为旅游景区的,规定从旅游收入中提取一定的比例用于传统村落的保护,同时鼓励金融管理机构对保护项目提供信贷支持。

(3)针对传统村落保护发展规划,该条例主要从以下几个方面作了规定:一是明确了规划编制的时限及主体。要求传统村落自批准公布之日起一年内,必须完成保护发展规划编制,编制主体为传统村落所在地的县级人民政府。二是明确了规划之间的衔接。要求传统村落的保护发展规划应当与村庄规划合并编制,其规划范围、基本内容、成果深度应当符合村庄规划编制的要求。三是明确了规划的具体内容、编制和审批、公布与修改程序等。四是明确了规划的法定地位，传统村落的建设活动必须符合保护发展规划的要求。

（4）针对传统村落中的传统建筑保护，由于江西省除了不可移动文物、历史文化名城名镇名村、历史文化街区保护范围内的历史建筑被依法纳入相关法律法规进行保护和管理外，其他传统建筑处于执法的真空地带而面临随意拆除、私自倒卖或偷盗流失的风险，对传统村落风貌保护造成了重大影响。因此，该条例将传统建筑的保护作为一项重要内容纳入，明确了传统建筑的认定条件、保护要求、利用措施等。

（5）针对传统村落的保护利用，该条例主要从以下几个方面作了规定：一是要求传统村落所在地的各级政府改善传统村落的基础设施、人居环境，提高村民的生活质量，把村民留住；二是鼓励传统村落发展乡村旅游、民宿、传统作坊等产业，促进居民就业、增加居民收入；三是鼓励传统村落的居民以其所有的传统建筑、房屋、资金等入股参与传统村落的保护、开发和利用，传统建筑所有人可以约定获得合理的收益分成。

江西省历史文化底蕴深厚，物质和非物质文化遗产丰富，共有传统村落上百个。除此之外，江西省还有一大批古村落虽未被列入各级保护名录，但基本形态未改，历史风貌保护完好。它们不仅是宝贵的自然文化遗产，也是不可再生的、潜在的旅游资源，对于继承和弘扬江西省优秀传统文化、推进江西省生态文明先行示范区和旅游强省建设，以及改善农村人居环境都具有重要意义。因此，制定《江西省传统村落保护条例》，对于抢救性保护传统村落具有十分重要的意义。

（二）《苏州市古村落保护条例》

古村落是镶嵌在姑苏大地上的一颗璀璨明珠，是先人为我们留下的珍贵的历史文化遗产，苏州市委、市政府历来重视古村落的保护，并于

2005年6月8日颁布实施政府规章《苏州市古村落保护办法》。自《苏州市古村落保护办法》实施以来，苏州市的古村落保护取得了显著的成绩。但由于《苏州市古村落保护办法》制定时所依据的法律法规已经修改，城乡一体化建设的步伐不断加快，苏州市古村落保护的现状发生了重大的改变。2013年，苏州市通过制定地方性法规《苏州市古村落保护条例》，对古村落的认定和规划、古村落保护资金筹集、古村落内的古建筑抢修和流转、古村落监督管理机制等方面作出了明确规定。

2013年10月25日，苏州市第十五届人民代表大会常务委员会第九次会议制定了《苏州市古村落保护条例》，2013年11月29日，江苏省第十二届人民代表大会常务委员会第六次会议批准了该条例，2014年1月1日，正式实施该条例。

《苏州市古村落保护条例》一共分五章三十四条，主要规定了六个方面的内容。

（1）明确了古村落申报认定和保护规划编制。该条例第三条明确了古村落的定义和条件，并且在第九条、第十条对古村落申报、认定程序作了规定。为了与相关上位法相衔接，第三十三条规定，省级以上历史文化名村和传统村落应当优先从已经公布的古村落中推荐、申报。第十一条至第十四条对古村落保护规划的编制、主要内容、批准、修改、公布进行了规定。

（2）明确了古村落保护原则和各主体职责。古村落保护与单体的不可移动文物保护有相同点也有不同点。古村落保护更强调整体保护，保持和延续古村落传统格局和历史风貌，鼓励原居民在古村落中居住、生活。因此，第四条结合古村落保护工作特点，突出了整体保护的原则，同时规定了抢救第一、活态传承、合理利用、政府引导、社会参与等原则要求。第五条明确市、县级市（区）政府职责。第六条对部门职责进行了具体化，并且明确了由规划部门会同有关部门组织实施该条例。第七条、第八条分别对镇政府、村委会在古村落保护中的职责进行了明确。

（3）规定了多渠道筹集保护资金。由于缺乏保护资金，大部分古村落目前只是处于控制保护状态，没能得到整体修复。而古村落所在镇、村，经济实力较为薄弱，无力承担高昂的修复费用。所以，第十九条明确市、县级市（区）人民政府应当将古村落保护纳入国民经济和社会发展规划，加大对古村落的投入和扶持，按照一定比例安排落实将古建筑抢修修缮和古村落日常保护经费列入各级财政的年度预算，同时鼓励其他单位和个人采用出资、捐资、捐赠、设立基金或租用古建筑等方式，参与古村落的保护和利用。同时，考虑到古村落分布的不均衡性，第十九条第二款还明确，市、县级市（区）人民政府应当建立古村落保护奖励机制，并重点支持和推动任务较重的镇、村的古村落保护工作。

（4）规范古村落内的建设活动和风貌整治。在古村落保护中，必须正确处理好保护与利用的关系。第十六条和第十七条区分了重点保护区和风貌协调区，对不同区域制定了不同的建设规范；第二十六条对古村落内如何开展生产经营活动作出了规定。为了提高人居环境品质，第十五条第三款明确，古村落所在地镇人民政府应当完善古村落的基础设施、公共服务设施，改善居住环境，并在第二十一条第一款进一步明确，镇人民政府应当根据古村落保护规划和古建筑抢救修缮计划，制订具体实施方案，按时完成古村落风貌整治和古建筑抢救修缮工作。

（5）规范古建筑的流转、移建。古建筑流转问题是当前古村落保护工作中的又一瓶颈问题。古村落中的古建筑大多是历史原因和继承关系取得的。但相关上位法对继承登记后，如果涉及征地拆迁怎么处理古建筑没有相应特殊规定，对涉及多个不同身份继承人的怎么安排宅基地也没有特殊规定。因此，该条例从解决历史遗留问题的角度，解决古村落中古建筑的产权流转问题。第二十三条明确规定，古村落内的古建筑、房屋的集体土地使用权可以通过保留集体建设用地性质的方式流转，或者将集体土地征收为国有后依法出让。政府可以通过货币补偿或者产权置换的方式，收购古村落内的古建筑、房屋的产权，古建筑、房屋原住户符合宅基地安置条件的，可以安排宅基地建房。对于非古村落内的零星古建筑，第二十四条规定，可以迁移到古村落中实施保护，这样既有利于对其进行有效的保护和活化利用，又可解决古村落中局部建筑风貌不协调问题。

（6）建立古村落保护长效机制。第二十八条规定了古村落保护的长效机制，要求规划部门会同文化、建设等部门建立古村落动态监测信息系统，对古村落的保护状况和规划实施进行动态监测，并对古村落保护利用情况进行年度评估。各级政府还必须定期向同级人民代表大会汇报古村落保护工作，接受监督。第二十九条规定，建立古村落保护监督员制度，古村落所在地村民委员会聘请古村落保护专家、居民任监督员，加强古村落保护的社会监管。

第二节　可持续发展理论

可持续发展理论是传统村落保护与创新发展的重要理论基础之一。传统村落是我国的文化遗产，保护和发展传统村落必须考虑经济、社会和环境三个方面的协调发展，以满足当前和未来时代的需求。可持续发展理论提供了实现这一目标的基本思想和方法，可以指导传统村落的保护和创新发展。

一、可持续发展理论的内涵

可持续发展理论的内涵非常丰富，主要涉及经济、社会和环境三个方面。其中，经济可持续性主要关注经济的长期稳定发展和公平分配；社会可持续性主要关注社会的长期稳定发展和人民的生活质量；环境可持续性主要关注保护和修复自然环境，保证人类生活、经济发展与自然环境的协调和谐。

（一）经济可持续性

经济可持续性是可持续发展理论的一个重要方面，是指实现经济的长期稳定发展和公平分配，促进经济的良性循环和可持续发展。在实践中，经济可持续性需要从多个方面入手，包括资源的有效利用和优化配置、提高经济增长的质量和效益、注重公平分配等。

实现资源的有效利用和优化配置是实现经济可持续性发展的重要前提。资源是经济发展的基础，只有实现资源的有效利用和优化配置，才能避免资源的过度消耗和浪费，从而保证资源的可持续利用。为此，需要科学规划和管理，建立健全的资源管理制度，加强对资源的保护和利用，推广清洁生产技术和循环经济模式，实现资源的最大化利用和最小化浪费。

提高经济增长的质量和效益是实现经济可持续性的另一个重要方面。经济增长是经济可持续性的基础，但仅仅追求经济增长的速度并不足以实现经济的可持续发展。相反，要注重提高经济增长的质量和效益，实现经济的良性循环和可持续发展。为此，需要推进产业结构调整和升级，注重技术创新和知识产权保护，提高产品和服务的质量和附加值，推动经济的创新和升级。

注重公平分配也是实现经济可持续性的重要方面。公平分配是社会公正的体现，只有实现公平分配，才能实现社会的稳定和可持续发展。为此，需要加强社会保障和福利制度建设，保障人民的基本权利和福利，推进收入分配制度改革，实现社会经济的公正和共同富裕。

（二）社会可持续性

社会可持续性是可持续发展理论的重要组成部分，是指在经济发展的同时，注重社会公正和公平，推进社会的进步和发展，保障社会安全稳定。

1. 注重社会公正和公平

社会公正和公平是社会可持续发展的重要保障之一，实现社会公正和公平的关键之一是制度建设。制度建设包括建立健全的法律法规、规范公共服务等方面。只有这样才能保障人民的基本权利和福利，实现社会的长期稳定发展。

2. 推进社会进步和发展

社会的进步和发展是实现社会可持续发展的关键。社会进步和发展包括提高人民的生活质量、提升社会的文明程度和人民的文化水平、增加社会的幸福指数等方面。实现社会进步和发展则需要加强教育和文化建设，提高人民素质。

3. 保障社会安全稳定

社会安全和稳定是社会可持续发展的重要基础，涉及国家安全、社会秩序、民生福祉等多个方面。在经济持续发展的过程中，如何维护社会安全稳定，实现社会可持续性，是政府和全社会共同面临的重要任务。

（三）环境可持续性

环境可持续性是可持续发展理论的另一个重要方面。环境可持续性体现了人类与自然环境相互依存和相互影响的关系。人们需要在经济和社会发展的基础上注重保护环境和生态系统，以确保生态环境的可持续性。

环境可持续性要求遵循生态学理论要求，实现资源的可持续利用和环境的持续发展。根据生态学理论，生态系统是由相互依存的生物、非生物组成的生态群落，在这个群落中，每个组成部分都对其他部分有着促进和制约作用，形成了一个相对稳定和平衡的生态关系。为了实现环境可持续性，人们需要通过科学规划和管理来实现资源的有效利用和优化配置，避免资源的过度消耗和浪费。

环境可持续性要求加强环境保护，防止污染和环境破坏，保护生态系统的完整性和稳定性。污染和环境破坏是造成当前环境问题的主要原因之一，加强环境保护是保障环境可持续性的重要举措。加强环境监测和管理，减少和控制污染物的排放，加强废弃物的处理和回收利用，可以有效地保障环境可持续性。

环境可持续性要求注重生态系统的恢复和重建，保护生物多样性和生态平衡。植树造林、湿地保护和恢复、沙漠化治理、海洋生态修复等方式可促进生态系统的恢复，实现环境的可持续发展。此外，生态系统是地球上生物多样性和生态平衡的基础，保护生态系统和生物多样性是实现环境可持续性的重要任务之一。要加强对生物多样性的保护，维护生态平衡和稳定，防止物种灭绝和生态系统崩溃。

二、可持续发展理论对传统村落保护与创新发展的指导作用

在实施传统村落保护与创新发展的过程中，可持续发展理论提供了重要的指导思想，具体包括以下几个方面。

（一）资源利用与保护

合理利用资源是传统村落可持续发展的基础。在保护与发展传统村落的过程中，需要科学评估当地的资源储量、资源类型以及资源价值，合理安排资源开发与利用，最大限度地发挥资源优势，促进经济发展。合理利用资源包括提高资源利用效率、实现资源循环利用、发展可再生能源等方面。

1. 提高资源利用效率

传统村落应该通过技术进步、产业结构调整、管理创新等手段，提高资源利用效率。例如，应用节水灌溉技术、提高农作物种植密度、优化农业生产方式，以提高土地资源、水资源等的利用效率。

2. 实现资源循环利用

资源循环利用是提高资源效益的有效途径。传统村落应该积极推广废物资源化、再生利用技术，减少废弃物产生，降低资源消耗，实现资源循环利用。例如，开展农业废弃物的有机肥生产，进行废旧物品回收再利用等。

3. 发展可再生能源

可再生能源具有环保、可持续等优点。传统村落应该根据当地的资源条件，积极开发利用太阳能、风能、生物质能等可再生能源，减少对传统能源的依赖，提高能源利用效率。

（二）产业结构调整与创新

产业结构调整与创新在传统村落保护与创新发展中具有重要意义。它涉及优化经济发展模式，提高经济效益，同时强调保护和利用自然资源。具体而言，产业结构调整与创新可以从以下几个方面展开。

1. 优化产业结构

传统村落在发展过程中需要逐步调整产业结构，减少对资源和环境的依赖。例如，促使高污染、高耗能的产业向绿色、环保、低碳的产业转型，发展循环经济，提高资源利用效率。

2. 发挥特色产业优势

每个传统村落都有其独特的资源、文化和地理优势。发挥这些优势可以培育和发展一批具有地域特色的产业，如绿色农业、特色手工艺业、乡村旅游业等，从而促进经济多元化和绿色发展。

3. 加强科技创新

科技创新是提高产业附加值和竞争力的关键。传统村落在产业结构调整过程中，要重视技术进步和创新，引入现代科技手段，提高产品质量，降低生产成本，实现产业升级。

4. 人才培养与引进

传统村落要实现产业结构调整与创新，需要大量具备创新能力和技术能力的人才。因此，要加强人才培养与引进，提高人力资本水平，为产业发展提供有力的支撑。

5. 创新政策支持

政府应制定相应的政策，引导和支持传统村落产业结构调整与创新。例如，提供财政、税收等方面的优惠政策，支持传统村落发展特色产业，提高其竞争力。

6. 产学研合作

企业、高校和研究机构之间的合作对产业结构调整与创新具有重要意义。产学研合作可以加快技术研发和成果转化，为传统村落产业发展提供技术支撑。

（三）文化传承与创新

注重文化传承与创新可以为传统村落注入新的活力，提升村民的文化认同感，同时为地区经济发展提供源源不断的动力。具体来说，文化传承与创新可以从以下几个方面展开。

1. 挖掘和保护传统文化资源

要深入调查和挖掘传统村落的历史文化、民俗风情、传统技艺等文化资源，对其进行整理、保护和传承。此外，还要加强对传统建筑、古遗址、历史文化名人故居等物质文化遗产的保护，确保文化资源的传承。

2. 强化文化教育和传播

通过开展文化活动，组织文化讲座和培训班等方式，普及传统文化知识，提升村民对传统文化的认同感和自豪感。同时，利用各种传媒手段，如网络、电视、报刊等拓宽传统文化的传播渠道，提高传播效果。

3. 文化创新与发展

在保护和传承传统文化的基础上，进行文化创新，使传统文化与现代文明相融合。可以通过创作新的文艺作品、设计新的文化产品、研发新的旅游项目等方式，将传统文化与现代生活紧密联系起来，使其在现代社会中焕发出新的生机和活力。

4. 发展地域特色文化产业

依托传统村落的文化资源和创新成果，发展地域特色文化产业，如手工艺品、特色美食、乡村旅游等。这既可以为村民提供就业机会，增加其收入来源，又能将传统文化传承下去，形成具有地域特色的文化品牌。

5. 建立文化交流与合作机制

加强与外部文化机构、高校、研究机构等的合作与交流,引进先进的文化理念和管理模式,提升传统村落文化保护与创新能力。同时,也可借鉴其他地区在文化传承与创新方面的成功经验,为本地文化发展提供借鉴。

(四)社会参与与共建

可持续发展理论强调社会的广泛参与与共建。在传统村落保护与创新发展过程中,要充分调动各方面的积极性,发挥政府、企业、社会组织和村民的参与作用,形成政府引导、企业参与、社会支持和村民共建的多元化合作机制,共同推动传统村落的保护与创新发展。

1. 政府引导与支持

政府应对传统村落保护与创新发展起主导作用,制定相应的政策和规划,为传统村落提供必要的资金、技术和人才支持。政府还须加强对传统村落的宣传推广,提高社会各界对传统村落保护与创新发展的关注度和参与度。

2. 企业参与与投资

企业在推动传统村落保护与创新发展过程中具有重要作用。企业可以通过投资兴办地方特色企业、提供就业岗位、支持社区文化活动等方式参与传统村落建设,帮助传统村落实现经济转型和升级。同时,企业还可以借助自身专业技能和资源,为传统村落提供技术支持和市场推广服务。

3. 社会组织协助与服务

社会组织如民间团体等可以利用其专业知识和人脉资源,为传统村落提供政策咨询、技术培训、文化交流等服务。此外,社会组织还可以筹集资金,提供物力和人力支持,为传统村落的保护与发展提供有力的保障。

4. 村民自主参与与建设

村民是传统村落保护与创新发展的主体，要充分发挥其主观能动性，通过开展培训、座谈等活动，提高村民的保护意识和能力，鼓励村民参与村务管理，发挥民间智慧，共同推进传统村落的保护与创新发展。

5. 跨区域合作与交流

通过建立合作联盟、举办交流活动等方式，促进不同地区传统村落之间的经验交流与资源共享，这有助于提高各地传统村落保护与创新发展的水平，使多方形成合力，推进传统村落的可持续发展。

（五）生态环境保护与修复

在传统村落保护与创新发展的过程中，要注重生态环境的保护与修复，加强对自然生态系统的保护，严格控制污染物排放，提高环境质量。同时，还要积极开展生态修复工程，改善生态环境，实现经济、社会和生态环境的协调发展。具体来说，生态环境保护与修复可以从以下几个方面展开。

1. 强化生态环境意识

提高村民和社会各界对生态环境保护的认识和重视程度，使他们认识到生态环境保护与修复对传统村落发展的重要意义。可以通过教育、培训、宣传等手段，培育村民的生态文明观念，使其积极参与生态环境保护与修复工作。

2. 制定科学的规划与政策

政府应制定合理的生态环境保护与修复规划，明确目标、任务、措施和时限，确保各项工作有序推进。此外，政府还要完善生态环境保护法律法规，强化生态环境保护的法治保障，为生态环境保护与修复提供政策支持。

3. 保护自然生态系统

加强对自然生态系统的保护，确保生态系统的稳定和可持续发展。具体措施包括保护水源地、湿地、森林、草原等生态敏感区域，禁止在这些区域进行破坏生态的活动；保护野生动植物资源，维护生物多样性；加强对土壤、水体等环境质量的监测和管控，防止生态环境恶化。

4. 治理环境污染

加大对环境污染的治理力度，减少污染物排放，提高环境质量。具体措施包括严格执行环保法规，限制高污染、高耗能的产业发展；推广绿色、环保、低碳的生产和生活方式，鼓励清洁能源和节能技术的应用；加强对工业、农业、生活等污染源的监管，确保污染物排放达标。

5. 开展生态修复工程

针对受损的生态系统和环境问题实施生态修复工程，改善和恢复生态环境。具体措施包括植树造林、水土保持、湿地恢复等，以提高生态系统的自净能力和抵御自然灾害的能力。同时，对于受污染的土地、水体等，采取科学的修复技术，消除污染源，恢复其生态功能。

6. 建立生态补偿机制

对于在生态环境保护与修复中作出贡献的个人和单位，实行生态补偿机制，激励更多的人参与生态环境保护。具体措施包括增加资金投入、推出税收优惠政策、提供生态补偿金等，以提高各方参与生态环境保护与修复的积极性。

7. 强化监督与评估

建立健全生态环境保护与修复的监督与评估机制，确保各项措施有效实施。具体措施包括加强对生态环境保护与修复工作的监察、审计和评价工作，及时发现问题，督促整改；定期发布生态环境保护与修复的进展情况，接受社会监督，提高工作透明度。

第三节　文化生态学理论

文化生态学理论是研究人类文化与自然生态环境之间相互关系和相互影响的理论。该理论强调人类文化的多样性和生态环境的复杂性，认为文化与生态环境之间存在密切的联系。在传统村落保护与创新发展的过程中，文化生态学理论为人们提供了一个独特的视角，有助于人们理解传统村落文化与生态环境之间的关联，在保护生态环境的同时传承和发展地域文化。

一、文化生态学理论的内涵

文化生态学理论的内涵主要包括以下几个方面。

（一）文化与生态环境相互作用

生态环境对人类文化的发展具有深远的影响，人类文化对生态环境建设同样具有重要的影响。文化与生态环境之间的相互作用表现在以下四个方面。

1. 地理特征的影响

不同地区的地理特征对人类文化的发展产生着直接的影响。例如，山地地区的陡峭地形、丰富的森林资源、多雨的气候等，决定了当地人们的生产方式和生活习惯，如农耕、狩猎和采集等。同时，地理特征也对当地的宗教信仰和文化习俗产生着深刻的影响，如藏传佛教在高山地区的广泛传播就与当地地形和气候条件密切相关。

2. 资源禀赋的影响

资源禀赋是指一个地区所拥有的自然资源和人力资源。不同地区的资源禀赋不同，对人类文化的发展产生着重要影响。例如，沿海地区拥有丰富的渔业资源，促进了当地海洋经济和渔业文化的发展；而内陆地区的水力资源和煤炭资源丰富，则促进了当地的矿业和能源文化的发展。

3. 气候条件的影响

气候条件对人类文化的发展也具有较大影响。不同的气候条件直接影响着农业生产和畜牧业生产，如干旱地区的灌溉技术和耐旱作物的培育，寒冷地区的畜牧业和温室技术的发展等。

4. 文化发展的影响

人类文化发展也会对生态环境产生重要的影响。例如，农业文化的发展导致化肥过度使用，对土地的生态环境产生负面影响；城市文化的发展导致建筑物和工业活动大量增加，对大气和水环境产生不良的影响。这些文化活动会对生态环境产生深远的影响，反过来又会对人类文化的发展产生重要的影响。

（二）文化适应性

文化适应性是文化生态学理论中的重要内容，指人类文化在与生态环境相互作用的过程中表现出的适应能力。文化适应性是人类文化对生态环境变化的响应，是在适应环境变化的同时，保持文化的连续性和稳定性的能力。

在不同的生态环境下，人类文化适应性的表现形式各不相同。例如，在荒漠环境中，当地居民会采用特殊的居住方式和节约用水的方法，如沙漠房屋、雨水收集系统等，来适应环境的特殊性；在森林环境中，当地居民拥有狩猎、捕鱼、采集等特殊的生存技能和工具，来适应生态环境的复杂性。

文化适应性的优势在于它能够促进人类与生态环境的协调和平衡。通过适应环境，人类可以更好地利用资源和维持生态平衡，从而实现可持续发展。此外，文化适应性还有助于维护文化的连续性和稳定性，促进文化的传承和发展。

（三）文化多样性

文化多样性是指人类文化在不同地域、不同历史时期和不同社会群体之间的差异和变化。文化多样性在文化生态学理论中具有重要作用，是文化适应性和文化创新的基础，也是人类文化发展的重要动力。

文化多样性除了反映在不同地域的生产方式、饮食文化、婚礼习俗、节日传统上，还反映在人类与生态环境的关系上。在不同地域，人们对待自然环境的态度和方式也存在着差异,如一些地区的土地利用方式、林业管理方式、水资源管理方式等都反映了当地人们对待生态环境的态度和文化习惯。

二、文化生态学对传统村落保护与创新发展的指导作用

文化生态学为传统村落的保护和创新发展提供了理论支撑和实践指导,具体体现在以下四个方面。

(一)强调生态环境与文化的和谐共生

强调生态环境与文化的和谐共生是文化生态学的核心理念,文化生态学理论认为生态环境与文化之间存在密切的相互关系,生态环境为文化提供了基础和支持,而人类文化在与自然环境相互作用的过程中也对生态环境产生了影响。因此,在保护和发展传统村落文化的过程中,应关注生态环境保护和恢复,实现生态与文化的协调发展。

1. 保护生态环境

生态环境是文化发展的物质基础,只有保护好生态环境,才能为文化传承和发展创造有利条件。因此,在传统村落保护与创新发展过程中,应重视生态环境保护,防止水土流失、环境污染等生态问题的发生,确保生态环境的可持续发展。

2. 恢复生态系统

在一些受到破坏的传统村落中,需要采取措施恢复生态系统的完整性和稳定性,其中包括植被恢复、土壤修复、水源保护等工作,使受损的生态系统得到修复,为文化传承和发展提供良好的生态环境。

3. 传承和发展地域文化

生态环境与地域文化之间存在密切关系,地域文化往往蕴含了世代居民与生态环境相互适应的智慧。因此,应在保护生态环境的基础上,挖掘、传承和发展地域文化,将生态保护与文化传承相结合,实现生态与文化的共同发展。

4. 倡导生态文明理念

在传统村落保护与创新发展中，应倡导生态文明理念，强调人与自然和谐共生，推动绿色发展、循环经济和低碳生活。通过宣传教育和示范引导，增强居民的生态文明意识，强化其环保行为，使生态保护成为村民共同的价值观和行动准则。

5. 突出地域特色

每个地区都有其独特的生态环境和文化特色，因此在推动生态环境与文化和谐共生的过程中，要充分挖掘和展现地域特色，使传统村落保持其独特的生态文化魅力。这有助于增强村民的地域认同感和文化自信，同时也有助于吸引游客，促进地域文化的传播，提高地域文化的影响力。

（二）促进文化适应性与创新

在传统村落保护与创新发展中，要充分发挥文化适应性的作用，既保留和传承传统文化，又适应现代生活和环境变化的需求，实现文化的创新和发展。在传统村落保护与创新发展中，促进文化适应性与创新需要做到以下几点。

1. 挖掘和传承传统文化

（1）深入挖掘传统文化内涵。在传统村落保护与创新发展过程中，要深入研究和挖掘传统文化的历史渊源、民俗风情、地域特色等方面的内涵，为传统村落保护提供丰富的文化基础。

（2）强化传统文化传承。要通过组织各类文化活动、开展非物质文化遗产保护、支持传统技艺传承等方式，加强对传统文化的传承，使之在新时代焕发出新的生机。

2. 借鉴现代文化成果，促进文化创新

（1）学习借鉴现代文化。在保护传统文化的同时，要关注现代文化的发展，学习借鉴现代文化成果，为传统村落创新发展提供新的思路和方法。

第二章 传统村落保护与创新发展的相关理论

（2）融合现代科技手段。利用现代科技手段，如信息技术、新材料、新能源等，改善传统村落的基础设施，提高村民的生活质量，实现传统文化与现代科技的有机融合。

3.尊重地域文化差异，发展多元文化

（1）尊重地域文化差异。在传统村落保护与创新发展过程中，要尊重各地区的文化特色和差异，鼓励各地根据自身特点开展文化创新活动。

（2）发展多元文化。要通过支持各类文化活动和项目，促进文化多样性的发展，形成独特的地域文化品牌，为传统村落创新发展提供丰富的文化资源。

（3）促进文化交流互鉴。鼓励不同地域、不同民族之间的文化交流互鉴，借鉴他人优点，弥补自身不足，共同推动传统村落文化的创新发展。

4.构建可持续发展的文化生态体系

（1）发展绿色经济。在传统村落保护与创新发展过程中，要重视绿色经济的发展，支持清洁能源、节能技术等的应用，减轻对环境的负面影响。

（2）保护生态环境。加强生态环境保护，保持传统村落的生态平衡，为文化创新发展提供良好的自然环境。

（3）发展生态旅游。结合地域文化特色，发展生态旅游产业，提高传统村落的经济效益，同时传播地域文化，提高文化适应性。

（三）保护和发展文化多样性

文化生态学认为文化多样性是非常重要的。这是因为不同的文化背景会影响人们对世界的看法和理解，并促进不同的思考方式和行为方式的发展。文化多样性可以促进文化创新和发展，带来新的思想和文化成果。

在传统村落保护与创新发展中，尊重和保护不同群体、不同地域的文化多样性，可以让村落具有更加丰富和多元的文化魅力与文化资源。

保护和传承传统村落的传统文化，可以增加传统村落的文化内涵和特色，提升村落的文化价值和吸引力。与此同时，为了适应现代化的需要，传统村落的文化也需要创新和发展。在这个过程中，需要充分利用和发掘当地的文化资源，促进文化创新和创意产业的发展，同时也需要与现代文化相融合，发展出具有现代特色的传统村落文化。

（四）提倡绿色发展

绿色发展是一种注重生态环境保护的发展模式，其目的是实现经济、社会和生态效益的协同增长。在经济发展的过程中，绿色发展注重减少对自然环境的破坏和污染，提高资源利用效率，节能减排，实现可持续发展。

在传统村落保护与创新发展中，推广清洁能源、节能技术，采用循环经济模式是非常重要的。清洁能源包括太阳能、风能、水能等，加强对清洁能源的利用可以减少对传统能源的依赖，降低能源消耗和碳排放量，有助于改善环境质量。节能技术有利于提高能源利用效率、减少能源浪费等，可以降低能源消耗和成本，也有助于环境保护。循环经济是一种资源利用的模式，它通过回收利用废弃物，减少资源浪费，促进经济可持续发展。

除了推广清洁能源、节能技术和循环经济模式，还需要支持绿色产业、绿色农业和生态旅游等领域的发展。绿色产业包括环保产业、新能源产业等，可以实现经济发展和环境保护的双赢；绿色农业是一种注重环境保护和可持续发展的农业模式，它通过合理利用土地资源、推广绿色种植技术等，提高农业生产效益，保护生态环境；生态旅游是一种注重生态保护和文化传承的旅游模式，它通过开展生态旅游活动，促进传统村落的保护和发展。

第四节 旅游地生命周期理论

一、旅游地生命周期理论的内涵

旅游地生命周期理论是用于描述旅游目的地随着时间发展而变化的理论，旨在帮助旅游目的地管理者和决策者制定相关规划和政策，以实现旅游地的可持续发展。旅游地生命周期理论认为，一个旅游目的地的发展是具有周期性的，经历起步、成长、成熟、衰退和复兴五个不同的阶段。每个阶段的特点和存在的问题不同，需要采取不同的管理和发展策略。

（一）起步阶段

起步阶段是指旅游目的地刚刚开始发展的阶段。此时，旅游目的地的旅游资源和基础设施都比较薄弱，旅游产业规模相对较小。主要问题如下。

（1）旅游资源较为单一，缺乏差异化的产品和服务。

（2）旅游基础设施和服务水平较低，不足以满足游客的需求。

（3）旅游市场较小，需要加强推广和宣传。

针对这些问题，旅游地管理者和决策者需要采取以下管理和发展策略。

（1）加强旅游资源的开发和整合，丰富旅游产品和服务，以吸引更多的游客。

（2）提升旅游基础设施和服务水平，提高游客的旅游体验和满意度。

（3）加强旅游市场的推广和宣传，提高旅游目的地的知名度和影响力。

（二）成长阶段

成长阶段是指旅游目的地的旅游规模和经济效益开始增长的阶段。此时，旅游目的地的基础设施已经完善，服务水平已有较大提升，旅游产业规模逐渐扩大。主要问题如下。

（1）旅游市场开始扩大，游客数量增多，但仍面临市场竞争和规划管理等问题。

（2）旅游产品和服务不够多样化，不够创新，需要加强创新和提升。

（3）旅游基础设施得到改善，服务水平有了一定的提高，但仍需要进一步优化。

针对这些问题，旅游地管理者和决策者需要采取以下管理和发展策略。

（1）制定相关规划和管理措施，规范旅游市场秩序，促进行业发展。

（2）加强旅游产品和服务的创新和提升，满足不同游客的需求和期望。

（3）扩大旅游市场的规模和覆盖范围，提升旅游地的知名度和影响力。

（三）成熟阶段

成熟阶段是指旅游目的地的旅游规模和经济效益达到最高点的阶段。此时，旅游目的地已经成为一个比较成熟的旅游市场，但也面临着过度开发、旅游环境污染、市场竞争等问题。主要问题如下。

（1）旅游市场竞争激烈，需要加强产品和服务的差异化和创新。

（2）旅游基础设施比较完善，服务水平相对较高，但也需要进一步改善和提高。

针对这些问题，旅游地管理者和决策者需要采取以下管理和发展策略。

（1）加强环境保护和资源保护，促进旅游产业结构调整和创新发展。

（2）推动旅游产业的可持续发展，实现经济、社会和生态效益的协同增长。

（3）加强旅游市场的规范和管理，保障旅游市场的健康发展。

（四）衰退阶段

衰退阶段是指旅游目的地的旅游市场开始萎缩、旅游产业规模缩小和经济效益下降、设施老化等问题开始显现的阶段。主要问题如下。

（1）旅游市场规模萎缩，游客数量减少，旅游产业规模缩小，经济效益下降。

（2）旅游设施老化，需要进行更新和改造。

（3）旅游目的地的形象和品牌受损，需要重新塑造。

针对这些问题，旅游地管理者和决策者需要采取以下管理和发展策略。

（1）进行再生和复兴，开发新的旅游产品和市场，加强旅游环境和设施的改造和升级。

（2）重新塑造旅游目的地的形象和品牌，提高知名度和影响力。

（3）加强旅游市场的营销和推广，吸引更多的游客和投资。

（五）复兴阶段

复兴阶段是旅游目的地在衰退阶段之后重新振作的阶段。主要问题如下。

（1）市场竞争加剧。随着旅游市场的不断扩大和竞争的加剧，旅游目的地需要提升自身的竞争力，提高吸引力和品牌价值。

（2）旧设施设备需要更新。旅游设施和设备随着时间的推移逐渐老化，需要进行更新和升级，以提高游客的满意度和旅游品质。

（3）旅游产业结构需要调整。旅游目的地需要通过调整旅游产业结构，实现旅游产业的升级和转型，提高产业的附加值。

（4）旅游环境需要改善。旅游目的地需要加强对旅游环境的保护和改善，提高旅游目的地的美誉度和吸引力。

为了应对这些问题，旅游地管理者和决策者在复兴阶段需要采取相应的管理和发展策略。

（1）加强旅游营销和推广，提高品牌知名度和吸引力。

（2）加大投资力度，进行旅游设施和设备的更新和升级。

（3）推动旅游产业的结构调整和升级，实现旅游产业的转型和创新。

（4）加强旅游环境的保护和改善，提升旅游目的地的美誉度和吸引力。

总之，旅游地生命周期理论为旅游目的地管理者和决策者提供了一种全面和系统的管理和发展框架，可以帮助他们更好地了解和把握旅游目的地的发展规律和趋势，制定相应的管理和发展策略，以实现旅游目的地的可持续发展。

二、旅游地生命周期理论对传统村落保护与创新发展的指导作用

传统村落旅游同样具有周期性和阶段性，可以借鉴旅游地生命周期理论的思想，将传统村落旅游的发展分为起步阶段、成长阶段、成熟阶段、衰退阶段和复兴阶段五个不同的阶段，针对不同发展阶段，采取不同的策略。

（一）起步阶段

在起步阶段，传统村落刚刚开始发展，缺乏足够的旅游资源和基础设施，旅游产业规模较小。此时，需要采取以下管理和发展策略。

1. 加强文化资源的挖掘和整合

传统村落具有丰富的文化资源，如传统建筑、风俗习惯、民间艺术等。传统村落需要充分挖掘并整合这些文化资源，以激发游客的兴趣。

2. 完善基础设施和提升服务水平

传统村落需要加强基础设施建设，如道路、桥梁、卫生设施等，丰富服务内容，如民宿、餐饮、导游等，提升旅游服务水平。

3. 加强推广和宣传

传统村落需要加强对外宣传和推广，提高知名度和美誉度，吸引更多游客前来游览和体验，进而促进旅游产业的发展。

（二）成长阶段

在成长阶段，传统村落的旅游规模和经济效益开始增长，但仍面临管理和规划等问题。此时，需要采取以下管理和发展策略。

1. 制定相关规划和管理措施

随着旅游规模的扩大，传统村落需要建立健全管理制度和规划，如建立村落旅游管理委员会、制定旅游发展规划等，保障旅游业的可持续发展。

2. 加强旅游产品和服务的创新和提升

为了吸引更多的游客前来体验，传统村落需要不断创新和提升旅游产品和服务，如推出主题旅游活动、打造特色旅游产品等。

3. 扩大旅游市场的规模和覆盖范围

传统村落需要拓展旅游市场，继续提高知名度和美誉度，增加游客数量和旅游收入，可以通过加强宣传推广、开拓新的旅游市场和目标客户等方式来实现。

4. 加强基础设施建设和提升服务水平

随着旅游规模的扩大，传统村落需要加强基础设施建设，如增加道路、交通、卫生、安全等方面的投资。同时，需要提高服务水平，为游客提供更好的旅游服务和体验，如培训旅游从业人员、提供语言服务、提供舒适的住宿和餐饮等。

5. 保护传统村落的历史文化和人文景观

传统村落作为一个历史文化遗产，需要保护其历史文化和人文景观，如保护古建筑、传统手工艺等。同时，需要加强文化挖掘和传承，让游客更好地了解传统村落的历史文化和传统习俗。

（三）成熟阶段

在成熟阶段，传统村落的旅游规模和经济效益达到最高点，但也面临过度开发、旅游环境污染、市场竞争等问题。此时，需要采取以下管理和发展策略。

1. 加强旅游环境保护和资源保护

为了避免过度开发和旅游环境污染，传统村落需要采取一系列措施加强旅游环境保护和资源保护，如控制旅游开发规模、加强垃圾处理和污水处理等。

2. 促进旅游产业结构调整和创新发展

为了应对市场竞争和提高旅游产品的品质，传统村落需要加强产业结构调整和创新发展，如发展文化创意产业、推动特色农业和乡村旅游等。

3. 推进旅游品牌建设和营销推广

为了提升知名度和美誉度，传统村落需要加强旅游品牌建设和营销推广，如打造品牌特色、开展宣传推广活动等。

4. 加强管理和监督

传统村落需要加强传统村落的管理和监督，确保旅游有序和可持续发展，如加强对旅游从业者的培训和管理、建立健全投诉处理机制等。

（四）衰退阶段

在衰退阶段，传统村落的旅游市场开始萎缩，旅游产业规模和经济效益下降，设施老化等问题开始显现。此时，需要采取以下管理和发展策略。

1. 进行再生和复兴

传统村落需要通过拓展新的旅游市场、发展新的产业逐渐复苏和繁荣。例如，可进行文化创意产业的开发、加强文化遗产的保护、引进新兴产业等。

2. 开发新的旅游产品和市场

传统村落需要开发新的旅游产品和市场，以吸引更多的游客，如开发户外运动、生态旅游等。

3. 加强旅游环境和设施的改造和升级

传统村落需要加强旅游环境和设施的改造和升级，以提升游客的体验和满意度，如改善村落的交通、通信、卫生等基础设施，提升住宿和餐饮服务的质量和水平等。

（五）复兴阶段

复兴阶段指传统村落经过衰退之后，通过新的旅游市场和产业的发展，逐渐复苏和繁荣的阶段。此时，需要采取以下管理和发展策略。

1. 注重文化创意产业的发展

传统村落需要注重文化创意产业的发展，以体现自身的文化和历史价值。例如，可以开发文化主题旅游、打造文化产品等。

2. 提高旅游环境和设施的质量与水平

传统村落需要改善旅游环境，提高设施的质量，以吸引更多的游客。例如，可以加强村落的美化、清洁、安全等方面的管理，提升住宿和餐饮服务的质量与水平等。

3. 开拓新的旅游市场

传统村落需要开拓新的旅游市场，吸引更多的游客。例如，可以与其他旅游目的地合作，推出全新旅游线路；可以加强营销和宣传，扩大知名度等。

4. 发挥村民的积极作用

传统村落的复兴离不开当地村民的积极参与和支持。因此，在复兴阶段，需要发挥村民的积极作用，加强村落的社区建设和管理，提高村民的生活质量和福利待遇，以增强他们的归属感和责任感。

综上所述，旅游地生命周期理论对传统村落保护与创新发展具有重要的指导作用。在村落的管理和发展中，需要充分考虑旅游地生命周期中不同阶段的特点和存在的问题，采取相应的管理和发展策略，以实现传统村落的可持续发展。

探索篇

传统村落的保护与创新发展之路研究

第三章 传统村落保护与创新发展的文化要素分析

第一节 传统村落的山水文化

山水文化是人与大自然精神交往的产物。在人们欣赏山水风景时,通过人景效应的作用,产生了一系列的文化现象。这些文化现象是人类精神和自然物质相互作用的结晶,代表着人类与自然的和谐关系,是人类文化宝库中不可或缺的一部分。山水文化融合了不同文化素养和追求,是一个复杂的文化系统。它通过感应、激发、启迪、陶冶和融合等精神心理作用,升华了人与大自然精神往复作用的过程,是一种人与自然和谐相处的文化理念。传统村落的山水文化主要包括山水物质文化和山水精神文化。

一、山水物质文化

山水物质文化是指以山水自然环境和物质文化遗产为主要表现形式的文化现象。山水物质文化包括山形态文化和水形态文化。

(一) 山形态文化

山形态文化是以山为主要载体的文化形态,在远古时代,人类就将山作为生活和活动场所。中国有许多著名的山,它们因所蕴含的文化内容不同而成为具有不同个性的名山。比较有代表性的有佛教名山、道教名山。这些山以其独特的文化内涵吸引了大量的游客和信众前来朝拜和游览。山形态文化的丰富多样性和深厚的历史底蕴,成为中国文化宝库的重要组成部分。

1. 佛教名山

佛教名山是指在中国佛教历史上具有重要地位的山峰。这些山峰因其佛教文化内涵和历史渊源而被赋予了特殊的意义。例如,峨眉山、九华山、普陀山等都是佛教名山的代表。佛教名山不仅是信仰圣地,也是文化遗产和旅游资源。佛教文化中的禅修、诵经、朝拜等活动也为佛教名山注入了独特的文化气息。

2. 道教名山

道教名山是指在中国道教历史上具有重要地位的山峰。这些山峰被认为是道教的圣地,是中国道教文化的重要组成部分。例如,武当山、崂山、南岳衡山等都是道教名山的代表。道教名山是道教文化和自然景观的完美结合,道教信仰和文化内涵为这些山峰注入了深厚的文化气息。

(二)水形态文化

水形态文化是指以水为主要景观元素的风景名胜区。水体的种类和特点各异,如江河、湖泊、泉水、海滨等,每种水体都有其独特的自然条件和文化内涵。因此,不同的自然水形态文化代表着不同的地域文化和历史文化,呈现出多样性和丰富性。

1. 江河文化

江河文化是指以江河为主要载体的风景名胜区所蕴含的文化内涵。江河作为中国最重要的水系之一,不仅是中国文化的重要组成部分,也是中国经济和社会发展的重要支柱。江河文化体现了中国古代文明的灿烂和多样性。在江河文化中,涵盖了许多丰富多彩的文化元素,如众多历史文化名城、传统艺术、民俗文化、文学作品等。例如,位于黄河和长江两岸的历史文化名城如洛阳、开封、南京等,都蕴含了丰富的历史文化遗产和人文景观。江河文化也是中国传统文学的重要源泉，如《离骚》《庐山谣》《滕王阁序》等文学作品都与江河文化有着密切的联系。

2. 湖泊文化

湖泊文化是指以湖泊为主要载体的风景名胜区所蕴含的文化内涵。湖泊作为一种自然地貌，具有独特的自然景观和生态环境。在中国，湖泊文化早已融入了当地居民的生活和文化中。湖泊文化涵盖了丰富多彩的文化元素，如民间故事、神话传说、宗教信仰、文学艺术等。例如，西湖文化是杭州市以至整个浙江省的代表性文化，涵盖了西湖八景、西湖龙井、西湖文学等多个方面的文化元素。

3. 泉水文化

泉水文化是指以泉水为主要载体的风景名胜区所蕴含的文化内涵。泉水作为一种自然资源具有很多独特的地质景观和水文环境，还具有丰富的文化内涵。在中国，泉水文化源远流长，有着悠久的历史和深厚的文化底蕴。泉水文化涵盖了众多的文化元素，如神话传说、民俗文化、建筑艺术、文学作品等。例如，济南的趵突泉就是具有深厚文化底蕴的泉水文化代表。

4. 海滨文化

海滨文化是指以海滨为主要载体的风景名胜区所蕴含的文化内涵。海滨作为一种特殊的自然环境，不仅具有独特的海洋景观和海洋生态环境，也是人类活动的重要场所。海滨文化涵盖了众多的文化元素，如海洋文化、海滨城市文化、民间传说、建筑艺术等。例如，厦门的鼓浪屿、青岛的八大关、大连的老虎滩等都是具有丰富海滨文化内涵的著名景点。

二、山水精神文化

山水精神文化是指以山水自然环境为主要背景和精神内涵的文化现象。山水精神文化包括山水艺术、山水哲学和山水文学。

（一）山水艺术

山水艺术是中国传统艺术中最为重要的艺术形式之一，可以追溯到古代先民刻画山水图案的原始艺术，经过历代艺术家的不断探索和拓展，逐渐形成的独特的艺术表现形式和风格特点。

山水艺术的主要表现形式有山水画、书法、篆刻、雕塑等。其中，山水画是最具代表性的形式，它通过艺术手法来表现山水的自然风光，反映出作者的审美情趣和情感体验。山水画的特点在于用墨和用笔，以自然山水为基本对象，表现自然山水的气势、情趣和意境，追求意境与笔墨的完美统一，体现出中国传统审美观念的独特魅力。

在山水艺术的发展历程中形成了许多不同的风格和流派。南宗山水画是以五代南唐时期的画家为代表的一种风格，注重笔墨的变化和表现手法，追求自由奔放、意境深远。北宗山水画则是以北宋时期的画家为代表的一种风格，注重笔墨的工笔技法，追求精细、写实、明确。工笔山水画在表现山水的细节和构图方面非常出色，能够把细节表现得十分清晰，给人以鲜明的视觉印象。写意山水画则是强调意境和笔墨表现的一种风格，通过自由挥洒的笔墨来表现山水的意境和情感，追求意境与笔墨的完美统一。

山水艺术的核心是"山水情怀"，即通过艺术手法表现出作者对山水自然的情感、意境和精神，传递出"天人合一"的哲学观念和审美情趣。在山水艺术中，作者把自然山水作为表达自己内心情感和审美理念的媒介，通过艺术表现来传达自己对自然的敬畏和感悟，体现出对自然山水的热爱和追求，同时反映出中华传统文化中"天人合一"的哲学观念。

（二）山水哲学

山水哲学是中国古代哲学中的一种重要思想，早在战国时期的《庄子》中就有关于山水哲学的论述。在中国文化中，山水被视为一种自然美学，不仅是自然景观的体现，也是一种文化的表达。山水哲学的核心概念是"山水之间"，指的是人与自然山水之间的关系。山水哲学强调人与自然山水的融合、相互作用，认为自然山水是一种精神和文化的源泉，被赋予了深刻的哲学意义和文化价值。

山水哲学认为，自然山水具有独特的力量和精神境界，能够引发人们的思考和感悟。自然山水之美可以激发人们的情感，引起人们对人生的深刻思考和审美感受。在山水哲学中，人被视为自然山水的一部分，应该顺应自然、尊重自然，将自己融入自然之中，达到天人合一的境界。

山水哲学的思想深刻影响了中华传统文化、审美观念和生活方式。中国的绘画、文学、音乐等各个艺术领域都有着丰富的山水文化内容。山水哲学强调情感、气质和意境的表达，强调审美体验的内在感受，因此在艺术上的表现也注重意境的构建和情感的渲染。在中华传统文化中，山水哲学也对人的生活方式产生了深远的影响。中国人常将山水作为生活的寄托和精神的源泉，尊重自然、回归自然、享受自然成为一种生活态度和方式。

（三）山水文学

山水文学是以自然山水为题材，表现山水景色的文学形式。在中国文学中，山水文学一直占据着重要的地位，是中国文学宝库不可或缺的组成部分。山水文学包括山水诗、山水小说、山水游记等多种文学形式。

山水文学源远流长，可以追溯到古代，《诗经》《楚辞》等文学经典中就有大量描写自然山水的诗篇。在唐宋时期，山水诗发展到了顶峰，李白、杜甫、王维、苏轼、黄庭坚等诗人的山水诗作品至今仍被广泛传诵和赏析。在小说方面，《红楼梦》《水浒传》《西游记》等经典作品中也都包含了大量的自然山水描写，充分体现了山水文学在小说创作中的重要性。

山水文学不仅是对自然山水的一种赞美和表达，更是对人性、人文、哲学、审美等方面的探索和表达。山水文学将自然山水作为文学创作的重要元素之一，通过对自然山水的描写和情感抒发，表现出作者的情感、思想和精神。山水文学不仅是中国文学的瑰宝，更是中国文化的重要组成部分，它所蕴含的丰富内涵和人文价值，受到了国内外文化界的广泛关注和赞誉。

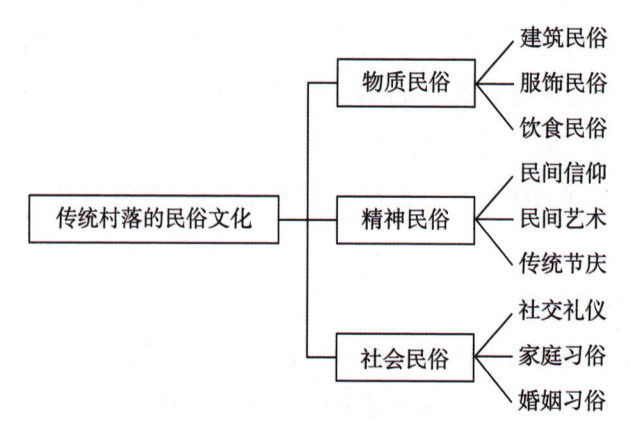

第二节　传统村落的民俗文化

传统村落的民俗文化可大致划分为物质民俗、精神民俗与社会民俗三类，如图 3-1 所示。

```
                            ┌── 建筑民俗
                ┌─ 物质民俗 ─┼── 服饰民俗
                │           └── 饮食民俗
                │           ┌── 民间信仰
传统村落的民俗文化 ─┼─ 精神民俗 ─┼── 民间艺术
                │           └── 传统节庆
                │           ┌── 社交礼仪
                └─ 社会民俗 ─┼── 家庭习俗
                            └── 婚姻习俗
```

图 3-1　传统村落的民俗文化

一、物质民俗

物质民俗是指与可感可见的居住、服饰、饮食、生产、交通、工艺制作等物质文化传承相伴随的民俗事项的总称。它包括建筑民俗、服饰民俗、饮食民俗等方面。

（一）建筑民俗

建筑民俗，作为一种独特的文化现象，是人类文明漫长历史中积淀的物质和精神性的综合体现。它包含了世代相传的建筑风格、建筑工艺、选址原则、建筑仪式、装饰符号以及相关的民俗活动等诸多元素。在传统村落中，建筑民俗承载着村民的信仰、文化、生活方式及社会地位等多重意义，为我们展现出一幅富有层次感和韵味的历史画卷。

一方面，建筑民俗传承着当地特有的建筑风格和工艺。在中国传统建筑中，木结构建筑独树一帜，以其精湛的技艺、坚固的结构和优美的线条展现了中华民族的智慧和艺术成就。青砖小瓦、斗拱飞檐、木雕窗花、石刻门楼等元素相互交融，形成了独具特色的地域建筑风格，如江南的水乡古镇、西北的窑洞、福建西南的土楼等，各具韵味，彰显了地域文化的多样性。

另一方面，建筑民俗体现了当地的宗教信仰和民间习俗。庙宇、道观等宗教建筑，既是信徒祈福拜神的场所，也是民间传统祭祀、庆典活动的重要载体。村落中的祠堂、宗祠、神龛等承载着家族宗教、祖先崇拜等多重信仰，成为凝聚家族、维系乡愁的精神纽带。此外，民间的建筑仪式如放水炮、舞龙舞狮，以及贺新房、搬迁、装修等习俗活动都是建筑民俗的重要组成部分，折射出当地人民世代相传的生活方式和观念。

（二）服饰民俗

服饰民俗，作为一种独特的文化表现形式，是人类社会历史发展中日常生活的重要组成部分。它涵盖了衣着、饰品、发式、服饰礼仪等多个方面，既具有实用性，又富有审美价值。在传统村落中，服饰民俗承载着当地的文化、风俗习惯、民间信仰等多重信息，展现出地域文化的丰富多样性和独特韵味。

1.服饰民俗传承着地域特色和民族风情

在中国传统村落中，不同地区、不同民族的服饰都有自己独特的风格和特点。例如，四川的彝族女装色彩艳丽、图案精美，展示了彝族人民的独特审美观和民族风格；又如，江南的汉族女装素雅、清丽，彰显了江南水乡的温文尔雅和儒家文化传统。这些地域性的服饰特点，既体现了各民族的自然环境、生产方式、生活习惯等，也传达了他们对美好生活的向往和追求。

2.服饰民俗蕴含着丰富的社会象征和文化内涵

在传统村落中，服饰不仅是人们日常生活的必需品，还是表达个性、彰显身份、传递信息的重要工具。不同的社会阶层、性别、年龄、职业等，都有其特定的着装规范和礼仪要求。例如，官员、士人、商贾、农民等社会阶层的服饰，既有共性也有差异，通过服饰的款式、面料、颜色、饰品等展现了他们不同的社会地位和权力关系。同时，节令、场合、仪式等因素也会对服饰的选择和搭配产生重要影响。如婚礼、庆典、祭祀等重要场合，人们往往会穿着华丽、讲究的礼服，以示尊重和庄重。

3.服饰民俗体现着高超的技术

丝绸、棉布、麻布等材质的选用，染色、织造、刺绣、缂丝等技艺的运用，使得传统服饰具有较高的艺术价值和观赏性。例如，云锦、蜀锦、宋锦等名织，以其精湛的工艺、独特的纹样、艳丽的色彩成为中国丝绸文化的璀璨瑰宝；苏绣、蜀绣、湘绣、粤绣等名绣，以其细腻的针法、生动的图案、精美的工艺，展现了中国刺绣艺术的卓越成就。

（三）饮食民俗

饮食民俗是人类文化的一个重要方面，它既是民族特色的体现，也是民族文化的载体。在传统村落中，饮食民俗凝聚着当地人民的智慧和精神，反映了各地区、各民族、各社会阶层的地理环境、农业生产、饮食习惯和文化传承等多方面的特点。从口感、制作工艺、食材选择、烹饪方法到饮食礼仪、饮食习俗等方面，都体现出饮食民俗的丰富多样性和独特韵味。

1.饮食民俗是地域特色的集中体现

在中国传统村落中，各地区、各民族都有自己独特的饮食风格和特点，如川菜、湘菜、粤菜、闽菜、鲁菜、苏菜、徽菜、浙菜等八大菜系，各具特色，各领风骚。这些地域性的饮食特点，既体现了各地的自然环境、农业生产、饮食资源等方面的影响，也传承了各地的历史文化、民俗习惯、宗教信仰等方面的特点。例如：川菜以麻辣、鲜香、独特的口味著称，彰显了四川人民的热情豪放和地域特色；粤菜则以清淡、鲜美、精致的口感而闻名，体现了广东水乡的温文尔雅和儒家文化传统。

2. 饮食民俗是民间传统和历史文化的重要载体

在传统村落中，饮食不仅是满足生活需求的基本方式，也是传承民族文化、弘扬民族精神的重要途径。各地的传统美食、名菜、特色小吃，都凝聚着民族历史的记忆和传统文化的底蕴，如京菜的宫廷菜、山西的面食、陕西的肉夹馍等，都具有丰富的历史故事和文化内涵。同时，传统节日、庆典、仪式等场合，也常常伴随着特定的饮食习俗和美食传统，如春节的饺子、元宵节的元宵、端午节的粽子、中秋节的月饼等，这些美食不仅是节日的象征，更是民族文化传承的重要载体，凝聚着民间的智慧和情感。

3. 饮食民俗是社会风俗与礼仪的集中体现

在传统村落中，饮食与礼仪、风俗、习惯密切相关，具有深厚的文化内涵和社会意义，如中国传统的宴席礼仪、喜宴习俗、宾客宴请等，都体现了中华民族礼仪之邦的美德和传统。此外，酒文化、茶文化、饮食俚语、饮食谚语等也是饮食民俗的重要组成部分，它们既是民间智慧的结晶，也是民族精神的传承。

二、精神民俗

精神民俗是指人们在信仰、艺术、节庆等方面的传统文化。它包括民间信仰、民间艺术、传统节庆等方面。

（一）民间信仰

在传统村落中，民间信仰作为人们精神生活的核心，充满了丰富的文化内涵和深远的历史意义。民间信仰包含着多种多样的信仰对象和形式，如拜神、祭祖、崇拜英雄、信仰图腾等，它们既体现了民间对自然、社会、家庭、宗教等方面的理解和尊敬，也成为民族文化传承和民间智慧的重要载体。

1. 民间信仰是传统村落精神文化的重要组成部分

它融合了历史、地理、民族、宗教等多种因素，形成了独特的信仰体系和习俗。在不同地区、民族和信仰背景下，民间信仰呈现出丰富多样的形式和内涵，如道教的神仙信仰，佛教的菩萨信仰，民间的土地神、水神、山神等信仰。这些信仰对象和形式，不仅体现了人们对自然、社会、宗教等方面的敬畏和感激，也是民族精神和文化认同的重要象征。

2. 民间信仰具有深厚的历史渊源和文化内涵

远古时期的图腾崇拜、神灵崇拜等原始信仰经过长期的发展和演变，逐渐形成了丰富多彩的信仰体系和习俗。在这个过程中，民间信仰不仅吸收了各种宗教和文化的精华，还积淀了世代相传的民间智慧和道德观念。例如，传统村落中的祭祀活动，既是祈求神灵保佑的信仰仪式，也是宣扬孝道、尊崇道德的社会教育，体现了民间信仰在文化传承和道德教化方面的重要作用。

3. 民间信仰是民族团结、交流和融合的重要纽带

在传统村落中，不同民族、地区和信仰背景下的居民，都通过共同参与信仰活动和习俗增进了彼此之间的了解和友谊，促进了民族文化的交流和融合。同时，民间信仰也是民族精神的重要支柱和精神家园。它提供了人们在面对自然、社会和个人生活中的困境时寻求精神慰藉和力量的途径，使人们充满希望和勇气，为生活艰辛付出和拼搏。

（二）民间艺术

民间艺术是指在民间传承和发展的各种艺术形式，包括音乐、舞蹈、戏曲、杂技、民间工艺美术等。它反映了不同民族、地区、阶层、群体的文化特色和生活方式，具有浓郁的民族风格和民间文化色彩。民间艺术是传统村落精神民俗的重要组成部分，它因生动、形象、贴近生活等特点深受广大人民群众的喜爱和欢迎。

概括来说,民间艺术在表现生活、传承文化、发展经济等方面都具有重要的作用。它以深厚的历史文化底蕴、丰富的民俗风情和独特的艺术价值,成为人们了解中国文化、传承中华传统文化的重要途径之一。同时,民间艺术也在不断地发展和创新,融合了现代科技和文化元素,成为现代文化和经济发展的重要支柱之一。

(三)传统节庆

传统节庆是中国村落文化的重要组成部分,它反映了人们的节日习俗和庆祝方式,是中华传统文化的重要内容之一。在中国传统村落中,各种传统节庆活动经过长期的发展和沉淀,形成了独特的文化传统和庆祝方式,成为中国村落文化中的瑰宝。下面简要介绍几个全国性传统节庆和地方性传统节庆。

1.全国性传统节庆

全国性传统节庆有很多,如春节、清明节、端午节、中秋节等。在此,以清明节、端午节、中秋节为例做简要介绍。

(1)清明节。清明节是中国传统节庆中的一个重要节日,也是中国的传统祭祀节日之一。在清明节期间,人们会前往祖先墓地祭扫,擦拭墓碑,祈求祖先的保佑和庇佑。这种传统祭祀活动不仅表达了人们对祖先的感恩之情,更是中华传统文化中的重要组成部分。

(2)端午节。端午节是中国传统节庆中的一个重要节日,也是中国民间文化的重要组成部分。在端午节期间,人们会赛龙舟、吃粽子、挂艾草、插菖蒲等。这些传统庆祝活动不仅蕴含着人们的美好祝愿,更是中国传统文化的重要组成部分。

(3)中秋节。中秋节是中国传统节庆中的一个重要节日,也是中国民间文化的重要组成部分。在中秋节期间,人们会赏月、吃月饼、赏桂花等。这些传统庆祝活动不仅表达了人们对美好生活的向往,更是中国传统文化中的重要组成部分。

2.地方性传统节庆

地方性传统节庆是指在某个特定的地方或文化群体中传承下来的、具有一定历史和文化意义的节日庆典。这些节庆往往与当地的历史、传统、民俗习惯、自然环境等因素密切相关，是当地文化遗产的重要组成部分。在此，以恩施女儿会、牯藏节、火把节为例做简要介绍。

（1）恩施女儿会。恩施女儿会也叫"土家女儿会"，被誉为"东方情人节"或"土家情人节"，一般在每年的农历七月七日至十二日这些天举行。女儿会是恩施土家族苗族自治州土家族具有代表性的区域性民族传统节日之一，是一种独特而新奇的节俗文化。最初流行于恩施石灰窑、大山顶一带，如今已发展成全州性的民族节日。其主要特征是以歌为媒，自主择偶。届时，以年轻姑娘为主，也有已婚妇女前往参加，通过对歌的形式寻找意中人畅诉衷情。

（2）牯藏节，也称"吃牯藏""吃牯脏""刺牛"，是黔东南、桂西北苗族、侗族最隆重的祭祖仪式。节日由苗族各姓牯藏头组织。一般在关系较密切的村寨间进行，牯藏节有小牯、大牯之分。小牯每年一次，时间多在初春与秋后农闲季节，吃牯村寨杀猪宰牛邀请亲友聚会，其间举行斗牛、吹芦笙活动；大牯一般13年举行一次，轮到之寨为东道。

（3）火把节。火把节是彝族、白族、纳西族、基诺族、拉祜族等民族的古老传统节日，有着深厚的民俗文化内涵，被称为"东方的狂欢节"。不同的民族举行火把节的时间也不同，大多是在农历的六月二十四日，主要活动有斗牛、斗羊、斗鸡、骑马、摔跤、歌舞表演、选美等。在新时代，火把节被赋予了新的民俗功能，产生了新的形式。

三、社会民俗

社会民俗是指人们在社交礼仪、家庭、婚姻等方面的传统文化，包括社交礼仪、家庭习俗、婚姻习俗等方面。下面针对社交礼仪、家庭习俗、婚姻习俗三个社会民俗做简要介绍。

（一）社交礼仪

社交礼仪，顾名思义，是人们在社交场合中所遵循的一些传统礼仪和习俗。它是人类文明发展的产物，是各种文化背景下形成的礼仪规范的综合表现。在不同的国家、地区和民族，社交礼仪有着各自独特的风格和特点。因此，社交礼仪成为了解一个地方人们的社交习惯和文化特色的重要途径。

传统村落中的社交礼仪能够深刻反映当地人的社交习俗和礼仪观念。它既是对古老传统文化的传承和发扬，又是对现代社会生活的一种调适。作为地方文化的独特元素，传统村落中的社交礼仪包括宴请客人、拜访亲友、送礼等方面的礼仪，这些礼仪不仅体现了当地人对礼仪的重视，还为人们在社交场合中建立和谐友好的关系提供了有力支持。

比如，在很多传统村落，拜访亲友是人们社交的重要方式之一。拜访时需要遵守一定的礼仪和习俗，如敲门报到、进门行礼、主动与长辈交谈等。拜访时，敲门是礼貌的表现，让对方有心理准备迎接客人；进门行礼，如揖让、握手、鞠躬等，都是尊重对方的表现；与长辈交谈时，要谦逊有礼，礼让三分，以示对长辈的尊重。

宴请客人也是传统村落中社交礼仪的一个重要组成部分。宴请客人时需要遵守一定的礼仪和习俗，如提前布置会场、准备丰盛佳肴、妥善安排座次等。宴请客人时，提前布置会场是为了让客人感受到主人的热情和重视；准备丰盛佳肴是为了彰显主人的厚道和大方，也是对客人的尊重和关照；妥善安排座次则体现了主人对于礼仪规矩的遵守，可以让宴会氛围更加和谐融洽。

在传统村落的社交场合中，送礼也是一种常见的礼仪。送礼不仅是表达敬意和尊重的一种方式，还是加深友谊、增进感情的有效手段。在送礼时，要注意选择合适的礼物，以免让对方产生负担，同时也要注意包装和赠送的方式。合适的礼物往往能够体现送礼者的诚意和品位，而恰当的包装和赠送方式则能够让收礼者感受到被尊重和关爱。

除了以上提到的宴请客人、拜访亲友和送礼等礼仪外，传统村落中的社交礼仪还体现在诸如祭祀、婚嫁、丧葬等方面。在这些场合，人们同样需要遵循一定的礼仪和习俗，以表达对祖先、亲人和社会传统的尊重。

在传统村落中，社交礼仪的遵守有助于人们培养良好的道德品质和修养，促进社会和谐稳定。在现代社会，传统村落的社交礼仪逐渐受到重视，人们开始强调礼仪教育和传统文化的传承。通过对传统村落社交礼仪的研究和传播，我们可以更好地理解各地区、民族和文化背景下的礼仪特点，提升自身的文化素养和交际能力。

（二）家庭习俗

家庭习俗，作为一种重要的文化传统，是人们在家庭生活中所遵循的一些传统习俗和礼仪。它既体现了当地人们的家庭生活方式和家庭观念，也蕴含了世代相传的家族传统和家族文化。在不同的国家、地区和民族，家庭习俗具有各自独特的风格和特点。因此，了解家庭习俗成为了解一个地方人们家庭生活和文化特色的重要途径。

在中国的传统村落中，家庭习俗丰富多样，其中，祭祖是一种重要的家庭习俗。祭祖体现了家族凝聚力、尊重祖先和传承家族文化的价值观。祭祖时需要遵守一定的礼仪和习俗，以表达对祖先的尊敬和怀念。例如，在清明节祭祖时需要准备一些祭品，如糕点、水果、纸钱等，同时还要举行一定的祭祀仪式。祭祖活动不仅表达了对祖先的敬仰和感恩，还是当地文化传承的重要载体。

除了祭祖，家庭习俗还包括诸如家庭教育、家庭生活方式、家庭节庆等方面。在家庭教育方面，中国的传统村落重视孝道教育，强调尊敬父母、关爱兄弟姊妹等家庭关系。家庭教育旨在培养孩子良好的品德和修养，从而为社会的发展和进步作出贡献。在家庭生活方式方面，传统村落的家庭生活简朴而温馨，家庭成员之间关系融洽，互相扶持。在家庭节庆方面，中国的传统村落举行丰富多彩的家庭节庆活动，如新年团圆饭、中秋节赏月、端午节包粽子等，这些活动既是家庭亲情的体现，也是对传统文化的传承和弘扬。

家庭习俗在中国传统村落的家庭生活中发挥着重要作用。它有助于增进家庭成员间的感情，强化家族凝聚力，使家庭成为一个和谐、团结的社会单位。此外，家庭习俗还能激发人们对传统文化的热爱与尊重，推动文化传承与创新。在现代社会，面对激烈的竞争与快速的发展，家庭习俗显得越发珍贵和重要。人们关注家庭价值观的建设，强调家庭习俗的教育与传承，以期培育出积极向上、具有责任感的下一代。

在家庭习俗的传承和弘扬过程中，我们应当注重在现代生活中对传统家庭习俗的合理传承和创新。一方面，要继续弘扬和发扬家庭习俗中积极向上的精神内涵，如孝道、忠诚、团结等价值观；另一方面，要因地制宜地创新家庭习俗，使其更加贴近现代社会的需求，为当今家庭生活提供更丰富的精神支持。

（三）婚姻习俗

婚姻习俗，作为人类社会生活的重要组成部分，是指人们在婚姻方面所遵循的一些传统习俗和礼仪。在不同的国家、地区和民族，婚姻习俗具有各自独特的风格和特点。在传统村落中，婚姻习俗反映了当地人民的婚姻观念和习俗，包含婚礼仪式、嫁妆、彩礼等习俗。这些习俗不仅体现了当地文化特色，也蕴含了世代相传的家族传统和家族文化。

在中国传统观念中，结婚是人们生活中的一件大事，具有极为严肃和庄重的性质。因此，人们需要遵守一定的礼仪和习俗，以确保婚姻仪式的顺利进行和新人幸福美满。中国传统婚姻习俗主要包括迎亲、婚礼、送嫁等环节。

在迎亲阶段，新郎方需要派人去迎娶新娘。为了体现诚意，新郎一般要准备一些礼品和彩车，以示尊重和敬意。在一些地区，迎亲队伍还会表演独特的舞蹈、歌唱等民间艺术，以增添喜庆氛围。此外，新娘家庭也会为新娘准备一定的嫁妆,包括衣物、首饰、家具等,以彰显家族的财富和地位。

在婚礼阶段,新人需要举行一系列庄重的婚礼仪式。例如,拜堂是中国传统婚礼的重要环节,新人需要在神堂或家中拜祭天地、祖先和双方父母,以表示对家族和社会的敬意。交杯酒是另一个重要的婚礼仪式,新人共饮交杯酒象征着他们从此结为夫妻,携手共度人生。此外,献礼、迎宾等环节也是传统婚礼的重要组成部分,这些仪式旨在祈求新人幸福美满、百年好合。

在送嫁阶段,新娘方需要离开父母的家庭,前往新郎的家庭。为了表示对新娘的尊重和重视,新郎需要准备一定的彩礼,通常包括金银首饰、衣物、家具等物品。彩礼的数量和质量往往成为衡量新郎家族地位和财富的重要标志。此外,在送嫁过程中,新娘家庭亲友往往会以歌舞、献诗等形式为新人送行,祝愿他们未来生活幸福美满。

虽然中国传统婚姻习俗具有悠久的历史和丰富的文化内涵,但在现代社会中,许多传统习俗逐渐受到挑战和改革。一方面,随着社会观念的变革和法律制度的完善,现代年轻人对婚姻的观念和态度发生了很大变化。他们更加重视婚姻的平等、自主和感情基础,而非家族、地位和财富等传统因素。另一方面,现代科技、艺术和设计手段的不断发展,为婚礼仪式带来了许多新的元素和创意,使得婚礼更加多元化、个性化和时尚化。

在现代社会中,我们应当在传承和弘扬传统婚姻习俗的基础上,注重对传统习俗的创新和改革。一方面,要摒弃那些与现代价值观和法律制度不符的陈旧观念和习俗,如过分讲究彩礼、嫁妆等;另一方面,要积极借鉴和吸收现代文化、艺术和科技成果,为传统婚礼仪式注入新的活力和魅力。同时,我们还要重视对传统婚姻习俗的教育和传承,让更多年轻人了解和认识中国传统婚姻文化的魅力和价值,为构建和谐、美满的家庭和社会贡献力量。

第三节 传统村落的建筑文化

传统村落的建筑文化是传统村落文化的重要组成部分，承载着民族的历史、地域特色和传统生活方式。在上一节，笔者从物质民俗的角度简要论述了传统村落的建筑民俗，在本节中，笔者将针对传统村落的建筑文化做进一步的论述。具体而言，传统村落的建筑文化主要体现在以下几个方面。

一、建筑风格

在中国，受地域、气候、文化、宗教等多种因素影响，传统村落的建筑风格各具特色。以下是一些典型的传统村落建筑风格。

（一）徽派建筑

徽派建筑主要分布在安徽省黄山市一带，如宏村、西递等地。其特点为墙体以青砖砌筑，屋顶为木质结构、歇山式硬山顶，砖雕、木雕、石雕装饰丰富。徽派建筑注重"三雕"（砖雕、木雕、石雕）艺术，其中木雕最具代表性。徽派建筑还有独特的"马头墙"，形状独特，起到了美化屋顶线条的作用。

（二）川西民居

川西民居多分布在四川省阿坝州、甘孜州等地，如丹巴、理塘等地。川西民居以藏式建筑为主，通常采纳穿斗式木结构，墙体厚实，屋顶平坦，具有很好的保温效果。多为四合院式布局，院内有经幡、祭祀塔等宗教元素。川西民居在建筑风格上融合了藏族、羌族等民族特色，形成了独特的川西建筑风格。

（三）江南水乡

江南水乡以苏州、杭州、绍兴等地为代表。其建筑风格具有鲜明的地域特色，以白墙青瓦为主调，采用木质结构，有檐头高耸、沿河而建的特点。水乡建筑注重空间利用，通过廊桥、亭台等连接各个建筑空间。此外，园林建筑也是江南水乡建筑的一大特色，如拙政园、留园等，充分体现了人与自然和谐共生的理念。

（四）福建土楼

福建土楼主要分布在福建省漳州、龙岩等地，如永定土楼、南靖土楼等。土楼为圆形或方形建筑，结构为多层土木结构，墙体厚实，具有很好的防御功能。土楼内部布局合理，分为住宅区、祠堂、仓库等功能区，实现了生活和宗教祭祀的统一。福建土楼采用了传统建筑材料，如青砖、花岗石、木材、竹子等，具有独特的质感和观感。

（五）北京四合院

北京四合院是北京地区传统的民居形式，其主要特点是四面有院，院内有建筑，建筑通常由正房、东西厢房和倒座房组成。四合院建筑以黄灰色的围墙和瓦片屋顶为主要特色，木结构多采用榫卯结构。四合院注重通风、采光和采取合理的防火措施。其布局和空间利用体现了中国古代传统家庭生活方式的理念。

总的来说，中国传统村落建筑风格多种多样，每种建筑风格都反映了当地的地理环境、人文历史和文化特色，具有很高的历史和文化价值，也是中国文化的重要组成部分。

二、建筑布局

传统村落的建筑布局通常遵循一定的规划原则和观念，反映了中国人对自然和人类居住环境的认识和理解。其中，坐北朝南是一种古老的观念，认为房屋应该朝向南方，这样可以使得阳光充分照射到房屋内部，同时避免北方寒冷气流的侵袭。在中国南方地区，也有些村落建筑采用坐南朝北的方向，这是因为南方气候较为温暖，适宜采用这种朝北的建筑布局方式。

村落的主街道和居民区通常沿水而建,这是因为水是村落生活中不可或缺的资源,沿水而建可以方便居民用水和灌溉农田,同时也可以美化村落景观,提高居民的生活质量。此外,宗祠、庙宇等公共建筑通常位于村落的中心地带,这是因为它们在传统社会中具有非常重要的宗教、文化和社交功能,也反映了当地的宗族观念和文化传统。

除此之外,传统村落的建筑布局还体现了各民族的地域特色和历史变迁。例如,在西北地区,建筑布局通常采用回字形或方形,中心点为主要建筑,四周围绕着街道和小巷,这种布局反映了西北地区人们对于防御的需求和对于家族集体的重视。在福建土楼建筑中,土楼内部布局合理,分为住宅区、祠堂、仓库等功能区,实现了生活和宗教信仰的统一,也反映了福建地区的宗教信仰和文化传统。

三、建筑技艺

传统村落的建筑技艺是中国古代文化和建筑艺术的重要组成部分,它反映了人们对于自然和社会的认识和理解,具有很高的历史、文化和艺术价值。以下是传统村落建筑常见的一些技艺。

(一)木结构建筑技艺

中国传统村落建筑通常采用木质结构,这种建筑要求建筑师和工匠有深厚的木工技艺和经验。木结构建筑技艺的精髓在于榫卯结构和斗拱技艺。榫卯结构是将木材凿成形状吻合的榫和卯,利用摩擦力和压力进行连接,使木材之间结构更加牢固;斗拱技艺则是通过将多块木材按照特定的角度组合在一起,使得建筑物的内部结构更加稳固。

(二)石雕、砖雕、木雕技艺

传统村落建筑的外墙和内部装饰通常采用石雕、砖雕、木雕等技艺,这些技艺要求雕刻师有极高的技术和创作能力。石雕技艺通常用于门额、窗棂、墙壁、柱子等装饰;砖雕技艺则用于砖雕门、窗、屋脊和护墙等的装饰；木雕技艺则主要用于建筑的梁柱、屋顶等部位的装饰。这些雕刻技艺丰富了建筑物的外观和内部空间的装饰，反映了人们对于艺术的追求和崇尚。

（三）彩画、漆器技艺

彩画、漆器技艺是传统村落建筑中的重要装饰手法，要求画师和漆师有精湛的技艺和创作能力。彩画通常用于门窗、墙壁、柱子等部位的装饰，以传达建筑物主人的品位和文化素养；漆器技艺则用于建筑物的家具、门窗、柱子等部位的装饰，以保护和美化建筑物。彩画和漆器技艺不仅为传统村落建筑增添了艺术色彩，还反映了人们对于颜色和装饰的追求，以及对于自然和社会的敬畏和欣赏。

（四）建筑雨水系统技艺

传统村落建筑的屋顶和房屋结构通常设计有良好的雨水系统，以适应各种复杂的气候条件。例如，在南方水乡地区，建筑物的屋顶采用歇山式硬山顶设计，以便于排水和保护房屋结构；而在北方地区，建筑物的屋顶采用斗拱和跨架结构，以便于承载厚重的雪层。这些设计要求建筑师和工匠有深厚的结构设计和工程技术经验，同时也反映了中国古代人们对于自然环境的认识和适应能力。

四、建筑材料

传统村落建筑的材料主要包括木材、石材、砖瓦、土、竹子等。以下是传统村落建筑中常见的一些材料。

（一）木材

作为中国传统村落建筑的主要材料之一，木材在建筑结构和装饰中都有着非常广泛的应用。中国传统村落建筑中的木材结构具有非常高的稳定性和耐久性。木材结构可以有效地分散载荷，避免结构发生变形或破坏。此外，木材的抗风抗震能力也非常强，能够有效地保护房屋不受外界的影响。在木材使用过程中，还可以通过防腐和防虫等处理来增加木材的耐久性和使用寿命。

木材还可以发挥良好的吸音、保温和调节湿度的能力。木材具有微孔结构，可以有效地吸收和分散声音，减少房屋内部的噪声污染。同时，木材也是一种良好的保温材料，可以有效地减少热量的散失，保持房屋内部的温度稳定。此外，木材还具有良好的调节湿度能力，可以通过吸收和释放水分来调节房屋内部的湿度，防止墙体潮湿和霉菌滋生。

中国传统村落建筑中常用的木材有松木、杉木、梧桐木等。这些木材具有纹理清晰、质轻、加工方便等特点，非常适合于传统村落建筑的结构和装饰。在使用过程中，这些木材还需要经过精心的处理和装饰，包括去皮、防腐、刨光、雕刻等步骤，以使木材的质量和美观性得到充分保证。

（二）石材

石材是传统村落建筑的另一种主要材料。石材具有硬度高、质地坚实、防火耐磨、抗风化的特点，可以用于建筑的结构部分。花岗石是一种硬度极高、质地坚实的石材，可以用于制作柱子、门槛等建筑结构部分。青石也是一种质地坚实的石材，常用于道路、桥梁等建筑结构部分。砂岩是一种比较柔软的石材，不适合用于建筑的结构部分，但是由于其纹理美观、易于雕刻，因此常被用于建筑的装饰部分。

石材在使用中需要经过精心的开采和加工。开采时需要选择质量好、纹理美观的石材，同时要注意保护环境和文物资源。加工时需要根据具体需要，进行切割、雕刻、抛光等处理，以使石材达到建筑和装饰的要求。此外，石材在运输和安装的过程中也需要注意安全和稳定性，以避免意外损失。

（三）砖瓦

砖瓦是传统村落建筑中常用的材料之一，其使用可以追溯到古代中国的建筑历史中。在传统村落建筑中，砖瓦通常由黏土、石灰和沙子等原材料制成，经过成型、晾晒、烧制等多道工序而成。由于砖瓦制作工艺简单、成本低廉，因此在中国传统村落建筑中得到广泛应用。

在传统村落建筑中，常用的砖瓦有青砖、黄砖、琉璃瓦等。青砖和黄砖是最常用的两种砖材，其主要区别在于烧制的温度和时间不同，青砖烧制温度低，时间短，表面呈现出绿色或灰色，而黄砖烧制温度高，时间长，表面呈现出黄色或棕色。琉璃瓦则是传统村落建筑中常用的屋面覆盖材料，其采用高温烧制而成，表面呈现出光亮的釉面，富有装饰性。

砖瓦在传统村落建筑中的应用非常广泛。在建筑的外墙上，砖瓦常常被用来构成各种图案和纹饰，以形成丰富多彩的立面效果。在屋顶上，砖瓦可以用来覆盖屋面，起到防水防火的作用。同时，在室内地面、墙面等部分，砖瓦也被用来进行装饰，常常被涂上各种颜色的漆料，形成美丽的花纹。

（四）土

传统村落建筑中的土主要指黏土，成分主要是硅酸盐、铝土矿物和水等，黏土具有良好的塑性和黏附性，可以用来制作土坯墙、土炉等建筑和生活用品。

在中国南方地区，传统村落建筑中土坯墙是一种常见的墙体结构，由夯实的黏土和秸秆等杂物混合而成，具有保温性能好、抗震性能强等特点。土坯墙施工时需要先选取好的黏土，加入适量的水和秸秆，搅拌均匀后填入砖模中，压实夯实，待夯实的土坯干燥后就可以组装成墙体。土坯墙具有良好的保温和调节湿度的能力，是一种环保、可持续发展的建筑材料。

在福建土楼建筑中，土是主要的建筑材料之一。福建土楼的墙体主要采用黏土和杂草等混合夯实而成，夯实后压实成坯，再经过一定的时间干燥,最后堆砌而成。福建土楼的土墙厚度一般在60厘米以上,墙体密实坚固,具有很好的防护性能。同时,福建土楼的土墙还具有良好的保温和调节湿度的能力,能够在炎热的夏季保持凉爽,在寒冷的冬季保持温暖。

(五) 竹子

竹子作为中国南方传统村落建筑中常用的材料之一,具有以下几个特点。

(1) 质轻。竹子是一种非常轻盈的材料,因此搭建屋顶、地面等部分时可以减轻建筑物的自重。

(2) 硬度高。尽管竹子轻盈,但是其硬度相对较高,可以承受一定的重量和压力,从而保证建筑的稳定性。

(3) 防火防水。竹子在使用前需要经过充分的处理,包括烘干、防腐等过程,具有一定的防火和防水性能。

(4) 成本低。相比于其他建筑材料竹子的成本相对较低,因此在传统村落建筑中被广泛使用。

在传统村落建筑中,竹子的应用形式非常多样,既可以用于搭建屋顶、地面等部分,也可以用于制作门窗、围栏等的装饰部件。例如,在苏州的传统园林中,常常可以看到用竹子作为亭子、桥梁和围栏等的装饰。此外,在中国西南地区,竹子还被用于制作竹楼,是当地传统村落建筑中的一大特色。

五、建筑装饰

传统村落的建筑装饰具有丰富的民间特色和地域性,是民族文化的重要体现。以下是传统村落建筑中常见的一些装饰。

(一) 雕刻

在中国传统村落建筑中,雕刻是一种常用的装饰技艺,常用的雕刻材料有木材、石材、泥土等。传统村落建筑中的雕刻形式多样,有浮雕、刻凿、雕塑等,内容也十分丰富,有神话传说、宗教故事、民间传说等。

1. 木雕

木雕是中国传统村落建筑中常用的雕刻技艺之一。木雕在传统村落建筑中的应用非常广泛,既用于建筑主体的装饰,也用于门窗、屏风等部分的装饰。中国南方地区的传统村落建筑中,木雕的应用尤为突出,如安徽的徽派建筑、福建的土楼建筑等都有大量的木雕装饰。

2. 石雕

石雕也是传统村落建筑中常用的雕刻技艺之一。石雕在传统村落建筑中的应用范围广泛,既用于家庭建筑的装饰,也用于园林建筑的装饰。常用的石材有花岗石、青石等,这些石材具有硬度高、质地坚实、防火耐磨、抗风化等特点。

3. 泥塑

泥塑是中国传统村落建筑中常用的雕刻技艺之一,常用的泥塑材料有黄土、红土等。泥塑在传统村落建筑中主要用于建筑结构的装饰和室内装饰,如壁画、彩塑等。泥塑内容也非常丰富,有民间传说、神话传说、宗教故事等。

(二)彩绘

彩绘是中国传统村落建筑中常用的一种装饰技艺,它可以为建筑增添色彩和生气,让建筑更加具有艺术感和民族特色。在彩绘的材料方面,传统村落建筑常用的彩绘材料有天然矿物颜料、植物染料等,这些材料既能保持原始的自然质感,又能与建筑环境和谐融合。彩绘形式也非常多样,常见的有水墨画、水粉画、壁画等,这些彩绘形式都需要经过精心的设计和绘制才能产生良好的装饰效果。

彩绘内容丰富多彩,既有人物、动物、花卉、山水等具有现实主义色彩的图案,也有神话传说、民间传说等具有象征意义的图案。例如,在传统村落建筑的门窗上,常见的彩绘内容有吉祥图案、神兽图案、花卉图案等。在建筑的内部空间中，常见的彩绘内容有历史故事、宗教故事、祖先传说等，这些彩绘内容体现了中国传统文化的丰富内涵和深厚底蕴。

（三）剪纸

剪纸是中国传统文化中的一种艺术形式，也是传统村落建筑中常用的装饰技艺之一。剪纸的历史可以追溯到汉代，是一种以剪纸板为工具，通过剪刀在纸上刻画出各种形象的手工艺术。在传统村落建筑中，剪纸常常用于窗户、门牌、挂饰等部位的装饰，起到美化、寓意和祝福的作用。

剪纸的材料主要是纸张，而纸张又以手工制作的宣纸为最佳。传统剪纸的图案形式丰富多样，有人物、动物、花卉、山水、神话传说等。剪纸的制作需要一定的技巧和经验，需要精准的手艺和耐心，这样才能刻画出精美的图案。

在传统村落建筑中，剪纸常常与其他装饰技艺相结合使用，如剪纸窗花常常与彩绘和雕刻相结合，形成丰富的装饰效果。剪纸的图案和颜色也常常与传统文化、民俗习惯和地域特色有关，展现出丰富的文化内涵和传统风情。

（四）壁画

传统村落建筑中的壁画，是一种常用的装饰技艺。壁画可以表现出各种民间故事、历史传说、宗教故事等内容，同时也可以起到美化建筑、增强艺术气息的作用。

在中国传统村落建筑中，壁画的种类非常丰富，包括彩绘、水墨画、油画等多种形式。其中，彩绘是传统村落建筑中常用的壁画形式，通常采用天然矿物颜料、植物染料等材料进行绘制。彩绘壁画的内容多样，可以是人物、动物、花卉、山水等，也可以是神话传说、历史事件、宗教故事等。

以上是传统村落建筑装饰的一些特点，这些装饰既体现了民间艺术的魅力，又反映了当地文化、历史和民俗习惯。传统村落建筑装饰的精美和多样性，不仅为建筑增添了独特的艺术价值，也成为中国传统文化的重要组成部分。

六、建筑与环境的融合

在中国传统村落建筑文化中，建筑与环境的融合是一种重要的文化特色。这种融合体现在多个方面。

首先，中国传统村落建筑的建筑风格和环境特点相融合，形成了各具特色的建筑形态。传统村落建筑在建筑风格和布局上通常遵循自然环境的特点，充分考虑地形、气候和人文背景等因素。例如，建筑坐北朝南、屋顶呈弧形、主街道和居民区沿水而建等都充分考虑到自然环境的特点。在建筑装饰上，传统村落建筑也充分利用了自然环境中的材料和元素，如石材、木材、竹子、泥土等，将自然的美与建筑文化相结合，形成了各具特色的传统村落建筑。

其次，在中国传统村落建筑文化中，建筑与环境的融合也表现在环境保护和生态意识方面。传统村落建筑通常建在自然环境较好的地方，以便于取水、通风和采光等。同时，传统村落建筑也注重环境保护，具有生态意识，建筑的使用和维护也遵循着生态环保的原则。例如，传统村落建筑中常使用的材料如木材、竹子等都是天然的环保材料，对环境无害；传统村落建筑在使用的过程中也注重节约能源、减少污染等生态问题。

最后，在中国传统村落建筑文化中，建筑与环境的融合还表现在文化传承和民俗习惯方面。传统村落建筑通常是由一代又一代的村民所建造和维护，承载了丰富的文化和民俗习惯。传统村落建筑中的宗祠、庙宇等公共建筑，不仅承载着民族和地域的历史文化，也成为社区文化的重要场所。同时，传统村落建筑中的民俗文化也融入建筑的装饰和设计中，如春节对联、红灯笼、年画等都是传统村落建筑文化中的重要元素。

总之，传统村落建筑文化是民族文化的瑰宝，承载着世代相传的民间智慧、审美观念和生活方式。在现代社会中,我们应当加强对传统村落建筑文化的保护和传承,让这些独特的建筑风格和技艺得以延续和发扬光大。同时,传统村落建筑文化也为现代城市规划和建筑设计提供了宝贵的借鉴和启示,有助于我们在追求现代化的过程中,不断弘扬民族精神,实现人与自然、人与社会的和谐共生。

第四节 传统村落的农耕文化

传统村落的农耕文化是中国古老的文化传统之一,包括了从农耕生产到生活方式、价值观念等多个方面。在传统村落中,农耕文化是村民日常生活的重要组成部分,也是村落社会生活和经济发展的基础。

一、农耕文化的构成要素

农耕文化是中国几千年来劳动人民的智慧结晶,体现了传统农业生产技术、市场理念以及生产制度,具有中国传统文化的内涵。具体而言,农耕文化的构成要素主要包括农事活动、农具、水利田地、节气四个方面,如图3-2所示。

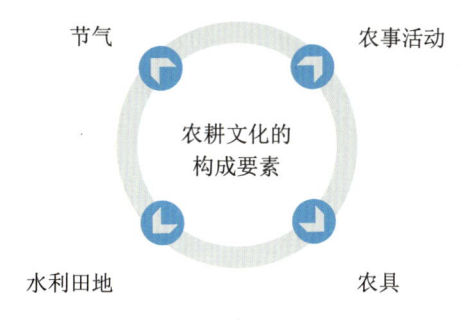

图3-2 农耕文化的构成要素

(一)农事活动

农事活动,作为农耕文化的核心要素之一,既是农民长期劳动实践的产物，也是农业生产进程中不可或缺的环节。它涉及农业生产的全过程，从土地的开垦、整治，到作物的耕种、管理，再到丰收果实，每一个环节都凝聚着农民的辛勤劳动和智慧。在这一过程中，农民遵循自然规律，发挥自身的聪明才智，不断改进农事技术，积累丰富的经验，形成了独特的农事活动体系。

土地的开垦与整治是农事活动的基础。为了提高土地的利用率和作物产量，农民根据地势、土质和气候条件，选定适宜的耕地，进行土壤改良、灌溉设施建设等工作。在土地整治过程中，农民通过改善土壤结构、调整土壤肥力、引入优质品种等方法，增强土地的生产力。

耕种是农事活动的关键环节。耕种包括播种、栽培、施肥、灌溉等一系列工作。农民根据作物的生长特点，选择合适的播种时机、种植密度和种植方式，以促进作物的生长发育。在施肥方面，农民采用有机肥、化肥和生物肥等多种肥料，以满足作物生长所需。灌溉工作则要求农民根据作物需水特点和气候条件，合理安排灌溉时间、灌溉量和方式，以保证作物的生长需求。

除此之外，农事活动还包括病虫害防治、田间管理等。病虫害防治是确保作物健康生长的重要措施。在长期的实践中逐渐形成了一套完善的病虫害防治体系，包括生物防治、物理防治和化学防治等多种方法。田间管理主要包括除草、松土、培土等工作，旨在创造有利于作物生长的环境条件。

农事活动的技术和方法在长期的传承与发展中逐渐形成了地域性的特色。各地的农民根据自己的自然环境、地理条件和作物特点，发展出一套与之相适应的农事活动体系。这种多样性使得农耕文化更加丰富和多彩。

在新的历史时期，随着现代农业科技的引入和推广，农事活动正经历着传统与现代的融合与创新。农民积极学习和掌握现代农业技术，如生物技术、信息技术、节水灌溉技术等，将其应用于农事活动中，提高农业生产的技术水平和效益。同时,农民也在继承和传承传统农事技术和经验的基础上,探索适应新时代农业发展的新方法、新途径。

(二)农具

农具,作为农耕文化的重要组成部分,是农民在农业生产中所需的各种器具。在中国几千年的农业历史中,农民逐渐建立了一套丰富多样的农具体系,这些农具既有助于提高农业生产效率,也体现了农民对自然规律的认知和创新精神。传统农具包括耕作、栽培、收获、加工等方面的各种工具,如犁、耙、锄、镰、碾等。

耕作农具是农业生产中的基础工具,主要用于翻土、整地、耙地等工作。其中,犁是最为典型的耕作农具之一,它根据地势、土质和耕作深度的不同,演变出了不同的类型,如翻地犁、破茬犁、水田犁等。此外,还有耙子、耙盘等农具,用于平整土地、破碎土块,使土地更加平整、肥沃。这些农具在农业生产中发挥着重要作用,有助于提高土地利用率和产量。

栽培农具主要用于播种、施肥、除草等作物管理工作。常见的栽培农具有锄头、锹、耙子等。锄头主要用于翻土、松土,有助于改善土壤结构和通气性;锹则用于开沟、培土、施肥等作物管理工作;而耙子则用于除草、松土、清理田间杂物等。这些农具体现了农民对作物生长需求的细致关注,有助于提高作物产量和品质。

收获农具主要用于农作物的收割,如镰刀、钩镰。镰刀和钩镰是用于割取作物茎秆的传统农具,其形状、材质和尺寸的设计都充分考虑了作物的特点和收割效率。

除了上述农具外,农业加工农具也占据着重要地位。例如,碾、石磨等,它们主要用于对收获后的农产品进行初步加工,如去壳、研磨、榨油等,使农产品更便于储存、运输和食用。这些农具在农民的生产生活中具有重要作用,极大地提高了农产品的附加值和市场竞争力。

值得注意的是，传统农具在设计和制作过程中，充分考虑了当地的自然条件、作物种类和农业生产方式。这使得农具具有很强的实用性和可靠性，为农业生产提供了有力支撑。在农具的使用过程中，农民积累了丰富的经验和技能，这些经验和技能在传承和发展过程中，不断丰富和完善，形成农耕文化。

在农具的发展和创新过程中，我们应当充分认识到传统农具中所蕴含的智慧和价值。一方面，要继承和发扬传统农具的优秀传统，如实用性、可靠性、节约资源等，为现代农业生产提供有益的借鉴；另一方面，要关注农民在农具使用过程中所面临的实际问题，如劳动强度、安全性、环保性等，积极探索适应新时代农业发展的新型农具。

（三）水利田地

水利田地是农耕文化中农业生产的基础设施，它在农业生产中有着举足轻重的作用。作为农业生产的生命线，水利田地包括灌溉系统、排水系统、田埂、水田等，这些设施在保证农田水源供应、调节水分、促进作物生长等方面发挥着至关重要的作用。水利田地的建设和管理体现了农民对土地资源和水资源的合理利用和保护，为农业生产的可持续发展提供了有力支持。

灌溉系统是水利田地的关键部分，包括水源、输水渠道和灌溉设施等。灌溉系统的建设和运行有助于确保农田水源的稳定供应，满足农业生产对水分的需求。在设计灌溉系统时，农民充分考虑了地形、气候、土壤等自然条件，以及作物的生长周期和水分需求等因素，力求实现水资源的最大化利用。此外，灌溉系统还通过输水渠道的合理布局和灌溉设施的科学设置，实现水量的精确控制和分配，以确保作物生长的最佳状态。

排水系统是水利田地中的另一个重要组成部分，它主要包括排水渠道、排水闸、泵站等设施。排水系统的建设和管理有助于调节农田水分，防止水灾和盐碱化等问题的发生。在排水系统的设计中，农民充分考虑了地形、土壤、降水等因素，以及作物对水分的耐受性等特点，力求实现农田水分的最佳平衡。此外，排水系统还通过排水渠道的合理布局和排水设施的有效运作实现了水量的快速排放和调节，以保障农田生态环境的良好状况。

田埂是水利田地的基本单元，它起着界定田地、调节水分、保持土壤肥力等多重作用。田埂的设计和施工，既要充分考虑土地的利用效率，又要满足作物生长的需要。在田埂的设置中，农民通过调整田埂的高度、宽度、坡度等参数，实现了水分的有效调节和土壤的稳定保持。同时，田埂还具有保护土壤肥力、促进土壤微生物活动、防止水土流失等多种生态功能，为农田生态系统的稳定发展提供了有力保障。

水田是水利田地的重要组成部分，它主要用于莲藕、水稻等水生作物的种植。水田的建设和管理，有助于保证农田水分的充足供应，满足水生作物生长的特殊需求。在水田的设计和布局中，农民充分考虑了地形、气候、水源等自然条件，以及水生作物的生长周期和水分需求等因素，力求实现水资源的最大化利用。此外，水田还通过水稻田的合理密度、水埂的科学设置、水深的精确控制等手段实现了水分的有效利用和管理，以确保水生作物的良好生长。

在农耕文化发展的过程中，农民不断总结和传承水利田地的建设和管理经验，形成了一套丰富的水利知识和技能。这些知识和技能在水利田地的建设和管理过程中得到了有效应用，为农业生产的可持续发展提供了有力支持。

在水利田地的发展和创新过程中，我们应当充分认识到传统水利知识和技能的价值。一方面，要继承和发扬传统水利田地的优秀传统，如合理利用水资源、保护生态环境等原则，为现代农业生产提供有益的借鉴；另一方面，要关注农民在水利田地建设和管理过程中所面临的实际问题，如水资源短缺、水污染、生态恢复等，积极探索适应新时代农业发展的水利田地技术和管理方法。

（四）节气

节气作为农耕文化中的时间因素，源于古人对季节和气候变化的敏锐观察。在农业社会中，节气的划分不仅具有实际意义，还富有文化内涵，凸显了农民对大自然的敬畏和尊重。因此，节气在农耕文化中具有举足轻重的地位，它不仅指导了农民的农事活动，还影响着他们的日常生活和传统习俗。

节气对农事活动的指导作用是不可忽视的。传统农业生产高度依赖于自然条件，农民必须根据季节和气候的变化来安排农事活动。二十四节气为农民提供了科学、准确的时间参照，使他们能够在适当的时间播种、灌溉、施肥、收获等。这种以节气为导向的农事活动安排，有助于提高农业生产效率，降低自然灾害对农业生产的影响。

节气与农耕文化中的民间习俗和节庆紧密相连。每个节气都有相应的民间活动和习俗，如立春时节的踏青、清明时节的扫墓、端午节的赛龙舟和包粽子等。这些习俗不仅丰富了农民的精神文化生活，还有助于维护社会和谐、增进民间团结。传统的节气活动在现代社会中仍具有很高的文化价值，它们为新一代传承和弘扬传统文化提供了丰富的素材。

节气与农耕文化中的生态观念紧密相关。在农耕文化中，农民将自然视为农业生产的基础，认为人与自然是一个和谐共生的整体。因此，他们遵循节气的规律来安排农事活动，努力维护生态平衡，实现农业生产与自然环境的可持续发展。这种以节气为基础的生态观念，对现代农业生产和生态保护具有重要的启示作用。

在经济全球化的背景下，节气文化逐渐成为中华民族与世界各国交流的重要载体。通过推广节气文化，我们可以向世界展示中华传统农耕文化的独特魅力和智慧。同时，借鉴其他国家和地区的农业生产经验和气候知识，可以促进我国农业科技和生产方式的创新，提高农业生产效率和可持续性。

未来，我们应继续弘扬节气文化，将其与现代农业生产相结合，为

第三章　传统村落保护与创新发展的文化要素分析

现代农业发展提供有力的支持。一方面，我们应在农事活动安排中继续遵循节气的规律，结合现代农业科技和技术手段，以提高农业生产效益；另一方面，我们应将传统节气文化融入现代生活，通过举办各类节气活动，丰富人们的精神文化生活，弘扬民族文化。

此外，我们还应加强对节气文化的研究与传承。通过对传统节气文化的研究，我们可以更深入地了解农耕文化中的智慧和价值，为现代农业发展提供宝贵的经验和启示。同时，我们还应关注节气文化在当代社会的传承与发展，通过教育、文化交流等途径，使节气文化在新时代焕发出新的生命力。

总之，农耕文化的构成要素丰富多样，彰显了我国劳动人民在农业生产中的智慧与才能。这些要素之间相互联系、相互影响，共同构成了独具特色的农耕文化体系。随着现代农业科技的不断发展和农业生产方式的转型升级，传统农耕文化正面临着传承与创新的挑战。我们应该深入挖掘和传承农耕文化中的优秀传统，结合现代农业发展的需要，不断丰富和发展农耕文化，为乡村振兴和农业可持续发展提供有力的支持。

二、农耕文化的价值内涵

我国是一个农业大国，源远流长的农耕文明是孕育中华文明的母体和基础。时至今日，传统农耕文化中的一些理念对于我们当前的农业生产以及生活仍具有一定的价值。具体而言，农耕文化的价值内涵可以概括为八个字：应时、取宜、守则、和谐。

（一）应时

应时是指农耕文化在农事活动中遵循自然规律，顺应季节和气候变化，以确保农业生产的顺利进行。通过观察天象、记录气候、整理农历等方式，农耕文化为农民提供了一套与自然界紧密联系的时间体系，从而帮助他们把握农业生产的最佳时机。这一价值观念在现代农业生产中仍具有重要意义，通过科学合理的时间安排，我们可以提高农业生产效率，减少因气候变化等不可控因素带来的损失。

（二）取宜

取宜是指农耕文化强调根据地域、气候、土壤等自然条件，选择适合的农作物和农业生产方式。这一理念旨在最大限度地利用和保护自然资源，实现农业生产与自然环境的和谐共生。在当前环境保护和可持续发展的背景下，取宜的价值观念对现代农业具有重要指导意义。通过选择适宜的作物品种和生产方式，我们可以提高土地利用率，保护生态环境，实现农业可持续发展。

（三）守则

守则是指农耕文化中对农事活动的一系列规范和约束，如农田轮作、畜禽养殖与农作物种植的结合等。这些守则是农民在长期生产实践中总结出的经验，旨在保证农业生产的稳定和高效。在现代农业生产中，我们应继续遵循这些守则，结合现代科技和生产手段，不断优化农业生产体系，提高作物产量与品质。

（四）和谐

和谐是指人与自然、人与社会的和谐共生。在农耕文化中，人们尊重自然、敬畏土地，积极参与土地保护和生态建设，同时也关注人与人之间的相互关系，倡导互助、团结、共建、共享的生活理念。在当前全球气候变化和社会发展的大背景下，和谐的价值观念对我们具有重要启示。我们应关注环境保护、社会公平与和谐，倡导绿色、环保、可持续发展的生产方式和生活方式，为实现人类与自然、人类与社会的和谐共生做出努力。

第五节 传统村落的乡贤文化

传统村落的乡贤文化是中国传统文化的重要组成部分，指的是在中国传统农村社会中，由一些有知识、有才华、有威望的人物所形成的文化现象。这些人物通常是村落中的领袖人物，有着较高的文学、历史、哲学等方面的素养，同时也拥有丰富的社会经验和实践能力。他们通过各种方式来影响着村落中的文化传承和社会进步。传统村落乡贤文化的主要表现形式有以下几种。

一、文学创作

乡贤文化的文学创作是其最为重要的表现形式之一。在传统村落中，许多有才华的乡贤通过自己的文学创作，反映出当地的生活、民俗、历史等方面的特点，同时也传承了中华文化的优秀传统。文学创作的形式多种多样，包括诗歌、散文、小说、传记等，每一种形式都有其独特的表现手法和表达方式。

（一）诗歌创作

传统村落中的诗人往往具有非凡的文学才华和良好的文化修养，他们通过自己的诗歌作品，反映出当地的风土人情和文化传统。这些诗歌作品不仅仅是文学作品，更是一种思想和精神的表达。传统村落中的诗人常常以自然为题材，通过对自然的描述和感受，表达出对人生、生命、自然的理解和感悟。他们的诗歌作品不仅反映了传统文化的精髓，更体现了中国文化的深度和广度。

（二）散文创作

传统村落中的散文作家往往具有深厚的文化底蕴和广泛的社会经验，他们通过自己的散文作品，反映出当地的历史、文化、人文、风俗等方面的特点。散文作品通常通过描写事物的方式表达作者对事物的思考和感悟。在传统村落中,一些有才华的乡贤通过自己的散文作品让人们更好地了解和感受传统文化的魅力和内涵。

(三)小说创作

传统村落中的小说家往往具有深厚的文化修养和广泛的社会经验,他们通过自己的小说作品,反映出当地的风土人情和文化传统。小说作品通常通过故事情节的描述,表达出作者对人生、社会、文化等的思考和感悟。在传统村落中,一些有才华的乡贤通过自己的小说作品为人们展示了传统文化的多样性和魅力。

(四)传记创作

传记作品通常通过对某一人物生平的描述,表现出其所处时代的社会背景和文化环境,反映出当时的历史和文化特点。在传统村落中,一些有才华的乡贤通过自己的传记作品,记录有代表性的人物的生平和事迹,传承和弘扬了当地的文化传统。这些传记作品不仅是文学创作,更是一种历史和文化的记录和传承。

乡贤文化中的文学创作,不仅仅是一种文学创作,更是一种思想和精神的表达。通过自己的文学创作,乡贤不仅传承了中华文化的优秀传统,更表达了对人生、社会、文化等方面的思考和感悟。

二、教育传承

教育传承是中国传统文化的重要组成部分,是乡贤文化的重要表现形式之一。在中国传统农村社会中,乡贤是村落中的领袖人物,他们具有较高的知识水平和广泛的社会经验,通过各种方式将自己的知识和经验传授给年青一代,帮助他们更好地了解和掌握当地的文化,促进了当地的文化传承和社会进步。

第三章　传统村落保护与创新发展的文化要素分析

（一）乡贤文化中的教育传承方式

乡贤文化中的教育传承方式多种多样，包括开设私塾、赠书、授业等。

1. 开设私塾

私塾通常设在乡村或乡贤的家中，由乡贤亲自授课。私塾不仅是一种教育方式，更是一种文化传承方式。通过私塾教育，乡贤将自己的知识和经验传授给年青一代，帮助他们更好地了解和掌握当地的文化。

2. 赠书

在传统村落中很少有公共图书馆和书店，乡贤通常将自己珍藏的书籍赠送给年青一代，帮助他们开阔视野，了解更多的知识。乡贤通过赠书的方式让年青一代了解到更多的知识和文化，同时也帮助他们提高自身的文化素养和学术水平。

3. 授业

在传统村落中，乡贤通常具有一定的手艺和技能，如绘画、书法、木雕等。他们会将自己的手艺和技能传授给年青一代，帮助他们掌握一门手艺或技能，提高自身的综合素质和生活水平。

（二）乡贤文化中的教育传承内容

乡贤文化中的教育传承内容主要包括传统文化知识、道德伦理、社会经验等。

1. 传统文化知识

乡贤通常通过讲授经典、诗词、史书等方式，将自己所学的传统文化知识传授给年青一代，让他们了解传统文化的精髓和内涵。同时，乡贤还会讲述一些当地的历史故事和传说，帮助年轻人更好地了解当地文化传统和历史背景。

2. 道德伦理

在传统农村社会中，道德伦理一直是社会生活中的重要价值观念，乡贤通常会将自己的道德观念传授给年青一代，帮助他们了解如何做人做事、如何处世立身。通过教育传承，乡贤帮助年青一代树立了正确的价值观念，培养了健康的心理素质，提高了自己的道德修养。

3. 社会经验

乡贤通常具有丰富的社会经验，他们通过讲述自己的生活经历和社会经验，帮助年青一代了解社会，掌握处理人际关系的方法和技巧，提高自己的生活能力和社交能力。

乡贤文化中的教育传承，不仅是一种教育方式，更是一种文化传承方式。通过自己的教育传承，乡贤不仅将自己的知识和经验传授给年青一代，更帮助他们了解和掌握传统文化的内涵和精髓。同时，乡贤的教育传承也为当地的文化传承和社会进步提供了有力的支持。

三、社会公益

乡贤文化中的社会公益是乡村社会发展和文化传承中不可或缺的一部分。乡贤作为当地的领袖人物，往往对当地的社会事务非常关注，并积极参与各种公益活动。

（一）乡贤参与社会公益活动的方式

乡贤参与社会公益活动的方式多种多样，以下是其中的一些主要方式。

1. 组织各种文化、教育、卫生等方面的活动

乡贤会积极筹备各种文化、教育、卫生等方面的活动。比如，开展乡村文艺演出，组织教育、医疗、卫生等方面的服务活动，为当地人们提供各种方便和帮助。这些活动不仅可以提高当地人民的文化素养和卫生健康水平，同时也促进了当地的社会进步和文化传承。

2. 捐资助学

乡贤会积极为贫困家庭的孩子提供经济援助，帮助他们完成学业，改善生活条件。此外，乡贤还会为当地的学校、图书馆等机构捐资助学，

促进教育事业的发展。通过捐资助学，乡贤不仅帮助了家庭困难的孩子，也促进了教育的普及和发展。

3. 帮助家庭困难的人们

乡贤通常会关注家庭困难的人们的生活，为他们提供各种方面的帮助，包括物质援助、精神关怀等。通过帮助家庭困难的人们，乡贤可以减轻他们的家庭负担，改善他们的生活条件，提高他们的生活质量。

4. 支持乡村经济发展

乡贤也会支持当地乡村经济的发展，帮助农民增加收入。比如，乡贤会提供一些技术指导，帮助农民改进种植、养殖等生产方式与技术，提高产量和品质；乡贤还会积极推动当地农产品的销售，帮助农民增加收入。

5. 组织社会救助活动

乡贤还会积极组织社会救助活动，帮助那些生活困难的群体。比如，乡贤会组织义诊、义卖等活动，为生活困难的人们提供医疗和物资援助。乡贤还会为老人、残疾人等弱势群体提供帮助，让他们得到更多的关爱和帮助。

（二）乡贤参与社会公益活动的意义

乡贤参与社会公益活动的意义非常重大，以下是其中的一些主要意义。

1. 促进社会公正和稳定

乡贤通过参与社会公益活动，关注弱势群体的生活，帮助生活困难的家庭等群体改善生活条件，促进了社会公正和稳定。这不仅能够缓解社会矛盾，减少社会不满，还能够提高人们的幸福指数和生活质量。

2. 促进当地的社会进步和文化传承

乡贤积极组织各种文化、教育、卫生等方面的活动，推动当地的文化事业和社会进步。乡贤还通过捐资助学、救助贫困家庭等方式，帮助当地的弱势群体，促进了社会公正和稳定。乡贤的公益活动也为当地的文化传承提供了有力的支持和推动，促进了乡村文化的发展和传承。

3. 培养和传承乡贤文化

乡贤通过参与社会公益活动，弘扬乡贤文化的精神和价值观念，培养了乡贤文化的接班人和传承者。通过参与社会公益活动，乡贤传承了乡贤文化中的一些重要价值观念，如为人民服务、关注社会事务、关心弱势群体等，培养了乡贤文化的接班人和传承者。

4. 提高当地人民的生活水平和幸福感

乡贤通过各种方式参与社会公益活动，为当地人民提供各种方便和帮助，帮助生活困难的家庭、老人、残疾人等群体改善生活条件，提高了当地人民的生活水平和幸福感。通过乡贤的帮助和支持，当地人民能够更好地享受到各种公共服务和社会福利，提高生活质量和生活水平。

5. 推动当地经济发展和文化旅游产业

乡贤参与社会公益活动还可以推动当地经济和文化旅游产业的发展。乡贤支持当地农业、手工业、旅游等行业的发展，帮助农民增加收入，推动当地经济的发展。此外，乡贤还通过组织各种文化、教育、卫生等方面的活动，吸引更多的游客前来参观、旅游，促进了当地旅游业的发展。

四、社会治理

传统村落中的乡贤文化是中国传统文化的重要组成部分，它在当地社会治理中扮演着重要的角色。乡贤通常会参与村委会、社区居委会等各种组织，帮助解决当地的社会问题，维护社会稳定。乡贤在社会治理中的作用主要体现在以下几个方面。

（一）乡贤参与村委会等组织

乡贤通常会参与村委会、社区居委会等各种组织，帮助处理当地的社会事务和问题。乡贤具有丰富的社会经验和知识，能够为村委会等组织提供有效的支持和建议。乡贤参与村委会等组织，有助于促进当地社会事务的顺利开展，提高社会治理的效率和质量。

（二）乡贤在社会问题处理中的作用

乡贤在当地社会问题的处理中也扮演着重要的角色。乡贤通常会利用自己的社会地位和声望，积极协调各方面的力量，帮助解决社会问题。乡贤在社会问题的处理中具有一定的公信力和影响力，能够起到重要的示范作用，引导当地人民积极参与社会治理。

（三）乡贤在维护社会稳定中的作用

乡贤在维护社会稳定中也扮演着重要的角色。乡贤通常会利用自己的社会地位和影响力，积极协调各方面的力量，帮助解决社会矛盾和纠纷，维护社会秩序和稳定。乡贤在维护社会稳定中具有一定的权威性和影响力，能够起到重要的示范作用，引导当地人民遵守法律和社会规范，维护社会和谐。

（四）乡贤在促进社会发展中的作用

乡贤在促进社会发展中也扮演着重要的角色。乡贤通常会利用自己的社会地位和影响力，积极推动当地经济、文化、教育等方面的发展。乡贤在促进社会发展中具有一定的资源和智力优势，能够起到重要的推动作用，帮助当地人民获得更好的生活和发展机会。

（五）乡贤在传统文化保护中的作用

乡贤在传统文化保护中也扮演着重要的角色。乡贤通常会利用自己的社会地位和影响力，积极传承和弘扬传统文化，帮助保护当地的传统文化遗产。乡贤在传统文化保护中具有一定的传承和创新能力，能够起到重要的推动作用，促进当地文化事业的发展和繁荣。

总之，乡贤文化是中华传统文化的重要组成部分，它的产生和发展，不仅反映了我国传统社会的文化特征和社会结构，同时也促进了当地的文化传承和社会进步。乡贤文化不仅是一种现象，更是一种精神，是中华传统文化中"仁、义、诚、信、礼、智、勇"等价值观的具体体现。

它强调了人与人之间的相互关系,讲究尊重传统、注重人文、强调集体意识,对中国传统村落社会的文化、教育、政治、经济、道德等产生了深远的影响。在当今社会,传统村落的乡贤文化仍然具有一定的现实意义,应该继续发扬光大。

第四章 不同地区传统村落保护与创新发展的模式

第一节 浙江省丽水市传统村落保护与创新发展的模式

一、浙江省丽水市传统村落保护与创新发展的模式分析

丽水市作为浙江省传统村落最多的城市，在推动传统文化村落保护、利用和传承的过程中，始终秉承着"一县一规、一村一规、一村一品、一村一景、一村一韵"的理念，争取使每个传统村落都能够凸显其特质，进而实现异质化的发展。笔者认为可以将其总结为"一村一模式"的传统村落保护与创新发展模式。下面，笔者从丽水市诸多传统村落中选取两个具有代表性的村落，论述其保护与创新发展的模式。

（一）沿坑岭头村的"画家村模式"

1. 沿坑岭头村概况

沿坑岭头村位于海拔700余米的半山腰，由内寮和沿坑岭头两个自然村组成。村庄建造在丘陵地区的山冈上，形成了层次感丰富的古村落群。村内房屋基本保持原始的泥墙黑瓦格局，土木结构，部分房屋建有吊脚楼。两座叶氏祠堂建于清朝乾隆年间，建筑内木雕精美。村内还有十余栋古民居，建筑年代跨越明末清初至今。

然而，由于外出务工的村民越来越多，沿坑岭头村逐渐成为"空心

村"。为了改善这一状况,枫坪乡政府紧紧围绕"田园松阳"战略部署,秉持"活态保护、有机发展"的村落发展原则,借助全县旅游的东风,全力推进沿坑岭头"画家村"建设。这一举措取得了成功,村落已成为全国小有名气的"画家村",并于2014年成功入选第三批中国传统村落名录。

沿坑岭头村之所以能够成功转身,成为传统村落活态保护与有机发展的示范村,关键在于立足乡村特色资源,以艺术激活其多元性价值,同时多元主体协同参与,有效地促进了传统村落的保护和发展。如今,沿坑岭头村成为松阳县以至丽水市传统村落活态保护发展的典范,吸引了在杭州、温州等地打工的年轻人陆续回家创业,而这些年轻血液的加入,进一步促进了沿坑岭头村的发展。

2. 沿坑岭头村"画家村模式"分析

传统村落活态保护要重视规划引领,必须坚持整体保护、活态保护,着力体现一村一品、一村一业,突出差异性,力求各村的特色发展、错位发展,从传统人文、自然资源、特色产业等角度定位谋划。从2012年开始,丽水职业技术学院油画专业副教授李跃亮作为农村工作指导员和沿坑岭头村党支部第一书记,通过实地考察,凭借画家的专业洞察力,提出要立足保护优美的自然景观和保持较完整的原生态古村落,将该村打造成为集避暑、休闲、艺术创作于一体的"画家村"的总体规划,在县、乡两级政府的大力支持下,带领村"两委"开始了沿坑岭头村的活态保护工作。对沿坑岭头村"画家村模式"进行深入分析,其策略可概括为如下四点。

(1) 新乡贤引领,以艺术激活传统村落。李跃亮作为沿坑岭头村的新乡贤,充分利用其专业优势和社会资源,以艺术的方式激活了这个传统村落的活力。他创作了大量以村庄风土人情为主题的油画作品,并在各大艺术展览和活动中展出,使沿坑岭头村逐渐成为一个备受关注的写生创作基地。此外,他还积极邀请国内知名画家来到村里进行创作,并

第四章 不同地区传统村落保护与创新发展的模式

组织了多次画展和艺术交流活动，为沿坑岭头村的文化艺术发展注入了新的活力和动力。

（2）将村民宜居生活与特色民宿改造有机结合。沿坑岭头村遵循"留住人、宜栖居、原生态、共发展"的宗旨，通过民居改造、民宿业发展和建造适合绘画创作的平台，成功地推动了沿坑岭头村的活态保护和振兴。在民居改造方面，沿坑岭头村注重让民居既保持古村的原貌，又满足现代人的生活需求，采用原汁原味的本土建筑材料进行改造，提高了村民的居住条件。在民居改造的同时，沿坑岭头村结合"画家村"对外地游客的吸引力逐步发展民宿业。沿坑岭头村民宿的发展经历了三个阶段。

第一阶段：该阶段的民宿在考虑成本和功能的基础上，采用了就地取材的方式，遵循安全、简洁和本土化的原则，主要为来村里写生的艺术院校学生提供住宿服务，条件相对较简单，仅能满足基本住宿需求。

第二阶段：在第一代民宿取得成功的基础上，村民们看到了发展的希望。随着画家、学生和游客的到来，小山村逐渐变得热闹起来。然而，第一代民宿显然无法满足除学生外的其他游客的需求。因此，一些村民开始进行第二代民宿的改造。第二代民宿在保留高低床的基础上，增设了标准间。同时，村民对房屋进行了适度的装修，使内部环境变得更加整洁干净。在外观方面，采用明瓦，加大窗户，以满足通风和采光的需求。每个房间都配备了独立的卫生间，还规划了公共空间，并添加了茶几、沙发等现代生活元素。这样的改造使第二代民宿更具吸引力，基本满足了不同游客的住宿需求。

第三阶段：随着第二代民宿的改造推进，沿坑岭头村的旅游业得到了进一步的发展，村子的名声也逐渐扩大。尽管第二代民宿提供了简单舒适的住宿环境，但无法满足高端旅游休闲人群的需求。缺少一个融住宿、茶歇、娱乐休闲等多功能为一体的民宿成为"画家村"发展的瓶颈。在县、乡两级政府的大力支持下，经过充分调研和精心规划设计，开始进行第三代民宿——"柿子红了"民宿的改建工作。为了区别于普通民宿或农家乐,"柿子红了"在空间功能性和体现山区文化方面下了功夫。"柿子红了"针对不同需求,设置了单间、套房以及可供休闲与交流的公共空间。这里不仅设有具有风格的"幽兰生前庭""野竹自成径""采菊东篱下""为梅且拆屋""陌上缓缓行"五个主题房,还包括特色餐厅、咖啡厅、书屋等多功能空间,整体设计既符合中国传统审美,又具有现代气息。经过四个多月的努力,"柿子红了"民宿顺利完工,取得了良好的效果,成为松阳县民宿改造的典范。2015年3月,它被浙江省旅游网评为"浙江省十大小而美民宿"。

另外,为了促进绘画创作,村庄建立了一个专门的平台,以吸引更多的专业人士来此进行绘画创作和写生。在户外作画时,画家们往往受到场地和天气等因素的限制,导致创作受阻。为了解决这个问题,村民们在不影响整个村庄风貌的前提下,挑选了适合画家们进行写生创作的最佳位置。与此同时,村民们利用回收的旧木料、树皮、瓦片等建材,在村干部的带领下,共同搭建了四个画家写生创作亭和五个写生创作平台。这些设施能够满足画家们全天候的写生创作需求,受到了广大画家和艺术院校学生的热烈欢迎。

(3)重新激活传统民俗的活力。传统村落活态保护并非要求简单地回归农村时代,而是在尊重乡村自然生态资源和农耕生产价值的基础上,提高村民收入、改善农民生活水平,并促进传统农耕文化传承与村落可持续发展。宗祠是村民祭祖、举行民俗活动的重要场所,宗族观念对凝聚民心具有积极作用。因此,沿坑岭头村开始重视起宗祠的修缮和传统优秀民俗文化的恢复。在沿坑岭头村"两委"的广泛宣传下,村民自愿出资出力,修缮了村里的两个宗祠和一个社庙。修缮后,村民恢复了传统祭祀风俗,祠堂、社庙里常年香火鼎盛。在重要传统节日,村"两委"会组织村民邀请民间剧团在祠堂里表演木偶戏、松阳高腔等。如今,沿坑岭头村的传统文化习俗得到了活态传承,这为古村振兴带来勃勃生机,同时也为画家、摄影家等提供了艺术创作的素材，这对于"画家村模式"的可持续性发展而言具有重要意义。

（4）多元主体协同推进，实现共赢发展。画家村的成功建设是一个整体提升的过程，涉及实体设施的建设和人心的修复。这得益于政府引导、村民主体、优秀社会人才共同参与的多元主体协同推进机制，实现了共赢发展。在这个过程中，政府发挥主导作用，出台了一系列相关政策和技术指南，指导和解决民居改造过程中的实际问题。乡政府采取"村级工程大家建"的方式，鼓励村民积极参与。在民宿经营方面，成立了"沿坑岭头画家村协会"，实行统一的合作经营模式，制定详细的规章制度。此外，村民还积极参与公共卫生、餐饮服务等方面的工作，充分发挥了他们的积极性和主动性。优秀社会人才的共同参与也是画家村成功的一个关键因素。在村庄环境提升、民宿改造设计、乡村艺术氛围营造以及营销宣传等方面，众多画家、设计师和优秀学者贡献了他们的智慧和心血，这使得画家村成了一个充满艺术气息的创作基地，吸引了越来越多的专业人士前来创作。通过多元主体的共同努力，沿坑岭头村逐步发展为非常适合绘画写生的创作平台，沿坑岭头村写生亭被中国美术学院蒋跃教授誉为"国内美术写生基地的创举"。

（二）平田村的"云上平田模式"

1. 平田村概况

平田村位于松阳县东北部，距离县城 15 千米，与武义县的竹客村东北接壤。平田村海拔 610 米，三面环山，东侧是鸡毛山，北侧是天台尖，南侧是杨梅花山。整个村庄依山傍水而建，布局呈凤凰展翅飞翔之势。平田村是一个典型的具有深厚历史文化底蕴的宗族聚居型村落，其中大多数村民都姓江。据江氏族谱记载，平田江氏起源于嬴姓，传说为大禹的贤臣伯益公的后裔，自伯益公受姓至今，世代繁衍。到北宋政和三年（公元 1113 年）时，江氏十六世奎公从括苍郡迁至四都平田，创建了平田江氏宗祠，至今已有 900 多年的历史。

村内保存着许多不同时期的传统建筑，如宋朝至民国时期的宗祠、香火堂、庙宇、民居、古道、古桥等，以及大量的牌匾、壁画和古籍。村落的街巷体系至今保留完整，丽金茶马古道穿越村子，还保留着多处具有传统风貌的古道水系、地貌遗址和古树群。平田村在2013年被评为丽水市级农家乐特色村，2014年入选国家级传统村落名录，2015年村内的"云上平田"民宿被评为丽水市级农家乐综合体，2017年"云上平田乡村慢生活体验区"荣获中国乡村旅游创客示范基地的称号。

2. 平田村的"云上平田模式"分析

（1）以新乡贤带动，引进高端设计团队，将传统民居改造成为"云上平田乡村慢生活体验区"。2014年，平田村被列入中国第三批传统村落名录，这让村里的支部书记江根法重新燃起了复兴古村的希望。他认为应抓住这个难得的机会，修缮村里祖传的老房子，让昔日繁荣的村庄重焕生机。因此，支部书记让他的儿子江斌华给县委书记王峻写信，希望县政府能够关注平田村传统建筑的修缮和古村发展规划工作。当时，县里正在大力发展乡村民宿以推动传统村落保护，相关部门鼓励村"两委"和村民开展民宿项目。江根法与子女商议后，共同出资租下了村里的28幢闲置房屋及危房进行修缮并规划开发成民宿，试图让村庄焕发新生。为了有效推进平田村传统村落保护及特色民宿改造工作，县政府邀请了清华大学罗德胤教授来负责整个村庄的旅游规划和传统村落保护利用规划。于是，"云上平田乡村慢生活体验区"应运而生。

"云上平田"项目遵循主题特色鲜明、基础设施完善、服务功能全面、经营机制健全、经济效益显著的建设标准，计划打造一个集住宿、餐饮、会务、休闲于一体的综合体。同时，县政府统一协调，邀请了清华大学建筑系前主任许懋彦、香港大学建筑系主任王维仁、中央美术学院数字空间与虚拟实验室主任何崴、哈佛大学年轻建筑师徐甜甜等四人领衔的团队为该项目进行设计规划。目前已经建成了精品民宿木香草堂、农耕博物馆、手工作坊、爷爷家青年旅社、山家清供餐厅等设施。这些经过设计师精心改造的民宿、农耕博物馆等，在充分尊重平田古村原有街巷肌理和村庄空间布局的基础上，保留了民居榫卯木框架结构和土黑瓦黄泥墙的建筑特色风貌，将传统农耕文化与现代生活理念有机融合，既修复了村民的老民居，也促进了适宜城市居民休闲度假和体验农耕文化的特色民宿业发展。

（2）立足传统特色农耕生产生活方式，推动农旅有机融合，促进小农户与现代农业有机融合。传统村落的先民们在早期选择居住地时，充分考虑了自然生态环境，通过传统农耕生产生活方式，实现了与自然的和谐共生。因此，传统村落保护发展的核心在于如何重新挖掘和整合村庄的资源，激活传统农耕文化价值，与现代农业有机结合，促进村民增收，使村民安居乐业，实现传统村落的活态保护与可持续发展。正是基于这一理念，平田村"两委"和"云上平田"民宿的主要合伙人于2014年成立了云上平田旅游发展有限公司。他们将传统农耕文化与城市现代生活理念有机结合，致力于将平田村打造成一个住宿、餐饮、农事体验以及农产品生产、加工、销售等产业融合发展的"田园综合体"，从而促进传统村落保护与振兴。

四都乡的平田村地处高山，其山区气候和肥沃的沙质土壤非常适宜种植萝卜。这里的萝卜白嫩多汁，颇具盛名。松阳地区流传着"四都萝卜上市，人参补品让路"的民谚。随着"云上平田"民宿的成功运营，民宿从村民手中采购萝卜、番薯等蔬菜作为餐饮食材，吸引游客购买各种土特农产品。这种模式有效地提高了留在村里从事农业生产的村民们的收入水平，使他们看到了传统农耕生产的价值。叶大宝作为一个返乡创业的青年，在加入云上平田公司后，一直在探索如何利用民宿发展带动农业复兴，增加村民收入，并吸引更多年轻人回村创业。为了充分发挥平田村传统农耕生产的价值，叶大宝积极鼓励留在村里的老农们成立大荒田合作社和种植基地。这样，他们可以充分利用自己丰富的农耕经验和种植技艺，发展传统特色农业，重新激活农耕生产价值。

此外，为了提升"云上平田"民宿的文化品位，并让游客更好地体验特色农耕文化，叶大宝领导的管理团队充分挖掘了当地山区村民种茶制茶的农耕生产方式和传统染布手工艺。经过充分的调研，2017年，云上平田公司与杭州象限文化有限公司合作成立了松阳云缬文化创意有限公司，开设了扎染手工作坊，传承扎染传统手工艺。同年7月29日，松阳云缬文化创意有限公司举办了"松古缬影——传统手工染织文化创意展"。云缬坊的茶染手工艺主要是利用松阳本土绿茶、红茶等茶类的废料提取色素作为染料，同时采用特色染色工艺及现代创意工艺研发新产品，推出美观、实用、环保的手工文创纺织品。这样的做法既提高了茶叶的经济价值，合理开发和利用自然资源，又让游客在参与茶染手工艺过程中亲身体验传统村落"天人合一"的自然健康生活方式，有效地激活了传统染织工艺的传承与再创造。

（3）将现代民宿经营与传统村落保护发展有机融合，重新激活守望相助、和善宜居的乡村共同体价值。近年来，城市居民越来越向往宁静的乡村生活，乡村旅游的需求不断增长。地方政府希望通过发展民宿业推动传统村落的保护和发展，众多外来资本也纷纷投身于传统村落的民宿业。然而，若仅通过发展民宿业来实现传统村落的保护和发展，使当地居民迁出村庄或进城定居，可能会导致一系列的问题。尽管修复了老房子，改造了公共设施，但如果缺乏以农耕生产为基础的乡村生活，这样的传统村落仍然只是一个空洞的仅供游客休闲的民宿，失去了乡村共同体价值。这样的高品质民宿也将失去其独特的乡村魅力，变成仅仅位于乡下的精品酒店。没有农耕文化的传统村落仅仅相当于乡村老房子的展示馆，无法实现传统村落的活态传承和可持续发展。

作为在松阳本地乡村长大的返乡青年，叶大宝在民宿经营中一直致力于探索将民宿业发展与传统村落保护相结合的有效途径。他认为活态是古村的生命，既要有宜居宜业的乡土生活，也要有不断延续的乡村文脉与文明乡风，以及守望相助的乡村共同体价值。为了实现这一目标，叶大宝带领管理团队在经营民宿时，坚持打造乡村生活化的民宿，让城市居民融入乡村生产生活，亲身体验自然生态、淳朴民风和乡村共同体价值。同时，民宿项目的引进和发展为平田村村民提供了从事民宿服务业的就业岗位，也为擅长农业生产的中老年农民提供了从事特色种养殖产业的平台，增加农业劳动收入，让返乡的年轻人重拾乡村生活，实现民宿业与乡村产业发展的共赢。

总之，云上平田管理团队开展的上述活动，不但吸引了一些中青年村民返乡创业，增添了村里的人气，更重要的是逐步再现了村民的"家有所乐、劳有所值、老有所养、老有所为"，重新塑造了守望相助的乡村共同体价值。

二、浙江省丽水市传统村落保护与创新发展模式的经验借鉴

浙江省丽水市传统村落保护与创新发展模式最值得借鉴的地方就是"一县一规、一村一规、一村一品、一村一景、一村一韵"的理念，即突出不同村落的不同特色，这样能避免传统村落发展同质化的问题，从而促进传统村落的可持续发展。除此之外，新乡贤参与也是其他传统村落值得学习和借鉴的地方。

（一）注重不同传统村落发展的异质化

在传统村落的保护与创新发展中，浙江省丽水市始终遵循"一县一规、一村一规、一村一品、一村一景、一村一韵"的理念，注重不同传统村落发展的异质化。这一理念的核心在于根据每个村落的地理环境、文化背景、自然资源等特点，制定出切实可行的发展规划。这种发展模式有助于避免传统村落发展同质化的问题，进而促进传统村落的可持续发展。丽水市通过挖掘各村落的独特优势，打造具有区域特色的产业、景观和文化品牌，实现了经济、生态和文化多元共融的发展。

(二)重视新乡贤的参与

在丽水市传统村落保护与创新发展中,新乡贤发挥了举足轻重的作用。新乡贤能够引入先进的理念、技术和资本,推动传统村落的创新发展。此外,新乡贤还能够协调村民、政府和企业之间的利益关系,促进资源的合理配置和利益的公平分配。在前面提到的两个传统村落保护和创新发展的例子中,新乡贤都发挥了至关重要的作用。从某种意义上来说,如果没有新乡贤的加入,沿坑岭头村和平田村的保护与创新发展也许不会如此顺利。当然,并不是说有了新乡贤的加入,传统村落就必然可以得到保护和创新发展,还需要当地政府的支持以及广大村民的积极参与,从而取得 1+1＞2 的效果。

第二节 江苏省苏州市传统村落保护与创新发展的模式

一、江苏省苏州市传统村落保护与创新发展模式分析

在江苏省苏州市传统村落保护与创新发展的诸多模式中,陆巷、明月湾两个古村落的"村民入股"模式开创了国内古村落市场化保护的先河,具有较高的借鉴价值。在此,笔者以陆巷古村落为例,对"村民入股"模式进行详细介绍。

(一)陆巷古村落概况

陆巷古村位于东山西侧,与西山隔湖相望,是现今苏州地区保存较为完整的一个古村落,村内有鳞次栉比的深宅大院、平整舒坦的石板窄路,巷道之间互相连通。在宋代,这里是王氏子孙居住的地方,本应称为"王巷",但因为王鏊的曾祖父入赘了陆家,所以称为"陆巷"。还有另一个说法是王彦祥到陆家后,陆巷逐渐形成了六条横巷,故又名"六巷",而"六"与"陆"在苏州方言中是相同的,陆巷的名称由此而来。

第四章 不同地区传统村落保护与创新发展的模式

陆巷古村是东山地区著名的古村,它在古村落选址方面同样也是一个典范。具体来说,它在选址布局上有以下几个特点。

(1)陆巷位于东山后山的一个浅坞内。该浅坞西面靠着嵩山山麓,北面有海拔不高的寒谷山,南面有箭浮岛,是一片滨湖平原,与西山隔着太湖遥遥相望,是通往三山岛的主要港口。从地形上来看,陆巷东北方向被两山环抱,西南方向与太湖相连,湖中还有小岛作拱卫,景色、风水极佳,环境特别适宜居住。

(2)由于陆巷是一个向西南方向开口的山坞,当冬季冷空气南下时,需要先经过40多千米的太湖水面,与此同时又被西山和寒谷山阻挡一部分,真正到达村落的寒潮已经减弱许多,因此村落的热量水分特别充足,据说这里每年都比前山提前开花结果。

(3)相传陆巷古村由六条古巷组成,现今村落依旧保留着"一街六巷三港"的明清村落格局。"一街"是指紫石街,"六巷"是指文宁巷、康庄巷、韩家巷、姜家巷、旗杆巷和古西巷,"三港"是指寒山港、陆巷港和蒋湾港。陆巷的古村民一般顺着山坡的坡度建设宅院,宅院四周环绕着水沟用于排雨水和污水,这些家家户户的水沟通向巷内的大水沟,巷内的大水沟铺设在地下,上面则铺设石板路。另外,陆巷古村还开挖水塘,与太湖连通,用于泄洪、灌溉等。

随着时代的变迁和社会的发展,现今的陆巷古村落成为目前江南建筑群体中质量较高、数量较多、保存较为完好的古村落,被誉为"太湖第一古村落"。 原来古村内有72处明清建筑,现存完好的有30余处,虽然保存下来的建筑众多,但同样面临着年久失修、房子老化的问题。早在20世纪八九十年代,因为当地居民保护意识淡薄,拆建和卖掉了很多老房子。此外一些建筑还存在倒塌后无人管理的情况。在历史上,自隋、唐、宋、元、明、清以来,东山的大户人家一般都有堂名。以古堂为例,原来陆巷的古堂有30多处,但现在仅剩十余处了。

2001年后,随着《江苏省历史文化名城名镇保护条例》和《苏州市古建筑保护条例》的出台，古村内的居民开始将房子翻新，以前的大户人家的房子大部分都保存了下来，而且这些房子保护情况都基本良好。2006年江苏省开展了全省村庄建设和整治工作，苏州东山陆巷古村落归入整治规划范围内。当时由苏州东山镇政府部门和民间资本联手投资2000余万元，打造陆巷古村落景区，将旅游资源整合并对外开放，构建了"五堂、三牌坊、一古街、一摄影基地、一仙境"的陆巷古村落一期景区开发工程。2007年苏州规划局规划了陆巷村三个层次的保护范围：一是核心保护区，是指历史古村的范围；二是建设控制区；三是风貌协调区。2011年3月苏州市规划局网站上公示了对东山镇陆巷历史文化名村的最新规划，对陆巷古村实行分层次与分级保护，将研究范围分为陆巷村域和古村落两个层次：村域范围为整个陆巷行政村，面积为8.37平方千米，确定村庄布点及规模，产业发展以及旅游设施；古村落范围为陆巷古村，面积0.4013平方千米，重点协调保护。

如今，陆巷古村落已经逐渐形成"南渡遗地，湾居古村"的文化特色，积极塑造展现太湖山水魅力、领略明清传统风情的观光旅游品牌，走以居住为主、适度发展的路线。越来越多人开始关注这个有着1000多年历史的古村落。

（二）陆巷古村落"村民入股"模式分析

苏州市，这座历史悠久、文化底蕴深厚的江南水乡，拥有众多珍贵的文化遗产。在其繁华与静谧交织的大地上，分布着2000多个历史风貌独具特色的古村落。这些古村落见证了岁月的沧桑，承载着历史的印记，为世人展示着古老苏州的璀璨风华。然而，在面对国家文物保护资金的分配时，古村落保护往往处于相对较弱的地位。为了解决这一困境，苏州市政府秉持"不求所有，但求所在"的原则，充分发挥民间力量，鼓励国内外组织和个人积极参与古民居的购买或租赁事宜。

2005年颁布的《苏州市古村落保护办法》进一步明确了古村落保护的政策导向。该办法鼓励国有资产、国有控股公司优先投资，对于社会资金参与古村落保护的,则可依据《苏州市区古建筑抢修贷款贴息和奖励办法》享受相应奖励。在这套激励机制中,政府提供的贴息最高可达100万元人民币,奖励金额最高可达工程维修总额的10%。这样的举措无疑为古村落的保护提供了有力的支持,也为民间资本的介入创造了良好的条件。

正是在这样的政策支持下,陆巷古村落走上了"村民入股"的发展道路。陆巷古村分别由政府出资和民间资本修复的惠和堂、宝俭堂、怀德堂等五个明清古建筑被同时纳入古村旅游体系,对外开放后实行"一票制"收费。例如,村民许青冠夫妇投资近千万元,修复了南宋词人叶梦德老宅"宝俭堂"。经过精心修缮,这座古老宅院重现了昔日的辉煌,原有的门厅、大厅、花厅、主楼四进主体建筑焕然一新,向世人展示了古村落的独特韵味。投资者将分别按古宅大小、价值的不同等级,参与收益分成。与此同时,西山明月湾八家农户投资的敦伦堂、礼和堂、裕耕堂三座老宅按古宅完好率、文物价值等由相关部门进行评估并折价入股,与政府投资修复的黄氏宗祠、邓氏宗祠、更楼等一起,以"联票"形式对外开放,参与分红。

在陆巷古村旅游项目中,政府为村民提供了必要的保障。按照正常情况,村民入股后需要共担风险。但是,考虑到古村旅游尚处于起步阶段,前期经营可能难以保证盈利,政府因此特别为村民设立了收益保障底线。按照0.7元/平方米至2.5元/平方米的标准支付保底分红,这一灵活模式为村民提供了一颗"定心丸"。这种保底分红模式为村民带来了稳定的收入来源,降低了他们参与古村旅游项目的风险。在这一过程中,村民们更愿意投身于古村落的保护与发展事业,积极参与古建筑修复、文化传承等各项工作。这无疑为古村旅游的可持续发展奠定了坚实基础,有助于形成一个良性循环。另外,这种灵活的保底分红模式还体现了政府对民间资本的尊重与信任,有助于鼓励更多村民参与古村旅游的建设与发展。

《苏州市古村落保护办法》明确提出："古村落应当保持原有的生活状态，适度发展旅游和文化产业，防止无序和过度开发。"同时，苏州市还明确了政府责任，提出应当将古村落保护纳入本地区国民经济和社会发展规划，并在每年的财政预算中安排专门资金用于古村落保护，古村落较多的镇还应当设立古村落保护管理机构。在实施保护性修复工程前，当地政府应当编制详细规划，并进行公示，征求公众意见。

总之，苏州市陆巷古村落的"村民入股"模式为古村保护和发展问题提供了一种创新性的解决方案，在政府政策支持和民间资本的共同努力下，古村落得以得到有效保护和创新发展。这种模式为其他地区古村落保护提供了借鉴，对于激活传统文化、推动地区经济发展具有积极意义。

二、江苏省苏州市陆巷古村落"村民入股"模式的经验借鉴

陆巷古村落"村民入股"模式值得借鉴的经验主要包括如下三点。

（一）政策支持与民间资本的共同参与

在苏州市陆巷古村落"村民入股"模式中，政策支持和民间资本共同参与发挥了关键性作用。在这一模式下，政府充分认识到民间资本在古村落保护与发展中的潜力，从而制定一系列激励政策，鼓励民间资本的介入。这种政策支持为民间资本参与古村落保护提供了有力保障。

借助政策支持，民间资本得以充分发挥其资源优势，为古村落保护带来新的活力与动力。在民间资本的注入下，古村落得以实现更加科学、有序的管理与保护，同时也为地区经济发展注入新的动力。在这种共同参与模式下，政府与民间资本形成合力，共同为古村落的保护与发展提供了强大支持。

通过政策引导和民间资本的参与，苏州市陆巷古村落实现了文化与经济的双重发展。这种模式既保留了古村落的历史底蕴与文化传承，又

第四章　不同地区传统村落保护与创新发展的模式

能在保护的基础上发掘其经济价值,形成了一种有益于古村落可持续发展的良性循环。

(二)保底分红模式降低风险

保底分红模式在苏州市陆巷古村落"村民入股"模式中发挥了关键作用。为了降低村民参与古村旅游项目的风险,政府特意设立了收益保障底线,按照一定标准支付保底分红。这种保底分红模式有效地减轻了村民的经济压力,使他们在投身古村落保护与发展事业时能够更加安心。

保底分红模式的实施体现了政府对民间资本的尊重与信任,让村民在项目风险可控的前提下,更加积极地投身于古村落的保护与发展事业。这一模式鼓励了村民参与古建筑修复、文化传承等各项工作,使古村落的保护与发展更具有持续性和活力。通过保底分红,村民的利益得到了保障,他们在项目中的参与度大大提高,形成了一种鼓励与激励的良性互动。

此外,保底分红模式还有助于优化资源配置,引导社会资本合理投入。在这一模式下,政府、企业和村民可以相互协作,共同推动古村落旅游项目的发展,实现利益最大化。这一模式的实施,使古村落的保护与发展更具有针对性和效率,既保障了村民利益,又促进了古村落的可持续发展。

(三)严格保护措施防止过度开发

在鼓励民间资本参与古村保护的同时,《苏州市古村落保护办法》明确了保护原则,强调古村落应保持原有的生活状态,适度发展旅游和文化产业,防止无序和过度开发。政府承担相应责任,将古村落保护纳入规划,并设立专门的保护管理机构,确保古村落得到有效保护。

这种严格的保护措施体现了政府对古村落历史文化价值的高度重视,有助于实现古村落的可持续发展,同时兼顾文化保护与经济发展。通过明确保护原则、设立保护管理机构以及采取严格的保护措施,政府在民间资本的参与下,成功避免了过度开发对古村落文化遗产的破坏。

在严格保护措施的引导下,古村落的文化底蕴得到了充分发挥,吸引了大量游客,从而带动了地区旅游经济的发展。这种保护与发展并重的战略,使古村落在保持独特魅力的同时,实现了经济价值的提升,展现出其可持续发展的强大潜力。

苏州市陆巷古村落"村民入股"模式的成功实践为其他地区古村落保护与发展提供了有益借鉴,有助于推动我国古村落保护事业的健康发展,同时为地方经济的可持续增长注入新的活力。借鉴这一模式,各地可因地制宜地制定相应的保护与发展策略,将民间资本的力量与政府政策有机结合,推动古村落的可持续发展,实现文化保护与经济发展的和谐统一。

第三节 广西壮族自治区柳州市传统村落保护与创新发展的模式

依托丰富的旅游资源,广西壮族自治区在全域范围内大力发展旅游业,越来越多传统侗寨加入旅游开发的行列。从长远的角度来看,旅游资源的开发对广西壮族自治区传统村落的保护与创新发展具有非常重要的意义。柳州市作为广西壮族自治区内的一个地级市,借助广西旅游业发展的东风,大力发展旅游业,其模式可以总结为"景区型"传统村落保护与创新发展模式。下面笔者便以平岩村申遗侗寨为例,对该模式进行系统的论述。

一、平岩村申遗侗寨概况

平岩村申遗侗寨是由平寨、岩寨和马安寨这三个相邻的传统侗寨组成的,这三个寨子在历史上有着紧密的联系。在 20 世纪 90 年代初,程阳八寨景区开始建设,平岩村申遗侗寨凭借其丰富且相对集中的历史遗迹和旅游资源,成为景区建设的核心区域。到了 2009 年,程阳八寨景区

第四章　不同地区传统村落保护与创新发展的模式

被国家旅游局（现为文化和旅游部）授予国家 4A 级旅游景区称号，这使得平岩村申遗侗寨在当地旅游业发展中的地位变得更加重要。

（一）山形、水势、村落：构成了魅力无穷的山水田园风光

平寨、岩寨和马安寨的选址都遵循了侗族"依山傍水"的传统理念，它们集中分布在林溪河的两岸。林溪河从北向南流过，平寨位于河的东岸，岩寨位于河的西岸，而马安寨则位于它们的南部，稍微偏向西侧。在这里，林溪河受到山麓的阻拦，转了一个大弯。弯内的泥沙淤积形成了一个马鞍状的坝子，马安寨便坐落在这个地方，因此它曾被称为"马鞍寨"。在平寨内，一条名为"蒿洞"的溪流（侗语，汉语意为"溪东"）自东向西穿过寨子中部，并在寨子西部汇入林溪河。岩寨中，高迈溪从西向东流过并汇入林溪河。

平岩村申遗侗寨周边被数座丘陵环绕，形成了北高南低的地势。在平寨四周，东北、东、东南和西南方向呈弧形分布着各个山丘，如"百架温""屋山""垄康山""刚索乔"；岩寨则在北、西北、西和西南方向被"衙萨""无边""美烧""崎岭"等山丘环抱；马安寨的东、西、南三面被水环绕，河水的对岸是低矮的山丘，如"冈鼎峒""冈奇嵩""拜八浪""冠撒老"，周围的山丘满是茂密的树木，呈现一片青葱翠绿的景色。

平岩村申遗侗寨依山势、顺水势，巧妙地利用地形地势布置村落。平寨和岩寨紧靠青山，面朝绿水，顺着山势由高而低，在山腰、山脚和河边台地上布置鼓楼、戏台、房屋以及田地、鱼塘等，而马安寨则利用开阔平坦的地理优势，以鼓楼为中心，呈团状层层布局。整齐环绕的民居围绕鼓楼周边，外围是平整的稻田，稻田之外是蜿蜒曲折的林溪河。林溪河上的程阳永济桥和合龙桥如同两道彩虹在西北和东北部延伸，连接着周边翠绿的青山。碧波荡漾的河水、宁静的村落、丰收的田野与周围青山环绕，共同构成了一幅令人陶醉的山水田园美景。

（二）层次丰富的空间结构：构建起和谐自然的村落布局

平岩村申遗的3个自然侗寨在村落布局上都自成空间。通过村民们智慧的布局和安排，每个侗寨的空间结构都协调自然。各侗寨主要由侗寨主体、侗寨空间骨架、侗寨边界、侗寨外部空间等层次丰富的空间构成。

1. 侗寨主体——鼓楼与民居

侗族有一句谚语："先建鼓楼，再建房屋。"在平岩村申遗侗寨中，精美的鼓楼无疑是侗寨的象征和核心。鼓楼的存在使整个侗寨形成有序的布局。通常，鼓楼周围会配有广场、戏台等建筑，构成侗寨最重要的公共娱乐场所。受地形起伏影响，平寨和岩寨的民居布局灵活多样、方位不同、形式各异。一幢幢吊脚楼紧密相邻，层层叠叠，靠山势错落分布，呈现出团状的布局形态。这些民居的共同特点是都遵循"背山朝水"的建筑原则。马安寨所处地势较为平坦，民居主要围绕鼓楼布局，整齐地排列。建筑朝向与鼓楼呈锐角，表现出一种向心的趋势，符合以鼓楼为中心的向心性布局理论。

2. 侗寨空间骨架——道路、河流

平岩村申遗侗寨内部的巷道、建筑群、周边水体和山体相互融合，形成了充满空间节奏感的开放式带状空间。这些巷道往往不是村民有意修建的，而是根据他们的行走习惯自然形成的。这种设计既实用，又使得空间具有起伏感和层次感。水系对于平岩村申遗侗寨的空间布局至关重要。侗寨坐落于水边，林溪河蜿蜒流过，环绕整个寨子，再加上具有独特景观的程阳永济桥，构成了一幅美丽的风景画。岩寨内缓慢流淌的高迈溪，以及各寨散落的水塘、鱼塘，都有效地调节了侗寨民居的空间节奏，使侗寨更具乡土气息和民族特色。

3. 侗寨边界——风雨桥、寨门、河流、山丘

平岩村申遗侗寨巧妙地利用自然地形，如蜿蜒的林溪河、起伏的山脉、连绵的山丘以及开阔的农田等来划分各个村落的范围，同时，通过

建造寨门、风雨桥等象征性建筑物来明确侗寨内外的空间边界。在今天，林溪河、程阳永济桥、合龙桥、美烧桥，以及平寨的南寨门、北寨门和岩寨的冲边寨门等仍然起着地标作用。

4. 侗寨外部空间——田地、山林等

平岩村申遗侗寨的外部空间通常包括田地、山林等，位于寨子主体的外围。根据各寨地形地势的不同，外部空间并非都环绕着侗寨，方向也各异。平寨三面被山环绕，一面临河，寨子四周耕地面积有限。水田主要分布在寨子南部林溪河东岸及东边山梁前的平缓坡地上；旱地位于南、东北及东侧的山前缓坡；林地则分布在南北两侧的山丘及东边的山梁上。岩寨的田地部分位于林溪河的西岸，另一部分沿着寨中的高迈溪两岸分布；林地呈环绕型分布在居住区周边的四座山上。马安寨地势平坦，耕地分布较广，近的位于居住区外围的沿岸，远的主要位于西侧丛山的山脚下；林地主要分布在各地外围的山上；墓葬区广泛分布在寨外西南侧及南侧的山丘上。

（三）鼓楼、民居、风雨桥：历史沧桑与传说的见证

平岩村申遗侗寨拥有丰富的历史底蕴。现存的平寨老鼓楼碑刻于清道光元年（1821年），距今已有200多年，这表明平岩村申遗侗寨的历史至少超过了200年。据传，马安寨的先民在这里建立寨子已有700多年的历史，明万历十九年（1591年）马安寨便归属于大营峒的管辖范围。在漫长的时光里，历代平岩村申遗侗寨的村民以他们的智慧和勤劳在这片土地上留下了可见的历史痕迹。风雨桥、鼓楼、民居、戏台、古井、古庙、晾房、寨门等，至今仍在见证并讲述着历史的沧桑。

1. 侗寨的象征——鼓楼

鼓楼被认为是侗寨的象征，具有悠久的历史和丰富的文化内涵。在平岩村的各个申遗侗寨中，每个侗寨都拥有自己独特的鼓楼。过去每个侗寨仅有一座鼓楼，但自21世纪以来，随着侗寨的发展，平寨和岩寨分别新建了一座鼓楼，目前平岩村共有5座鼓楼。历史最悠久的平寨鼓楼

建于清道光元年（1821年），并在1987年被列为县级文物保护单位。这些挺拔、雄伟的鼓楼及其精美的装饰，不仅展示了侗族的民族特性，还承担着聚集人群开会、接待来宾、休闲娱乐等功能。更重要的是，鼓楼传承了侗族的建筑文化和伦理文化，成为侗族人民生活中不可或缺的一部分。

2. 鳞次栉比的民居吊脚楼

平岩村申遗侗寨的居民住宅主要是干栏式木构建筑，这些建筑的墙体和楼板均采用木料，其中大部分为杉木。吊脚楼和吊脚半边楼是其主要建筑形式，吊脚楼占据绝大多数。侗寨的吊脚楼通常分为三层：第一层用于圈养家畜和储存农具、柴草及杂物；第二层为生活起居空间；第三层设有卧室和粮食储藏室。平岩村申遗侗寨的居民数量庞大，这些寨子里的吊脚楼数量近600栋，几乎每户家庭都拥有自己的住宅。平岩村申遗侗寨依山傍水，民居从山腰延伸至河岸，形成了层层叠叠、鳞次栉比的壮观景象。其中一些民居已有数百年的历史，散发着古朴与沧桑之美。

3. 多样化的风雨桥

平岩村申遗侗寨拥有6座风雨桥，作为侗寨最具代表性的建筑，它们以其独特的造型展现出独特的魅力。从立面构成上，风雨桥可分为平廊型、楼廊型、阁廊型和塔廊型。风雨桥不仅连接了林溪河及其支流两岸，为村民出行和休憩提供便利，还以其融合桥、亭、楼、廊为一体的精巧造型赋予人们美的享受。

侗寨内还有其他公共建筑，如寨门、戏台、萨坛、水井、井亭、古庙、谷仓和禾晾等，它们都展示了浓厚的民族特色和历史岁月的痕迹。这些建筑共同构成了侗寨独特的文化风貌，为世人展现了这个民族丰富多彩的生活。

（四）多姿多彩的传统文化：传承着侗寨的风土人情

平岩村申遗侗寨历史悠久，传承了多姿多彩的传统文化，时至今日，

第四章 不同地区传统村落保护与创新发展的模式

这些颇具特色的民族文化，既成为展示侗寨风土人情的旅游资源和表演项目，也是延续民族精神和特征的重要内容。

1. 歌、舞等娱乐文化

侗族大歌是平岩村申遗侗寨中最具代表性的文化形式之一，许多村民都精通演唱。在平寨每天的旅游节目"民俗表演"中，侗族大歌是必不可少的环节。哆耶舞和吹芦笙同样在侗寨中具有广泛的影响，村民们时常参与各种表演和比赛活动。而行歌坐月、打南瓜仗和斗牛等娱乐活动，尽管数量在逐渐减少，影响力逐渐淡化，但依然传承至今。

2. 服饰文化

平岩村申遗侗寨拥有丰富的传统服饰文化，其服饰具有鲜明的特色。

男性上衣，夏季多为白色，冬季多为深褐色，长袖、立领、对襟，下摆两侧开衩；下装搭配白色或黑色的长筒裤，裤腿较宽，裹绑腿，脚穿白色袜子，黑色布鞋。

女性日常穿着以素色为主，主要为黑色和蓝色系列，绣花装饰较少。上身系黑色菱形肚兜；下装为黑色百褶裙，长至膝盖，腿部裹有布套或刺绣拼接的绣花绑腿，搭配白色袜子和圆头绣花鞋。在盛装场合，女性会佩戴银质头饰和项圈等饰品。

儿童的服饰通常为深褐色侗布制成的无领右衽衣裳，左襟往右延伸至腋下盖住右襟，用襻扣系扣。左襟胸部以上的边缘部位和袖口装饰有精美的刺绣花边。

平岩村申遗侗寨的服饰文化展示了侗族人民的生活习俗和审美风格，是侗族传统文化的重要组成部分。

3. 饮食文化

平岩村申遗侗寨的居民，与其他侗族地区的人们一样，热爱酸味食品。在这里，每家每户都备有腌制桶和酸味坛子。招待客人时，餐桌上总会出现三道特色酸菜，分别是酸鱼、酸肉和酸鸭。除了酸味美食，侗寨还有其他特色佳肴，如烧鱼、鱼生、酥、糍粑、油茶和紫饭等。这些美食展现了侗族人民独特的饮食文化，为侗族文化增添了独特的魅力。

4. 传统手工艺

平岩村申遗侗寨以木工技艺闻名，世代相传的工匠们精通木构建筑技艺。村中的程阳永济桥、合龙桥、鼓楼和民居等木结构建筑均为这些工匠所建。如今，侗寨仍有数十位技艺高超的木匠活跃在这一领域。2007年，第一批国家级非物质文化遗产项目"侗族木构建筑营造技艺"的代表性传承人杨似玉成为岩寨村的骄傲。出身木匠世家的他，主持修建了超过120座木构建筑，其家族因此被尊称为"杨家匠"。柳州市侗族非物质文化遗产传承展示中心便位于杨似玉的家中，展示着侗寨丰富的传统文化。除了木工技艺，侗寨还传承了诸如藤编、竹编、草编、石刻、银饰制作、乐器制作、刺绣和纺织等传统手工技艺。2018年，在第五批国家级非遗传承人名单中，岩寨的"侗族木构建筑营造技艺"传承人杨求诗也位列其中。这些传统手工技艺的传承和发扬，展现了侗族人民丰富的文化底蕴和独特的民间艺术。

5. 节庆文化

平岩村申遗侗寨除了庆祝春节、端午节和中秋节等普遍的传统节日外，还有许多具有独特地方特色的节日。其中，正月初五至初七的"花炮节"是最盛大的庆典，吸引了大量参与者；二月二的"吃初二"是房族同姓亲人们聚会的日子；四月初八的"牛节"有食用黑糯米饭的习俗；六月六被称为"老人节"；而在十月和十一月间，人们会庆祝"吃冬节"（当地也称为"本家姓节"），由于不同姓氏庆祝这个节日的日期不尽相同，因此"吃冬节"在一年中可能会出现多次。这些独特的节日展现了侗族人民丰富多彩的民俗文化和生活传统，我国的侗族地区也因此获得了"百节之乡"的美誉。

二、平岩村申遗侗寨"景区型"模式分析

平岩村申遗侗寨"景区型"模式的成功，为其他传统村落的保护与

第四章　不同地区传统村落保护与创新发展的模式

创新发展提供了借鉴。笔者在对其模式进行深入分析后发现，平岩村申遗侗寨"景区型"模式之所以能够取得成功，主要归功于如下六条措施。

（一）规划先行，成片连线打造示范片区和村屯

在平岩村申遗侗寨"景区型"模式中，规划作为先导和指引，充分体现了政府对传统村落保护与创新发展的高度重视。规划先行可以确保在整个保护与发展过程中，各项工作有序推进，避免盲目行动导致的资源浪费和无效努力。在规划中，政府充分调查和分析了村落的自然环境、历史文化、社会经济等多方面因素，明确了发展目标、保护重点和创新策略。

通过成片连线的方式，政府将具有相似特征的村落串联起来，形成具有代表性的示范片区和村屯。这种成片连线方式有助于提高整体保护与发展的效益，形成合力，最大限度地减少资源浪费和重复投入。同时，示范片区和村屯的打造也有利于实现空间优化，提升村落整体的吸引力和发展潜力。

在规划过程中，专业性和实用性是两个至关重要的考虑因素。科学合理的规划有助于打造具有鲜明特色和可持续发展能力的示范片区和村屯，并有利于传统村落在保护与发展中实现多元化和差异化，为实现美丽乡村建设的目标奠定坚实的基础。

（二）县为主体，整合财政资金发挥最大效益

在平岩村申遗侗寨"景区型"模式中，县政府作为主导单位，负责协调各方资源，发挥关键作用。县政府通过整合地方财政资金、国家投入以及其他渠道的资金，将有限的资源投入传统村落的保护与创新发展中，实现了资源的最大化利用。

财政资金的有效整合需要具备一定的专业性和精准度。县政府根据村落的具体情况，合理分配资金，确保资金用于关键领域和关键环节，减少无效投入和浪费。在整合资金的过程中，县政府充分发挥自身在

资源调控、政策执行和项目管理等方面的优势,确保了资金发挥最大的效益。

县政府主导的资金整合,可以有效解决传统村落保护与创新发展过程中的资金短缺问题,为村落提供有力的经济保障。同时,这种模式有利于提高资金使用的效率和精准度,确保各项工作的高效推进。

(三)政策带动,实效引导群众积极参与

在平岩村申遗侗寨"景区型"模式中,政策发挥着至关重要的引导作用。当地政府通过制定一系列有利于传统村落保护与创新发展的政策措施,提高群众的积极性和参与度,为村落的可持续发展提供源源不断的动力。

政府在制定相关政策时,充分考虑了地方特色、文化传承、产业发展等多方面因素,注重实效性和针对性。在政策实施过程中,政府建立了相对完善的政策执行与监督机制,确保政策能真正落地生根,达到预期效果。同时,政策的制定和调整也能够根据村落保护与发展的实际情况,适时进行调整和完善,确保了政策的持续有效性。

此外,政府在政策制定过程中也充分倾听了群众意见和需求,积极鼓励群众参与政策制定和实施。比如,政府部门通过开展座谈会、民意征集等方式,广泛收集了群众意见,优化了政策内容;在政策实施过程中,政府加强了宣传和解释工作,提高了群众对政策的认同度和执行力度。

(四)引进社会资本,借助市场机制促进产业蓬勃发展

平岩村申遗侗寨"景区型"模式注重引入社会资本,通过市场化机制,推动传统村落产业的多元化和蓬勃发展,在保护传统村落文化底蕴的基础上,充分利用社会资本,挖掘村落的产业潜力,推动村落产业的转型升级。

在引进社会资本的过程中,应注重产业结构的优化和创新,避免产业的单一化和同质化。为实现这一目标,政府和相关部门积极发展特色农业、绿色旅游、文化创意等产业,充分发挥村落的优势资源,实现了产业多元化和高质量发展。例如:依托侗族木构建筑技艺,发展特色家具制造;挖掘侗族歌舞文化,举办特色文化旅游活动;等等。

引入社会资本有助于提高传统村落的经济效益,为村民创造更多就业机会,提高村民生活水平。在引入社会资本的过程中,政府充分考虑了群众的利益和需求,确保民生项目优先发展,提高了村民的收入水平。同时,政府还非常关注环境保护和资源利用,最大限度地避免了产业发展带来的负面影响。

(五)垃圾分类,推广"两处理、两回收"实施方案

在平岩村申遗侗寨"景区型"模式中,环境保护是重要的一环。为实现村落环境的可持续改善,政府积极推广垃圾分类的方式,实施了"两处理、两回收"的方案,即对生活垃圾和建筑垃圾分别进行处理和回收,实现资源再利用和减少环境污染。

垃圾分类有助于提高资源利用率,降低环境污染风险。在推广垃圾分类的过程中,政府非常重视宣传和引导,提高了村民的环保意识和参与度。政府和相关部门还通过组织培训、开展宣传活动、设立示范点等方式,引导村民积极参与垃圾分类工作。与此同时,各地还建立了相对完善的垃圾处理设施,保障垃圾分类工作的顺利进行。例如,设立垃圾分类投放点、建设垃圾处理厂等,以提高垃圾处理的效率和环保水平。

"两处理、两回收"实施方案的推广,在很大程度上提升了村落的环境质量,营造了宜居的生活环境。同时,这也有利于提高村落的旅游吸引力,促进旅游业的发展。村民们也在一定程度上认识到了环境保护的重要性,并开始将环保理念融入日常生活中,共同维护美丽村落的生态环境。

（六）保护为重，全面普查修复古旧民居

在平岩村申遗侗寨"景区型"模式中，对古旧民居的保护是重中之重。政府通过全面普查，对村落内的古旧民居进行详细的登记和评估，为后续的修复工作提供科学依据。在修复古旧民居的过程中，政府始终遵循保护性原则，尊重历史文化和传统工艺，力求修旧如旧。在修复工作中，政府也能够充分发挥专业人才的作用，运用现代科技手段，确保修复工程的质量和效果。全面普查修复古旧民居，有利于提升村落的文化价值和旅游吸引力，为村民带来经济收益。同时，修复古旧民居也是对历史文化的传承与保护，彰显了政府对传统村落的尊重和珍视。

综上所述，平岩村申遗侗寨"景区型"模式的成功，得益于科学的规划、有效的政策、资金整合、社会资本引入、环保工作、乡村建设与精准扶贫的协同发展以及古旧民居的修复。这些举措共同构建了一个具有可持续发展潜力的传统村落保护与创新发展模式，为其他传统村落的保护与发展提供了有益的借鉴。

三、平岩村申遗侗寨"景区型"模式的经验借鉴

对于其他传统村落的保护与创新发展而言，上述六点都具有借鉴的价值，笔者认为可概括为如下三点。

（一）保护与发展并重，确保可持续性

在平岩村申遗侗寨"景区型"模式中，政府关注文化遗产保护与当地经济发展之间的平衡，确保了项目的可持续性。在申遗过程中，政府注重对侗族文化、传统建筑以及民间艺术等本土特色的保护与传承，同时积极推动当地旅游业、特色手工艺品等产业的发展。为实现这一目标，平岩村申遗侗寨采用了一系列创新策略，如引入现代科技手段，对传统建筑进行修缮，确保其原汁原味地展示侗族文化特色。此外，在发展过程中，平岩村申遗侗寨还对当地资源进行合理规划，保护生态环境，打

造绿色旅游景区。这种将保护与发展并重的策略成功地将平岩村申遗侗寨打造成一个具有可持续发展潜力的文化景区，为其他地区申遗成功提供了宝贵经验。

（二）依托地方特色，构建丰富多元的文化品牌

平岩村申遗侗寨凭借其独特的侗族文化、建筑风格和民间艺术等地方特色，成功地将本土文化融入旅游产品和宣传中，塑造了一个丰富多元的文化品牌。平岩村申遗侗寨深入挖掘本土文化底蕴，通过举办各类文化活动、民间艺术表演等形式，展示侗族非物质文化遗产的魅力。同时，依托地方特色，发展特色旅游产品，如民宿、手工艺品、特色美食等，使游客在游览的过程中深入了解侗族文化，实现文化体验与旅游消费的完美结合。这种依托地方特色，发挥文化优势的做法，不仅提升了平岩村申遗侗寨的文化价值和知名度，还对其他地区申遗成功具有积极的启示作用。

（三）社区参与和利益共享，促进地方发展和民生改善

平岩村申遗侗寨的申遗过程注重社区参与和利益共享，让当地居民在文化遗产保护、开发和传承过程中发挥主体作用，从而提高他们的认同感和归属感。在实施申遗项目过程中，平岩村申遗侗寨鼓励和支持当地居民参与各类文化活动、保护修缮工程以及旅游产品开发等，培养他们的文化自觉性和技能，提高社区的凝聚力。同时，平岩村申遗侗寨在申遗成功后，积极引导旅游收入回馈社区，实现利益共享，如增加居民就业机会，改善基础设施，加大对教育、医疗等公共服务的投入等。这种以民为本的策略不仅保证了申遗工作的可持续性，还对其他地区申遗成功提供了有益的经验。

第四节　山东省济南市传统村落保护与创新发展的模式

一、山东省济南市传统村落保护与创新发展的模式分析

在山东省济南市传统村落保护与创新发展模式中，章丘区的"传统村落集中连片保护利用"模式比较突出，所以笔者以此为例进行论述。

（一）济南市章丘区"传统村落集中连片保护利用"模式的主旨

济南市章丘区全面贯彻新发展理念，以传统村落为节点，因地制宜连点串线成片确定保护利用实施区域，明确区域内村落的发展定位和发展时序，充分发挥历史文化、自然环境、绿色生态、田园风光等特色资源优势，统筹基础设施、公共服务设施建设和特色产业布局，全面推进乡村振兴，传承发展优秀传统文化。在保护利用传统村落的过程中，要注意活化、利用好传统建筑，结合村民实际需求制定传统民居宜居性改造工作措施和技术路线等，实现生活设施便利化、现代化，推进传统村落保护利用数字化建设，及时总结推广传统村落保护利用可复制可推广经验。

（二）济南市章丘区"传统村落集中连片保护利用"模式涉及范围

济南市章丘区在实施传统村落集中连片保护利用模式时，重点关注6个国家级传统村落：文祖街道的三德范村，官庄街道的朱家峪村与东矾硫村，普集街道的博平村与袭家村，以及相公庄街道的梭庄村。下面笔者便对这6个传统村落做简要介绍。

1. 三德范村

三德范村隶属于山东省济南市，地处章丘区南部、文祖街道中部，章莱公路西侧，锦屏山脚下，北距双山路口15千米，总面积14.3平方千米，是章丘区屈指可数的大村之一。村内"于家庄""小寨""广宗城"

均为汉代遗迹,是三德范村历史悠久的见证。村内现有三处市级文物保护单位,16 处被列入章丘区文物保护名录,国家级非物质文化遗产扛芯子远近闻名。三德范村设立全省首家乡村儒学讲堂,崇德向善,乡风文明。2016 年 11 月,三德范村被住房和城乡建设部等部门列入第四批中国传统村落名录公示名单。

2. 朱家峪村

朱家峪原名城角峪,后改为富山峪,明洪武四年(1371 年),朱氏家族先祖朱良胜自河北枣强县迁此定居。因朱系国姓,与皇帝朱元璋同宗,故改名朱家峪。该村历史悠久、文化灿烂,至今仍完整地保存了原来的建筑格局,古风古貌。古村为梯形居落,上下盘道,高低参差,错落有致。古村域内面积约 4.7 平方千米,有祠庙、楼阁、石桥、故道、古泉等大小景点 80 余处,被专家誉为"齐鲁第一古村,江北聚落标本"。独特景致引无数文人墨客纷至沓来,赋文泼墨,其中反映朱家峪的美术作品众多,以中国博物馆协会会员、国家一级美术师、全国"画中华名人故居第一人"、知名画家拇指先生的《朱家峪印象》最为有名。2002 年 6 月,章丘市人民政府将朱家峪评定为"历史文化名村"。2003 年 11 月,该村又被山东省建设厅评定为"省历史文化名村"。2010 年山东省人民政府对朱家峪历史文化名村保护规划作出批复,确定朱家峪核心保护范围面积 0.129 平方千米,要求按照《名村保护规划》对朱家峪村文物古迹、环境以及具有传统风貌的街区予以重点保护,从整体上保持历史村落"四山围双溪、四巷串古韵"的特色骨架。

3. 东矾硫村

东矾硫村,隶属于章丘区官庄街道办事处,村址在沂蒙群山北麓山坡角处,三面环水,三山环抱。据史料记载,东矾硫村名千百年未变。它在西汉时属济南国;东汉时属青州部济南郡;隋朝废济南郡,属齐州;唐朝属河南道齐州总管府;北宋时期属京东东路济南郡;金朝时属山东东路济南府;元朝时属山东行中书省济南路总管府;明朝时属济南府;

清朝沿袭明制无变化；中华民国时废府，属岱北道（1914年后改称济南道）；1928年废道直隶于省；1941年始属鲁中行政区泰安专属；1979年划归济南市。该村古建筑有据可考的主要有圩子墙、圩门、祠堂、李氏东楼、李氏西楼、观音庙、古道，而让东矾硫村闻名四乡的，主要还是村里的"太和堂"。凭借悠久的历史跟保存完整的旧时建筑群，东矾硫村成功入选第五批国家级传统村落名录。

4. 博平村

普集街道博平村，始建于东晋晚期（公元417年），至今已有1600余年。在这处千年古村内保存有大量的清至民国的老建筑，既有地主大宅，也有普通民居，还有老祠堂。其中，最有代表性的古建筑当数刘氏祠堂。现存刘氏祠堂基本保留完好，建于民国13年（1924年）。西厢房的西山墙上镶嵌一方碑文，有"祖先刘汉臣于元朝大德年间从直隶巨鹿县柴城村迁移至章丘博平镇"之记载。那时，侨置的博平县已撤走多年，改建制为镇。祠堂正南面有一座式样独特的影壁。影壁下部为青石基座，中间是青砖垒砌的墙体，顶部则是青筒小瓦覆顶的歇山式结构。祠堂过厅面阔五间，正中间是一条甬道，通往后院的祠堂。祠堂与过厅之间隔着一堵院墙，中间是一座拱门，由此可以进入祠堂内。拱门两侧各有一扇圆形窗户，窗户中间是一块青石雕刻的"卍"格扇。最北面的祠堂正殿，是当年供奉刘氏祖先牌位的地方，两边是东西厢房。正殿面阔三间，前出厦。正殿的屋顶比两侧的厢房高，正脊上有精美的缠枝花卉砖雕。2016年11月9日，第四批中国传统村落名录名单在住房和城乡建设部网站公示，济南市章丘区普集街道博平村被列入第四批中国传统村落名录。

5. 袭家村

袭家村隶属于山东省济南市章丘区普集街道，是典型的北方古村落，古朴狭窄的街巷，斑驳的门楼老墙，彰显着古村历史文化的厚重。据《袭氏家谱》记载，袭氏的第一代人是在元末从河北枣强迁来山东的。先祖为寻找一块休养生息的风水宝地，曾几易其居，最后在五龙口这个地方定居。600多年过去，袭家庄经历岁月的变迁，而今已发展成为一个有300多户人家、千余口人丁的古村落了。如今的袭家村业兴人和，先后被评为国家级传统村落、山东省文明村庄、济南市文明村庄、章丘区5A级平安村。

6. 梭庄村

梭庄村隶属于山东省济南市章丘区相公庄街道，位于街道东北部，历史文化悠久。梭庄村山林茂密，独具山区特色，该村距章丘老城东十里（今济南市章丘区绣惠镇），处长白山西麓的寨山脚下，是一个风景秀丽、民风淳朴的古村落。梭庄村东首，拥有明代建筑李氏宗祠和传统清末建筑风格的张兆铨自修堂。除此之外，梭庄村还拥有明万历年间的大戏楼遗址、规模较大的二月二庙会、石材雕刻等传统风俗和手工艺特色产业。2019年1月，梭庄村入选第七批中国历史文化名村，2019年6月6日，被列入第五批中国传统村落名录。

（三）济南市章丘区"传统村落集中连片保护利用"模式的特色亮点

1. 创新文旅融合

济南市章丘区"传统村落集中连片保护利用"模式在创新文旅融合方面展现出显著的特色亮点，在保护传统文化的同时，注重文化产业的发展，进一步激发文化创新活力。具体体现在以下几个方面。

第一，济南市章丘区对传统村落、文物古迹、古法技艺等文化资源进行了全面的梳理和整合，形成了一个富有地域特色的文化产业链。例如，朱家峪的聚落文化、梭庄村的耕读文化、东矾硫村的近代私人商业经济和乡村文化等文化资源得到了充分的挖掘与利用，吸引了大量的游客前来参观，推动了当地的文化旅游产业发展。

第二，济南市章丘区注重对传统文化的保护与传承，通过举办各类文化活动、实施文化传承工程，让传统文化在当代得到传播与弘扬。此外,济南市章丘区还积极引导当地居民参与传统文化传承,让传统文化成为增进民族团结、凝聚人心的精神纽带。

第三,济南市章丘区重视发挥文化产业的示范引领作用,推动文化创新与科技、金融等产业的深度融合。济南市章丘区通过设立文创产业基地、创意工场等平台,为文化创新创业者提供良好的创新环境,激发文化创新的生产力。同时,还鼓励文化企业开发以传统文化为内核的新产品、新业态,拓展文化市场。

第四,济南市章丘区紧跟新媒体发展潮流,积极运用互联网、移动互联网等先进技术手段,推动传统文化传播渠道向现代转型,扩大文化影响力。济南市章丘区通过开展线上线下多元化的文化交流活动,让更多的人了解、喜爱传统文化,进而扩大文化消费市场。

第五,济南市章丘区精心策划、打造了一批具有地域特色的文化旅游产品,不仅丰富了旅游资源供给,还提高了当地文化旅游的品质与吸引力。例如,挖掘与整合朱家峪的历史文化底蕴,塑造出独具特色的民俗旅游体验产品;结合梭庄村的耕读文化,打造一系列寓教于乐的文化旅游项目;借助东矾硫村的近代私人商业经济和乡村文化背景,开发出一批极具地域特色的文化创意产品。这些举措不仅丰富了游客的旅游体验,还有效提升了当地文化品牌的知名度与影响力。

2. 创新产业协同

在济南市章丘区"传统村落集中连片保护利用"模式中,创新产业协同是另一个显著的特色亮点。以城乡产业协调发展为契机,吸引城市科技、资本、金融、人才等高端生产要素向传统村落流动,这一举措为传统村落带来了可持续发展的动力。这种创新型的产业协同模式突破了传统的城乡二元结构,形成了一种有机互补的产业发展格局,既有利于提高农村地区的经济实力,又有利于实现城乡一体化的战略目标。

在产业协同方面,济南市章丘区着力发展生态农业、精品农业、文创产业等产业类型。在生态农业方面,注重提升农产品的品质与安全性,通过采用现代农业技术与绿色生产方式，打造一批具有地域特色的绿色农产品品牌；在精品农业方面，依托传统村落的丰富资源，发掘本土特色农产品，通过优化产业结构、提高产品附加值，塑造一批具有高品质、高附加值的精品农业产品；在文创产业方面，紧密结合传统村落的历史文化底蕴，开发一系列具有地域特色与文化内涵的文创产品，满足市场需求，同时弘扬传统文化。

为了更好地实现产业协同，济南市章丘区还积极探索建立了一种"公司+合作社+村支'两委'+农户+社会精英"的适度规模经营模式。这一模式充分发挥了各方的优势，充分利用各种资源，形成了产业发展的合力。在这一模式下，公司主要负责提供市场信息、技术支持、资金融通等服务，合作社则主要承担组织生产、协调资源、统筹管理等职责，村支"两委"负责对产业发展进行指导和监督，农户则成为产业链条中的基础生产单位，社会精英则通过提供技术、资金、管理等支持，推动产业发展。

通过这一创新产业协同模式，济南市章丘区在传统村落保护利用的基础上，成功实现了产业结构的优化和升级。这一模式的实施，使得农民收入得到稳定提高，人才得到充分吸纳，市场竞争力得到提升，村容村貌焕然一新，为传统村落的可持续发展提供了有力保障。

在产业协同的过程中，济南市章丘区还注重产业链的延伸和拓展，通过整合上下游产业资源，实现产业链的无缝对接，促进产业集群的形成和发展。这一做法不仅有助于降低生产成本、提高产值，还有助于提升整个产业链的竞争力和抗风险能力。同时，济南章丘区还大力推动产业技术创新，着力培育具有核心竞争力的企业，推动企业不断迈向高端、优质、高效的发展道路。

在产业协同的实践中，济南市章丘区还充分发挥政府、企业、社会等各方的优势，积极搭建多元化的合作平台，推动产业链各环节的互动与协作。例如，通过政府主导搭建的公共服务平台，为企业提供技术研发、人才培训、市场推广等一系列支持服务，提升企业的创新能力和市场竞争力。同时，通过产学研合作等方式，实现技术成果的快速转化，推动产业技术进步。

3. 创新融资渠道

济南市章丘区"传统村落集中连片保护利用"模式在融资渠道方面的特色亮点主要表现在以下几个方面。

首先，政府在资金支持方面发挥了关键引导作用。住房和城乡建设部分2年下拨补助资金3000万元，以确保项目顺利推进，为传统村落保护利用提供了坚实的财政支持。同时，地方政府也在项目筹备和实施过程中给予了大力支持，通过各种政策性金融手段，为项目提供了有力保障。

其次，积极争取各级政策性金融支持。在传统村落保护利用过程中，济南市章丘区不断创新金融服务体系，充分利用国家和地方政策性金融工具，为项目提供优惠贷款、信贷担保等支持。这种政策性金融支持，降低了项目实施的资金成本，为传统村落保护利用提供了更为灵活、便捷的融资途径。

再次，吸引工商资本和社会资本的参与。济南市章丘区在保护利用传统村落过程中，充分发挥市场机制的作用，吸引工商资本和社会资本参与，通过与企业、金融机构、社会组织等多方合作，形成政府、市场和社会共同参与的多元化投入机制。这种模式有利于减轻政府的负担，提高项目的资金效益，实现传统村落保护利用的可持续发展。

最后，探索建立群众自筹资金的传统村落保护发展机制。济南市章丘区在保护利用传统村落过程中，充分调动村民积极性，鼓励村民通过自筹资金的方式参与保护利用工程。同时，通过设立村级专项基金，引导村民参与传统村落的保护和发展。这种做法有利于增强村民的归属感和责任感，为传统村落保护利用提供了人本关怀。

综上所述，济南市章丘区"传统村落集中连片保护利用"模式在融资渠道方面的创新,体现了政府、市场和社会共同参与的多元化投入机制。这一模式为其他地区保护利用传统村落提供了有益的借鉴和示范。

二、济南市章丘区"传统村落集中连片保护利用"模式的经验借鉴

济南市章丘区"传统村落集中连片保护利用"模式为其他地区保护和创新发展传统村落提供了一个可行的范例,笔者共总结三条值得借鉴的经验。

(一)注重传统文化与现代产业的融合

在保护传统村落的过程中,强调将传统文化与现代产业相结合,以实现文化创新与产业升级。这意味着在保护传统建筑和乡土风情的同时,引入现代技术和产业资源,提高传统村落的经济价值和社会影响力。要深入挖掘传统文化中的优秀元素,将其与现代设计、艺术、科技等方面相结合,形成新的产业链和产值,从而为传统村落注入活力,实现可持续发展。

(二)发挥政府、企业和社会各方的优势

在传统村落保护利用过程中,倡导充分发挥政府、企业和社会各方的优势,共同搭建多元化的合作平台。具体而言,政府部门应制定相应的政策措施,为传统村落保护提供政策支持和优惠待遇;企业则可以在技术、资金、人才等方面提供支持;社会各界人士可以参与保护行动,为传统村落的保护提供智力支持和宣传力量。产业链各环节的互动与协作,可形成一个共赢的保护利用体系,为传统村落的保护和发展创造良好的环境。

(三)调动群众参与保护与发展的积极性

在保护传统村落的过程中,鼓励村民积极参与,发挥他们的主体作用。具体措施如下:鼓励村民通过自筹资金的方式参与保护利用工程,提高他们对保护工作的认同感;设立村级专项基金,引导村民投入传统

村落的保护和发展；开展培训和教育活动，提高村民对传统文化的认识和传承能力；举办各类文化活动，让村民在参与过程中增强归属感和责任感。这样既可以充分利用村民的资源优势，又能让他们在传统村落的保护与发展中发挥更大的作用。

第五章 传统村落保护与创新发展的基本策略

第一节 提高主体主动参与意识

一、传统村落保护与创新发展的主体分析

传统村落是民族文化的载体，保护和发展这些村落对于传承民族文化具有重要意义。传统村落的保护与创新发展涉及多个主体，包括政府部门、当地居民和社会团体。这些主体各自扮演着不同的角色，共同推动传统村落的保护与发展。

（一）政府部门

政府部门在传统村落保护与创新发展中起着至关重要的作用。它们通常是推进保护与发展计划的主要组织者和负责人，负责监督和协调各种行动和项目。具体来说，政府部门在传统村落保护与创新发展中的作用主要包括如下几点。

1. 政策制定与监管

政府部门负责制定相关法规和政策，确保传统村落保护和发展的合法性和可持续性。此外，政府还需对传统村落进行监管，确保各项政策得到有效实施。

2. 资金支持

政府部门需要为传统村落保护和发展提供资金支持，包括修复古建筑、改善基础设施、扶持产业发展等方面。

3. 规划指导

政府部门应对传统村落的保护与发展进行规划指导，确保村落的发展顺应历史文化传承的潮流，同时注重经济、环境和社会效益的平衡。

（二）当地居民

当地居民是传统村落保护和创新发展的最直接和重要的受益者和参与者。他们通常对村落的文化和历史传承有着深刻的了解，并能够为保护和传承作出贡献。具体来说，当地居民在传统村落保护与创新发展中的作用主要包括如下几点。

1. 参与决策

当地居民作为传统村落的主要利益相关者，应参与村落保护和发展的决策过程，确保各项政策和措施符合实际需求。

2. 传承文化

当地居民有责任传承和弘扬传统村落的文化，通过各种形式传播民族文化，使传统村落成为活态的文化遗产。

3. 参与保护

当地居民应积极参与传统村落的保护工作，保护村落的文化、历史和自然环境，保护村落的原貌，防止过度商业化和城市化。

4. 教育培训

当地居民可以通过参与教育培训等方式，提高自身文化素质和保护传统村落意识，增强对传统村落的认同感和责任感，为传统村落的保护和发展贡献自己的力量。

（三）社会团体

社会团体是传统村落保护和创新发展的重要力量。他们通常具有强烈的社会责任感和文化意识，能够为当地居民提供技术支持，进行信息共享和文化交流。具体来说，社会团体在传统村落保护与创新发展中的作用主要包括如下几点。

1. 宣传推广

社会团体可通过各种渠道对传统村落进行宣传推广，提高公众对传统村落保护与发展的认识和关注度。

2. 技术支持

社会团体可提供技术支持，帮助传统村落解决保护与发展过程中的技术难题，提升村落保护与发展的水平。

3. 资源整合

社会团体可发挥资源整合能力，协调各方面的资源，为传统村落保护和创新发展提供必要的资源和资金支持，帮助村落实现可持续发展。

4. 文化交流

社会团体可组织文化交流活动，促进传统村落与其他国家和地区的文化交流，增强公众对传统村落的文化自信心和村落的国际影响力。

二、提高主体主动参与意识的具体策略

（一）提高政府部门主动参与意识的具体策略

政府部门作为社会治理的主导力量，在传统村落保护工作中发挥着关键性作用。因此，提高政府部门主动参与意识的具体策略至关重要。其实，从前面论述传统村落保护相关的法律法规也可看出，政府部门一直非常重视传统村落的保护和创新发展，但有些部门或者有些人员可能对于传统村落的保护和创新发展认识不到位，针对这些部门和人员，采取一定的措施和策略非常有必要。

1. 开展培训和教育

提高政府部门对传统村落保护工作的认识和重视程度，需要开展有针对性的培训和教育。首先，政府部门应建立健全培训体系，将传统村

落保护知识纳入各级政府干部的培训内容,以提高其对传统村落保护工作的认识;其次,政府部门应组织专家学者、实践经验丰富的人员等开展培训,确保培训质量和效果;最后,政府部门还可通过实地考察、案例分析等方式,帮助培训对象更直观、更具体地了解传统村落保护工作的实践。此外,政府部门还应注重培训效果的评估与反馈,对培训过程中出现的问题进行及时调整与改进,以确保培训达到预期目标。

2. 设立专项奖励

为了激励政府部门积极参与传统村落保护与创新发展工作,设立专项奖励制度至关重要。首先,政府部门应明确专项奖励的目的、原则和范围,确保奖励制度的科学性与合理性;其次,政府部门需制定具体的奖励标准和程序,明确奖励的条件、要求和方式,以确保奖励制度的透明性与公正性;最后,政府部门还应关注奖励制度的实施效果,对奖励对象进行跟踪评估,以确保奖励制度真正发挥其激励作用。

(二)提高当地居民主动参与意识的具体策略

为了保护和传承传统村落文化,提高当地居民的主动参与意识是至关重要的。具体而言,可以通过强化文化教育、发展传统村落旅游、营造良好氛围和加强社区自治等具体策略来实现这一目标。

1. 强化文化教育

文化教育在提升当地居民对传统村落保护意识方面发挥着至关重要的作用。政府部门和社会团体应联合举办文化讲座、展览、实地参观等丰富多样的活动,使当地居民深入了解传统村落的历史渊源、文化底蕴和生态价值,从而激发他们对传统村落保护的热情。为了更好地普及传统村落保护知识,有关部门应将相关内容纳入各级教育体系,通过课程设置、教材编写、开展实践活动等多种途径,培养青少年对传统文化的尊重和热爱,使他们从小树立正确的文化观念,为传统村落的保护与发展奠定基础。此外,政府部门和社会团体还可以借助传统节日、民俗活动等契机,组织举办各类文化交流活动,弘扬传统村落文化,让当地居民更加了解和珍视自己的文化传统，增强文化自豪感和保护意识。

2. 发展传统村落旅游

发展传统村落旅游有助于提高当地居民的参与意识。政府部门和社会团体应鼓励当地特色产业发展，如手工艺品、地方美食等，为居民提供更多的就业机会和经济收益。同时，积极推动传统村落旅游产业的发展，策划具有地域特色和文化内涵的旅游产品，吸引游客前来体验传统村落的独特魅力。当地居民可以从旅游业发展中获得经济利益，从而提高他们积极参与传统村落保护的意识。在此基础上，政府部门和社会团体应提供相关的培训和指导，帮助居民提高保护技能，提升传统村落旅游的品质和可持续性。

3. 营造良好氛围

政府、社会团体和当地居民应共同营造一个尊重和保护传统村落文化的良好社会氛围，鼓励居民参与保护工作。在这个过程中，三者之间应相互协作、互补优势，形成强大的合力，共同为传统村落保护和创新发展创造良好的环境。

首先，政府部门在政策制定、资金投入和法律保障方面发挥关键作用。政府应制定针对性的政策措施，明确传统村落保护的目标和路径，为其保护提供有力的支持。此外，政府还需加大资金投入，确保传统村落保护工程的顺利推进。法律保障方面，政府应加强对传统村落保护法规的宣传、执行和监督，保证相关政策措施的落实。

其次，社会团体作为连接政府与当地居民的纽带，具有强大的动员、组织和宣传能力。社会团体可以通过举办各类文化活动、学术研讨会和志愿者服务等方式，广泛传播传统村落保护的理念，提高社会各界对其保护工作的关注度。同时，社会团体还能整合各方资源，为传统村落保护提供技术支持、人才培训等服务。

最后，当地居民是传统村落保护的主体和受益者，他们对村落的历史、文化和生态环境具有较深的了解。他们应积极参与保护工作，发挥地缘优势，通过宣传、保护、传承和创新等途径，弘扬传统村落的文化精神。当地居民的积极参与，将有效提高传统村落保护工作的实效性和可持续性。

4. 加强社区自治

政府应支持和推动社区自治，鼓励居民积极参与传统村落保护与创新发展的工作。设立居民自治组织，让居民直接参与保护工作的决策、实施和监督，提高他们对传统村落保护的主人翁意识。此外，当地居民可以利用自身的专业知识和技能，参与传统村落保护规划、建筑修复、文化传承等方面的工作。居民的积极参与，不仅有助于传统村落保护工作的推进，还可以增强居民对传统文化的认同感和归属感。

（三）提高社会团体主动参与意识的具体策略

社会团体在传统村落的保护与创新发展中扮演着重要角色，因此，提高社会团体成员的主动参与意识就显得至关重要。具体而言，可从如下四个方面着手进行思考。

1. 加深对传统村落价值的理解

传统村落作为一个国家和民族文化的承载者，其历史、文化和生态价值不容忽视。为提高社会团体成员的保护意识，首先要加深其对传统村落价值的理解。这需要组织成员参加相关培训、研讨会和实地考察，使他们能够全面了解传统村落的历史沿革、民俗风情、地域文化、生态环境等多方面的特点。通过系统地学习和实践体验，社会团体成员可以深刻认识到传统村落的独特价值，进而增强保护意识和责任感。在深入了解传统村落的过程中，社会团体成员需要关注村落的历史脉络、文化传承、生态保护以及社会发展等方面。

2. 强化组织责任

社会团体在传统村落保护与创新发展中肩负重要责任。作为民间组织，其在资源整合、技术支持、人才培养等方面具有独特优势。为了更好地履行保护职责，社会团体需要明确自身的使命和责任，推动组织内

第五章 传统村落保护与创新发展的基本策略

外的参与和支持。首先，社会团体要建立健全内部管理制度，明确成员职责与分工，确保保护工作的有序进行；其次，社会团体要积极参与公共事务，与政府部门、企业、专家学者等多方合作，共同推动传统村落保护与创新发展。在这个过程中，团体还要关注保护成果的传播与推广，提高社会各界对传统村落保护工作的重视。

3. 分享成功案例

分享成功案例是提高社会团体成员参与意识的有效途径。通过定期分享国内外传统村落保护与创新发展的成功案例，成员们可以更加清晰地认识到保护工作的重要性和可行性，从而提高参与意识。在分享案例的过程中，社会团体应重点关注成功案例的关键要素，如政策支持、资源整合、技术创新、文化传承等方面，并学习关键要素的实践经验。同时，社会团体还要关注各类案例在实施过程中所面临的挑战与困境，分析解决问题的策略和方法，为自身工作提供借鉴。

4. 定期沟通交流

定期沟通交流是提高社会团体成员主动参与意识的关键环节。团体应与其他相关组织和个人保持紧密联系，共享经验和资源，共同关注传统村落保护与创新发展的进展。通过定期召开会议、组织座谈、参加培训等形式，团体可以及时了解保护工作的最新动态，分享工作经验和心得，汇聚共识，凝聚力量。在沟通交流过程中，社会团体要重视与政府部门、企业、专家学者等多方的合作与协同。此外，社会团体还要关注民间力量的发挥，鼓励村民、志愿者等群众参与保护工作。这样的交流不仅有助于提高团体成员的参与意识，而且有利于传统村落保护与创新发展工作的顺利推进。

第二节 加强传统村落基础设施建设

传统村落基础设施建设是传统村落保护和发展的重要组成部分。加强传统村落基础设施建设，不仅可以为村民提供更好的生活和工作环境，还可以为传统村落的保护和发展提供有力的支持。本节将详细论述加强传统村落基础设施建设的重要性和具体做法。

一、基础设施建设的重要性

（一）提高村民生活水平

基础设施包括道路、桥梁、供水、供电、通信、医疗、教育等设施，这些设施的建设对于提高村民生活水平起到了至关重要的作用。

1. 提高交通便利性

基础设施建设可以改善村民的交通条件，如修建道路、铁路、桥梁等，能够方便村民出行，促进物资的流通和经济的发展。

2. 提供清洁的水源和卫生设施

建设供水和卫生设施可以改善村民的生活环境，提高村民的健康水平和生活质量。

3. 提供可靠的电力和通信服务

建设电力和通信设施可以使村民获得更好的通信和信息服务，也可以提供可靠的电力保障，支持村民的生产和生活。

（二）促进村落发展

1. 促进传统村落的经济发展

基础设施建设能够提升传统村落在交通、供水、供电、通信等方面的基础设施水平，为当地的经济发展提供有力的支持。交通状况的改善，能够使当地的商品、农产品更加便捷地运输到城市进行销售，推动当地的产业发展。同时，新建或升级水利设施、供电设施等基础设施，能够提高当地农民的生产效率，增加农业产出和收入。另外，基础设施建设也可以为当地企业提供更好的环境，降低其生产成本，推动产业的升级和转型。

2. 促进传统村落教育事业发展

基础设施建设也能够提高传统村落的教育水平，为当地的教育事业发展提供帮助。比如，改善校园交通、新建或升级学校设施等，能够改善教学环境，提升当地学校的教学质量。另外，基础设施建设也可以为当地的培训机构、职业学校等提供更好的环境和设施，为当地青年人的教育和职业发展提供更好的条件。

3. 促进传统村落文化事业发展

基础设施建设也能够提升传统村落的文化水平，为当地的文化事业发展提供帮助。比如，修建博物馆、文化广场等设施，能够为当地的文化传承和宣传提供更好的平台。另外，改善当地的文化旅游基础设施，如提高景区道路、厕所、停车场等的设施水平，可以吸引更多的游客来到传统村落，推动当地文化旅游的发展。

（三）为传统村落保护与创新发展提供必要支撑

传统村落的保护与创新发展是需要基础设施的支撑的，具体体现在如下几个方面。

1. 发掘发展潜力

对于许多传统村落来说，基础设施的落后成为制约其发展的主要障碍。投资建设基础设施，可以解决交通、通信、供水、供电等方面的问题，为村落的经济发展和产业转型创造有利条件，从而发掘其潜力。

2. 保护传统文化

基础设施建设可以为传统村落的文化保护提供有力的支持。例如，修复古建筑、改善旅游设施以及采取安全防范措施等，都可以让更多游客在游览时更好地领略和传承传统文化。

3. 培养与留住人才

传统村落基础设施建设的落后可能导致人才外流。改善基础设施，提供更好的教育、医疗等公共服务，可以吸引更多的人才留在村落，为村落的长远发展提供人才保障。

4. 促进区域均衡发展

基础设施建设的提升有助于缩小城乡差距，促进区域均衡发展。对于传统村落而言，改善基础设施可以吸引更多的人才和资金流入，提高产业集聚度，进而推动地区经济繁荣发展。

二、加强传统村落基础设施建设的具体做法

（一）制定基础设施建设规划

传统村落基础设施建设规划是基础设施建设的指导性文件，是政府加强传统村落基础设施建设的重要手段之一。制定合理的基础设施建设规划，可以确保基础设施建设的针对性、合理性和可行性，为传统村落的保护和发展提供保障。

1. 制定基础设施建设规划的目的

制定传统村落基础设施建设规划的目的是提高传统村落基础设施建设的科学性、规范性和可行性，确保传统村落基础设施建设能够传承历史文脉，彰显文化特色，符合村落未来发展方向。具体而言，制定基础设施建设规划的目的包括以下几点。

（1）明确传统村落基础设施建设的目标和任务，提高基础设施建设的针对性和可操作性。

（2）确定传统村落基础设施建设的范围和方案，明确基础设施建设的内容和要求，避免盲目扩大基础设施建设规模。

（3）制定合理的基础设施建设预算，确保基础设施建设的经济效益和可持续性。

（4）强调传统村落的历史文脉和文化特色，保护传统村落的文化遗产。

2. 基础设施建设规划的内容

传统村落基础设施建设规划的内容应包括以下几个方面。

（1）基础设施建设的目标和任务。明确基础设施建设的目标是什么，如何完成这个目标，是制定基础设施建设规划的第一步。在明确传统村落基础设施建设的目标和任务之后，可以制定出符合实际情况的基础设施建设方案，提高基础设施建设的可行性和针对性。

（2）基础设施建设的范围和方案。基础设施建设的范围包括哪些内容，应该如何开展基础设施建设工作，这是制定基础设施建设规划时要考虑的重要内容之一。在确定基础设施建设范围和方案时，应该考虑到传统村落的历史文脉、文化特色和未来发展方向，制定出符合实际情况的合理的规划。同时，还要注重保护传统村落的文化遗产，避免基础设施建设对传统村落的文化景观造成破坏。

（3）基础设施建设的预算。基础设施建设的预算是制定基础设施建设规划的重要内容之一。制定合理的基础设施建设预算，可以确保基础设施建设的经济效益和可持续性。规划应该综合考虑基础设施建设的实际需求、经济承受能力、社会效益等因素，制定出符合实际情况的合理预算。

（4）基础设施建设的时间进度。制定基础设施建设规划还需要考虑基础设施建设的时间进度。应该根据传统村落的实际情况和基础设施建设的需求明确基础设施建设的时间进度，确保基础设施建设的顺利进行和按时完成。

3. 基础设施建设规划的实施

制定基础设施建设规划只是开展基础设施建设工作的第一步，实施规划才是更为重要的工作。在实施基础设施建设规划时，需要注重以下几点。

（1）加强对规划的宣传和推广，提高村民的参与意识和参与度。

（2）落实基础设施建设预算，确保基础设施建设的经济效益和可持续性。

（3）在基础设施建设中注重文化保护和环境保护，避免对传统村落的文化景观和环境造成破坏。

（4）加强对基础设施建设的监督和管理，确保基础设施建设的质量和稳定运行。

（5）注重基础设施建设的效果评估，及时发现和解决问题，提高基础设施建设的效益。

（二）加强水、电、天然气等基础设施建设

传统村落是中国优秀的传统文化遗产，代表了中国古代城镇化和农业文明的发展历程，有着非常重要的历史、文化和社会价值。传统村落的基础设施建设是保障其正常运行和发展的重要基础，其中水、电、天然气等基础设施建设尤为重要。

水是生命之源，对于传统村落的生产、生活等方面有着至关重要的作用。在传统村落的基础设施建设中，水的供应是首先要考虑的问题。为了确保传统村落的水资源供应，政府应该加大对传统村落水利设施建设的投入。例如，可以加强水库、水井、水管等水利设施的建设和维护，提高传统村落的供水能力和水资源利用效率。此外，还应该注重水环境保护和治理，避免水源污染和水土流失等问题的发生。

电是现代人生活的必需品，对于传统村落的现代化建设和发展也有着重要的意义。在传统村落的基础设施建设中，电的供应是必须考虑的问题。为了确保传统村落的电力供应，政府应该加强电力设施的建设和维护，提高传统村落的供电能力和电力质量。例如，可以进行传统村落的电网改造和电力设备升级，推广新能源电力技术，以提高传统村落电力的供应效率和环保性。

天然气是现代生活中不可或缺的能源，对于传统村落的经济发展和现代化建设也有着重要的作用。在传统村落的基础设施建设中，天然气的供应也是一个非常重要的问题。政府应该加大对传统村落供气设施建

设的投资，为传统村落提供可靠的天然气供应。同时，还应该注重大气环境保护，避免气源污染和空气质量问题的发生。

（三）加强道路建设

在传统村落的基础设施建设中，道路建设也是一个非常重要的内容。传统村落的道路建设需要注重保留传统村落的文化特色，延续历史文脉，同时也需要满足传统村落的交通运输和发展需求。

首先，传统村落道路建设需要注重保留传统村落的文化特色，延续历史文脉。传统村落的道路一般是由石板、青石和石子铺成的，具有独特的历史文化价值和艺术价值。在道路建设中，需要注意保护传统村落的文化景观，避免对传统村落的历史文化遗产造成破坏。例如，在道路的规划和设计中，应该注重保护传统村落的文化特色，保留传统道路的形态和布局。同时，在道路建设项目的施工过程中，应该注重环境保护，避免对传统村落的环境造成污染和破坏。

其次，传统村落道路建设需要满足传统村落的交通运输和发展需求。传统村落的交通运输需要考虑到传统村落的特殊环境和地理条件。例如，传统村落的道路一般比较狭窄，车辆通行不便，需要采取适当的交通措施，以提高道路的通行能力和安全性。在传统村落的道路建设中，需要进行合理的交通规划和设计，根据传统村落的实际情况确定道路的宽度和通行标准。同时，还需要配置适合传统村落特点的交通工具，如小型电动车、自行车等，方便居民出行和交通运输。

最后，传统村落道路建设需要加强对基础设施的管理和维护。道路设施的管理和维护是保障道路长期稳定运行的重要保证。在传统村落道路建设中，需要建立健全管理和维护机制，加强道路的日常维护和管理，及时处理道路故障和问题，保障道路的安全和稳定运行。

（四）加强公共设施建设

传统村落公共设施建设对于提高传统村落社会文化水平和居民的生

活品质具有重要作用。政府应该加强传统村落公共设施的建设，注重保留传统村落的文化特色和历史文脉，满足传统村落居民的基本需求。

首先，传统村落公共设施建设需要注重保护传统村落的文化景观，避免对传统村落的历史文化遗产造成破坏。例如，在公共设施的规划和设计中，应该注重保护传统村落的文化特色，采用与传统村落建筑风格一致的建筑设计和材料，保留传统村落的历史和文化遗产。同时，在公共设施的施工过程中，也应该注重环境保护，避免施工对传统村落的环境造成污染和破坏。

其次，传统村落公共设施建设需要满足传统村落居民的基本需求。传统村落居民的基本需求包括医疗卫生、教育、文化娱乐等方面的需求。在公共设施建设中，需要根据传统村落的实际情况确定建设内容和范围，满足传统村落居民的基本需求。例如，在医疗卫生方面，可以建设医疗中心、诊所等，提供基本的医疗卫生服务；在教育方面，可以建设学校、教育中心等，提供基本的教育服务；在文化娱乐方面，可以建设文化中心、娱乐场所等，提供基本的文化娱乐服务。

最后，传统村落公共设施建设需要注重对基础设施的管理和维护。对公共设施的管理和维护是公共设施长期稳定运行的重要保证。在传统村落公共设施建设中，需要建立健全管理和维护机制，加强公共设施的日常管理和维护，及时修缮和更新设施，确保公共设施的正常运行和使用。

（五）加强网络基础设施建设

随着信息技术的飞速发展，传统村落网络基础设施建设已经成为传统村落基础设施建设的重要组成部分，对于传统村落的现代化发展和信息化建设具有重要作用。政府应该加大对传统村落网络建设的投入，推动传统村落网络建设和信息化发展。

首先，政府应该加强传统村落网络基础设施建设。网络基础设施建设是传统村落网络建设的前提条件。政府可以加大对传统村落网络基础设施建设的投入，建设高速宽带网络、无线网络等基础设施，满足传统村落村民的网络需求。网络基础设施建设需要考虑到传统村落的实际情况和特殊需求，避免破坏传统村落的历史和文化遗产。

其次，政府应该加强传统村落网络应用和服务的建设。传统村落网络应用和服务建设是传统村落网络建设的重要内容。政府可以加强对传统村落网络应用和服务的研发和推广，开展网络教育、网络医疗、网络文化等服务，满足传统村落村民的生活和工作需求。同时，政府还可以鼓励和支持传统村落发展网络经济，推动传统村落产业的数字化、智能化和网络化发展。

最后，政府应该加强传统村落网络安全的保护和管理。网络安全是传统村落网络建设中的重要问题。传统村落网络安全的保护和管理需要建立完善的网络安全保障体系，防止网络黑客和病毒攻击，保障传统村落网络的安全稳定运行。

（六）加强维护和管理

加强传统村落基础设施建设是为了促进传统村落的现代化发展和进行文化保护，保障村民的生活和工作需求，基础设施建设完成后的维护和管理同样重要。政府应该加强对传统村落基础设施的维护和管理，建立相关的维护和管理机制，保障传统村落基础设施的正常运行和发展。

首先，政府应该建立健全基础设施维护和管理机制。基础设施维护和管理机制是传统村落基础设施长期稳定运行的重要保障。政府可以建立基础设施维护和管理部门，负责传统村落基础设施的维护和管理工作。同时，政府还可以制定相关的法律法规和标准，规范传统村落基础设施的维护和管理行为，防止基础设施维护和管理工作的失范和权力滥用。

其次，政府应该加强传统村落基础设施的日常维护和保养。传统村落基础设施的日常维护和保养是基础设施长期稳定运行的重要保障。政府可以制订传统村落基础设施的日常维护和保养计划,定期检查和维护基础设施,及时发现和解决问题,保障传统村落基础设施的正常运行。

最后,村民也应该加强自我维护和管理意识,共同维护传统村落的基础设施和文化景观。村民可以通过加强对基础设施的使用和保护,减少对基础设施的损坏和破坏。同时,村民还可以通过积极参与传统村落基础设施的管理和维护工作,如建立基础设施管理委员会、申请成为基础设施维护志愿者等,共同维护传统村落基础设施和文化景观。

总之,加强传统村落基础设施建设是传统村落保护和发展的关键内容之一,需要政府、当地居民和社会各界共同努力,为传统村落的可持续发展提供基础保障。

第三节 活化传统村落文化要素

一、活化传统村落文化要素的策略

笔者在本书第三章论述了传统村落的文化要素,如果能够活化这些文化要素,对于传统村落的保护和创新发展都会有非常重要的意义。至于如何活化,可从如下几个方面作出尝试。

(一)强化文化传承与教育

随着时代的变迁,传统村落文化逐渐被遗忘,然而,这些文化承载着我们民族的历史和精神内涵,是我们民族文化的瑰宝。为了弘扬和传承这些珍贵的传统文化,我们必须从传承非物质文化遗产和教育年青一代两个方面入手,着力挖掘、整理、保护和研究传统手工艺、民间艺术、传统建筑技艺等非物质文化遗产,同时将传统村落文化融入课堂教育,激发青少年对本土文化的兴趣和热爱。

1. 传承非物质文化遗产

非物质文化遗产不仅是一个村落的文化,它更是一个国家、一个民族的精神标志，具有极高的历史价值、艺术价值和科学价值。传承非物质文化遗产的首要任务是对传统手工艺、民间艺术、传统建筑技艺等领域进行系统的挖掘、整理、保护和研究。这需要在国家层面上制定一系列政策，为传承非物质文化遗产提供全面支持。

（1）培养非物质文化遗产传承人。政府应当加大对非物质文化遗产传承人的培养力度，通过组织培训班、讲座等形式，提高传承人的业务水平和文化素养。此外，还应当建立奖励机制，鼓励有能力、有潜力的人才投身非物质文化遗产传承事业。

（2）加强非物质文化遗产的传播和推广。在全国范围内开展非物质文化遗产展示活动，如各地的传统手工艺博览会、民间艺术节等，让更多的人了解和认识非物质文化遗产，提高其社会地位和影响力。

（3）建立非物质文化遗产保护和研究基地。在具有代表性的传统村落、历史街区等地建立保护和研究基地，为非物质文化遗产传承提供良好的环境。

2. 教育年青一代

教育年青一代是文化传承的关键，我们需要在课堂教育中融入传统村落文化，让年轻人更好地了解和传承本土文化。

（1）编制具有地方特色的教材。将地方传统文化、非物质文化遗产等内容纳入教材，让学生在课堂上接触和学习本土文化，从而提高他们的文化认同感和文化自信。教材应结合历史背景、地理特点、民间传说等多方面内容，使学生更加深入地了解传统村落文化的发展脉络和内涵。

（2）开展寓教于乐的文化活动。组织丰富多彩的传统文化活动，如传统手工艺体验、民间艺术表演、诗词歌赋比赛等，让学生在参与中感受传统文化的魅力，激发他们对本土文化的兴趣和热爱。

（3）开展校园非物质文化遗产传承工程。邀请非物质文化遗产传承人、专家学者等来校开展讲座、示范教学等形式的活动，让学生亲身感受非物质文化遗产的传承过程，了解相关技艺的传承与创新。

（二）创新文化表现形式与载体

在创新传统村落文化活动的策略中，创新文化表现形式与载体是一个方向。这既有助于更好地传承民族文化，也能满足现代人对文化多样性的需求。具体而言，可从如下两个方面作出思考。

1. 结合当地特色，创新文化的表现形式

为了推动传统村落的文化传承和活化，我们需要通过创新文化的表现形式，让传统文化焕发新的生机。文化表现形式创新的方式有很多，下面笔者以改编传统戏曲和发展现代民间艺术为例做简要介绍。

（1）改编传统戏曲。传统戏曲作为一种具有悠久历史的文化艺术形式，承载了丰富的民族精神和艺术价值。然而，在现代社会中，传统戏曲面临着观众群体萎缩、传承困难等问题。为此，我们应结合当地特色，对传统戏曲进行改编和创新，使其更符合现代审美需求，拓宽传统戏曲的受众群体。具体措施包括改进剧本、舞台表现、音乐伴奏等方面，将地方文化、民间故事等融入剧情，提高戏曲的观赏性和教育意义。

（2）发展现代民间艺术。民间艺术是民族文化的重要组成部分，具有鲜明的地域特色和浓厚的生活气息。我们应充分发挥民间艺术在当地文化传承中的独特作用，推动其与现代审美、科技等因素的结合，创新其表现形式和技艺。例如，将传统木雕、剪纸等技艺与现代设计理念相结合，创作出既具有传统韵味又具有现代风格的作品。同时，举办各类展览、演出等活动，让民间艺术在现代社会中焕发新的生机。

2. 开发文化创意产品

在传统村落文化要素的活化中，开发文化创意产品是一种极具价值和战略意义的手段。对传统文化元素进行深入挖掘、整合和创新，将其融入现代生活，既可提升传统文化的传播力和影响力，同时又可为传统村落注入新的活力和经济效益，促进地区经济的可持续发展。

（1）深入挖掘传统文化资源。在开发文化创意产品时，首先要深入挖掘传统文化资源，了解其内涵、特点和价值。这包括对历史、民俗、艺术、建筑、手工艺等方面的细致研究，以获取丰富的灵感来源。同时，还需关注当地特色，挖掘具有代表性的传统文化元素，以确保文化创意产品的独特性和地域性。

（2）结合现代设计理念与技术。在挖掘传统文化资源的基础上，将现代设计理念和技术与之融合，打造出既具有传统韵味又具备现代审美的文化创意产品。这意味着要关注现代消费者的审美需求和消费习惯，以及市场的发展趋势，使传统文化元素与现代元素相互渗透，创造出新颖、独特、具有吸引力的文化创意产品。

（3）注重品质与工艺。文化创意产品的品质和工艺决定了其市场竞争力。因此，在开发过程中，要严格把控产品质量，确保工艺水平得到有效提升。这包括选择优质的原材料、关注产品的环保与可持续发展、采用先进的生产技术等。此外，还要关注传统工艺的传承与创新，对传统手工技艺进行保护和传承，将其与现代工艺相结合，使文化创意产品在满足现代审美的同时，也具备传统工艺的精湛技艺。

（三）加强地方品牌建设与推广

传统村落中的文化是中华优秀传统文化的重要组成部分，也是中华民族文化宝库中不可或缺的一部分。为了活化传统村落的文化要素，许多地方开始了传统村落文化振兴的尝试。而地方品牌建设与推广，以及现代传播手段的应用，则是传统村落文化活化的重要策略之一。

1.挖掘传统村落特色资源，打造具有地方特色的文化品牌

传统村落是中华优秀传统文化的重要载体，每个村落都有着独特的文化底蕴和历史积淀，这些都是宝贵的资源。因此，挖掘传统村落的特色资源，打造具有地方特色的文化品牌，是传统村落振兴的重要途径之一。

首先，挖掘传统村落的特色资源，要注重文化与经济的结合。我们可以通过深入挖掘当地的传统文化、手工艺、历史建筑等资源，打造具有地方特色的文化产品，如纪念品、手工艺品、特色小吃等。这些文化

产品可以成为村落的代表性产品，具有很高的市场价值和吸引力，可以吸引更多游客前来体验和消费，为当地带来更大的经济效益。

其次，打造具有地方特色的文化品牌，需要注重品牌形象的打造和宣传推广。品牌形象是文化品牌的重要组成部分，可以通过设计符合当地特色的标识、口号、商标等元素，来突出品牌的独特性和代表性。同时，宣传推广也是非常重要的一环，可以通过建立官方网站、开展营销活动、与媒体合作等方式，将品牌形象和文化产品推向市场，提高品牌的知名度和美誉度。

最后，要注重品牌的可持续发展。建立一个品牌需要长期的投入和经营，只有不断推陈出新，才能保持品牌的生命力。因此，在打造具有地方特色的文化品牌的过程中，需要不断创新，发掘当地的新资源和新文化元素，打造更多、更好的文化产品，提升品牌的文化含量和市场竞争力，实现可持续发展。

2. 结合现代传播手段，扩大传统村落文化要素的传播范围

现代传播手段的广泛应用，为传统村落文化要素的传播提供了更广阔的平台。利用网络、新媒体等现代传播手段，可以将传统村落的文化要素推向更广泛的受众，吸引更多的关注和支持。

首先，利用互联网和新媒体平台，建立起传统村落的数字化展示平台。通过数字化的方式，对传统村落的历史、文化、景观等资源进行展示，为网民提供一个更加直观、立体的了解传统村落的途径。同时，数字化展示平台可以成为吸引游客的重要窗口，为游客提供预览服务和了解当地文化的便利途径。

其次，利用社交媒体平台，扩大传统村落文化要素的传播范围。社交媒体平台已经成为人们获取信息和交流的重要渠道。可以通过建立传统村落的官方社交媒体账号，将当地的文化、风景、历史等信息发布到各个社交媒体平台，为更多人了解和认识传统村落提供便利。

再次，利用网络和新媒体平台，开展在线文化交流和互动活动。建

立在线文化交流平台,让更多人可以参与传统村落文化的交流,了解当地的传统文化、文化产品等,同时也可以让传统村落与外界建立更加紧密的联系,吸引更多人的关注和支持。

最后,运用新媒体平台开展文化旅游的推广。旅游是传统村落振兴的重要途径之一,利用新媒体平台宣传当地的文化和展示旅游资源,吸引更多游客前来参观和体验,同时也可以让更多人了解和认识传统村落的文化价值和历史渊源。

(四)推进文化交流与对外合作

推进文化交流与对外合作,是促进传统村落文化创新发展的重要途径。开展文化交流活动和寻求国内外合作伙伴,可以拓宽传统村落文化的传播渠道和扩大市场,提高传统村落文化的知名度和美誉度,为当地的发展和振兴注入新的活力。

1. 举办文化交流活动,促进文化交流和融合

文化交流活动是推进传统村落文化创新发展的重要途径之一。我们可以邀请其他地区、民族文化团队来村落参与演出、展示,通过开展各种文化活动,让更多人了解和认识传统村落文化,促进文化的交流和融合。

第一,精心策划丰富多样的文化交流活动,包括举办地域性文化展示,展现当地特色民俗、风土人情、手工艺等文化资源;邀请其他民族文化团队来村落参与演出、展示,展现多元文化的魅力,促进文化间的相互理解和认同;策划高端文化沙龙、论坛等活动,邀请知名学者、艺术家等分享文化经验和见解,提升文化交流的深度和广度。

第二,加强文化交流活动的宣传推广。运用网络、电视、广播等多媒体平台,对文化交流活动进行宣传推广,扩大活动影响力,吸引更多人参与。同时,创新宣传手段,运用创意海报、宣传片、线上直播等形式,充分展示文化交流活动的独特魅力,激发公众的兴趣和参与热情。此外,与各级政府部门、文化机构、企事业单位等多方合作,共同推动

文化交流活动的宣传推广，实现资源共享和优势互补。

2. 寻求国内外合作伙伴，共同推动传统文化的创新与发展

在经济全球化背景下，寻求国内外合作伙伴以共同推动传统村落文化的创新与发展已成为一种趋势。通过与其他传统村落、文化机构、企业等建立合作关系，我们可以借鉴国内外先进理念和成功经验，共享资源，形成合力，为传统村落文化发展注入新的活力。

首先，我们要拓宽合作渠道，广泛寻求国内外优质合作伙伴。我们可以通过参加国内外文化交流活动、论坛、展览等，结识具有影响力和资源的文化机构、企业和个人，建立长期稳定的合作关系。同时，积极加入国内外文化组织和平台，扩大传统村落文化的影响力，争取更多合作机会。

其次，与国内外合作伙伴共同开展文化创新项目，以实现资源整合和互利共赢。我们可以通过邀请外国艺术家、设计师、学者等参与本土文化创意产品的研发、设计与生产，打造具有国际竞争力的文化产品；或是与国内外知名文化企业合作，引进先进的文化产业管理模式和技术，提升传统村落文化产业的整体水平。

最后，我们还可以与国内外合作伙伴共同开展文化交流与学术研究。邀请国内外专家学者参与本土文化遗产的保护、修复与研究工作，学习先进理念与技术，提高文化保护水平；同时，组织国内外文化交流活动，推广传统村落文化，使其走出国门，走向世界。

（五）建立长效机制和评价体系

为了确保传统村落文化要素活化工作的连续性和稳定性，建立一个长效机制和评价体系是非常重要的。只有各方合作与协调，以及对工作定期评估和总结，才能够保证传统村落文化要素活化的长远发展和有效推进。

1. 建立传统村落文化要素活化的长效机制

传统村落文化要素活化是一个长期而复杂的过程，需要政府、企业、

文化机构等多方合作，才能形成系统而完整的机制。为了确保各项政策和措施的连续性和稳定性，需要建立一个长效的机制。

首先，政府需要加强对传统村落文化要素活化的政策引导和资源保障。政府可以出台一系列有力的政策和措施，如加大对传统村落保护的投入、设立专项基金、优化政策环境等，以确保传统村落文化要素活化的顺利推进。同时，政府还需要加强与企业、文化机构等的合作，形成多方合作、协同发展的局面。

其次，企业应积极参与传统村落文化要素活化的工作。企业可以开发具有地方特色的文化产品，扶持当地手工艺品、文化创意等产业发展，提高当地产品的知名度和市场竞争力。此外，企业还可以参与传统村落文化旅游的开发和推广，为传统村落注入新的活力，增加其经济效益。

最后，文化机构应积极推进传统村落文化要素的传承和创新。文化机构可以通过开展文化艺术活动、举办文化展览等形式，推动传统村落文化要素的传承和发展。同时，文化机构还应与企业、政府等部门加强合作，共同推动传统村落文化要素的活化和创新。

2. 设立评价体系

建立评价体系是评估和总结传统村落文化要素活化工作的重要手段。评价体系需要根据传统村落文化要素活化的不同阶段和特点，定期对工作进行评估和总结，为今后工作提供借鉴和改进经验。

评价体系应考虑到传统村落文化要素活化的多方面内容，此外，应该采用多种方法对传统村落文化要素活化工作进行评价。一方面，可以定期召开评估会议，由专家对工作进行评估和总结，对达成的成果进行量化和评价，及时发现和解决问题，调整和改进工作方案；另一方面，也可以通过民意调查等方式，了解当地居民和游客对传统村落文化要素活化工作的看法和意见，为制定更科学、更合理的政策和措施提供参考。

在建立评价体系的同时，还需要做好工作成果的展示和宣传工作。及时发布工作成果、优秀案例等信息，向社会公众和相关部门展示传统村落文化要素活化工作的成果和影响，为今后的工作提供借鉴和改进经验。同时，通过与媒体合作等方式，将传统村落文化要素活化的经验和成果向社会推广，扩大传播影响力，提高传统村落文化要素活化工作的知名度和美誉度。

二、活化传统村落文化要素的设计思路——以老居堂村为例

老君堂村位于山东省菏泽市西南部，是山东省菏泽市东明县长兴集乡下辖的一个行政村，东临牡丹区，西临河南，处于两省交界处，距离菏泽市区仅一个半小时车程，交通十分便利。老君堂村附近有菏泽黄河水利风景区、东明黄河国家湿地公园等旅游景点，这是其优势所在。在此，笔者以老君堂村中的文化要素为例，阐述如何活化其文化要素，并分析如何将其运用到民宿的设计中。

（一）设计说明

老君堂村西临黄河，根据地域设计原则，笔者提取黄河和当地民居建筑元素，运用到民宿空间设计中。本设计方案旨在打造一个可以放松身心、体验田园风光、乡村生活的居住空间，从而让身处其中的人们可以忘却都市的繁忙压力，彻底放松自己。

（二）地理位置分析

本方案选址为村落的东南角，如图5-1所示。虽然此处相对其他宅院而言距离黄河相对较远，但拥有朝南开阔的田园美景，而且环境相对安静，适合修建民宿。

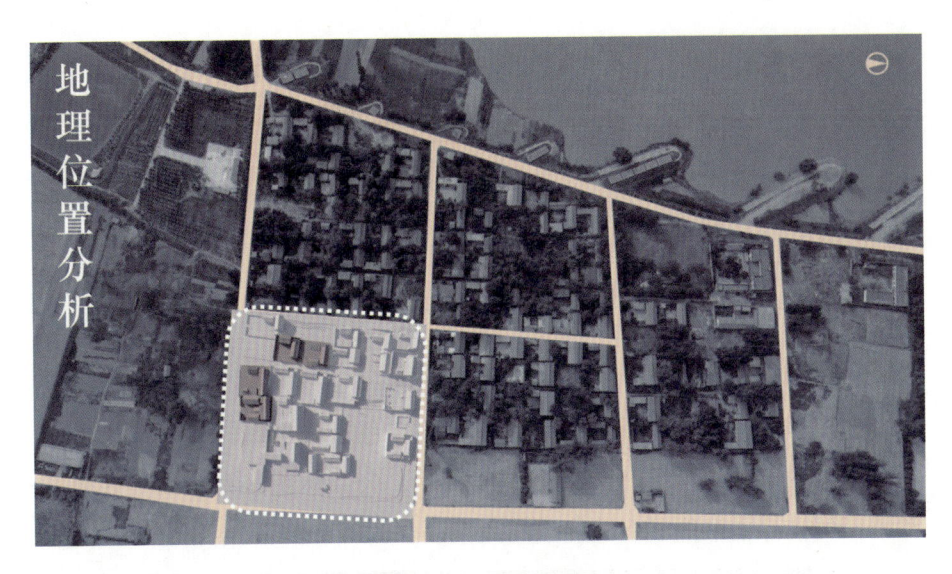

图 5-1　选址位置

（三）文化元素提取

笔者主要从黄河和当地民居建筑中提取文化元素。可提取的元素主要有色彩、墙体材质和屋顶结构等元素，如图 5-2～图 5-4 所示。

图 5-2　色彩元素提取

图 5-3　墙体材质元素提取

图 5-4　屋顶结构元素提取

（四）设计效果图展示

如图 5-5、图 5-6 所示，前台和客房在色彩和房顶的设计上采用了上述提取的元素；如图 5-7、图 5-8 所示，公共休闲区和图书角在色彩和墙面的设计上采取了上述提取的元素。

图 5-5　前台设计效果图

图 5-6　客房设计效果图

图 5-7　公共休闲区设计效果图

图 5-8　图书角设计效果图

第四节　探索不同传统村落创新发展模式

由于不同传统村落的情况存在差异,所以在探索传统村落保护与创新发展的模式时,应充分考虑传统村落的实际情况,探索适宜该传统村落的保护与创新发展模式。在本节中,笔者将视野扩大到更多的传统村落,总结了几种针对不同传统村落探索出的创新发展模式。

一、文化产业模式

文化产业模式是一种以保护和挖掘传统村落内的历史文化资源为核心,进行文化创意产业发展的策略。这种模式通过不断创新,使传统文化焕发新的活力,并将之转化为具有经济效益的产业,从而实现传统村落的可持续发展。文化产业模式在传统村落创新发展中具有重要的现实意义，主要体现在以下几个方面。

（一）文化旅游开发

传统村落往往拥有丰富的历史文化遗产、美丽的自然风光以及独特的民俗风情，这为文化旅游业的发展提供了得天独厚的条件。整合这些资源，进行适度的开发与利用，可以吸引游客前来观光，从而带动相关产业的发展。例如，村落可以建立特色民宿、餐饮、纪念品销售等服务设施，提供一站式的旅游体验，同时为村民提供就业机会。

（二）非物质文化遗产传承

非物质文化遗产是人类的宝贵财富，对于传统村落的文化传承和民族特色的保持具有重要意义。传统村落应积极开展非物质文化遗产的挖掘、保护和传承工作，培育一批熟练掌握传统技艺的传承人，使非物质文化遗产得以延续。同时，将这些非物质文化遗产与现代设计理念相结合，创作出具有市场竞争力的产品，为村民提供经济收益。

（三）民俗文化表演

民俗文化表演是传统村落文化的重要组成部分，它反映了村民对自然、社会以及信仰的认知和感悟。挖掘和整理传统村落的民俗表演，开展丰富多彩的文化演出活动，可以吸引游客前来观赏，提高村落的知名度和吸引力。此外，民俗文化表演还可以弘扬村落的精神文化，增强村民的文化认同感和归属感。

（四）文化创意产品开发

传统村落可以结合本地的历史文化特色，开发具有创意性、独特性和市场竞争力的文化创意产品。例如，将传统工艺与现代设计相结合，创作出富有地域特色的服饰、家居用品、礼品等。这些文化创意产品不仅可以提高村民的经济收入，还可以为传统村落的文化传承和发展提供新的契机。为了推动文化创意产业的发展，传统村落可以建立文化创意产业园区，吸引相关企业和创意人才入驻。园区内可以设立创意设计工作室、手工艺品制作坊、文化艺术展览馆等设施，为村民提供就业和创业机会。此外，文化创意产业园区还可以成为文化交流和传承的平台，有利于提升村落的文化品质和知名度。

二、农业生态模式

农业生态模式是一种关注传统农耕文化保护与创新发展以及农村生态环境改善的传统村落发展模式。该模式着力于推广有机农业、绿色农业等生态农业理念，实施农村废弃物资源化利用等措施，从而提高农产品质量，保护生态环境，并提高村民收入。农业生态模式在传统村落可持续发展中具有重要的现实意义，主要体现在以下几个方面。

（一）有机农业发展

有机农业是一种以提高土壤肥力、保持生态平衡为目标，严格限制化肥、农药等化学品使用，注重自然资源可持续利用的农业生产方式。发展有机农业有助于减少化学品对土壤、水源和生物多样性的破坏，提高农产品的品质和安全性，满足消费者对绿色、健康食品的需求。传统村落在发展有机农业时，应优先选择具有地理优势、生态条件良好的区域，制定科学合理的种植结构和生产技术方案，加强有机农业的宣传和培训，提高农民的环保意识和技能水平。此外，还要建立完善的有机农产品认证、监管和市场体系，确保有机农产品的质量和信誉。

（二）绿色农业实践

绿色农业是指在农业生产过程中，充分利用生物资源，减少化学品的使用，降低环境污染，提高资源利用效率的农业发展方式。绿色农业的实践包括生物防治、轮作制度、水肥一体化等多种生态农业技术。传统村落在实施绿色农业时，应充分挖掘当地特色农业资源，如采用地域特色作物种植、土壤改良、病虫害生物防治等技术，提高农业生产的生态效益。同时，通过建立农民合作社、家庭农场等新型农业经营主体，推动绿色农业的规模化、产业化发展，提高农民收入。

（三）农村废弃物资源化利用

农村废弃物资源化利用是指将农村废弃物如农作物秸秆、畜禽粪便、农膜等转化为有价值的资源，从而减少环境污染、提高资源利用效率的过程。农村废弃物资源化利用有助于改善农村生态环境，提高农业生产的综合效益，创造新的就业机会。在农村废弃物资源化利用方面，传统村落可以通过以下几个途径进行实践。

（1）农作物秸秆资源化利用。将农作物秸秆作为生物质能源进行发电、制取生物炭、制作生物肥料等，减少秸秆焚烧造成的空气污染。

（2）畜禽粪便资源化利用。通过建立生物质发酵设施，将畜禽粪便转化为沼气、有机肥等，提高能源和肥料利用效率，降低环境污染。

（3）废弃农膜资源化利用。通过收集废弃农膜，进行物理或化学方法的再生利用，制作新型农业生产用品或其他塑料制品，减少土壤污染。

（四）生态环境保护与修复

农业生态模式强调在保护与发展传统农耕文化的同时，关注农村生态环境的保护与修复。实施水土保持、植被恢复、湿地保护等生态工程，提高农村生态系统的稳定性和自净能力，为农业生产提供良好的生态环境。传统村落在生态环境保护与修复方面，应制定科学合理的生态保护规划，明确生态保护与恢复的目标、措施和任务，落实政策扶持，加大投入力度。同时，要充分发挥农民、企业、社会组织等各方的参与作用，形成生态保护与修复的合力。

（五）生态旅游和休闲农业

生态旅游和休闲农业是一种将自然景观、文化景观和农业生产相结合的旅游和休闲方式。随着人们生活水平的提高和旅游消费需求的不断增加，生态旅游和休闲农业已成为传统村落发展的重要方向之一。发展生态旅游和休闲农业，不仅可以增加农民收入，促进当地经济发展，还可以推动传统农耕文化的保护与传承，提升村落形象和美誉度。

生态旅游和休闲农业的发展需要综合考虑自然环境、文化资源和产业发展的因素。传统村落可以通过开展自然和文化旅游、田园休闲、乡村体验等多种形式的生态旅游和休闲活动，吸引更多的游客前来参观和体验。此外，还可以通过提供民宿、农家乐等住宿和餐饮服务，为游客提供更加舒适、便利的旅游和休闲环境。

生态旅游和休闲农业的发展也需要结合当地的自然、文化和产业资源。传统村落可以通过发掘当地的自然和文化资源，如古建筑、风景名胜、民俗文化等，打造独特的旅游和休闲产品，增强村落的吸引力和美誉度。此外，还可以结合当地的农业生产和特色农产品，如水稻种植、茶叶制作、果品采摘等，开展田园体验和乡村游览，让游客亲身感受农业生产的过程和乡村生活的魅力。

三、线上宣传模式

随着互联网的普及和发展，线上宣传已成为推广传统村落的有效手段之一。利用互联网平台，可以通过文字、图片、视频等多种形式，向更广泛的受众宣传村落的历史、文化、自然景观、旅游资源等优势，提高村落的知名度和美誉度。以下是一些常见的线上宣传模式。

（一）微信公众号

微信公众号作为一种广泛应用于各类组织、企业和个人的移动端宣传平台，已成为强大的营销工具。微信公众号通过发布图文、视频、音频等多种形式的内容，可以生动地传递村落的文化底蕴、民俗特色、旅游景点等信息。与此同时，微信公众号通过粉丝互动和社群管理等方式，增强粉丝对村落的归属感和参与感，从而提高村落的知名度和美誉度。为了使内容更加丰富、专业、深入，可以邀请当地知名文化人士、历史

第五章　传统村落保护与创新发展的基本策略

学者等撰写相关文章,通过深度挖掘村落的历史文化内涵,吸引更多的粉丝关注。

(二)景区官网

景区官网是传统村落宣传的另一种主要方式。通过建设精美的网站,以图文并茂的形式展示村落的历史文化、民俗风情、自然景观等特色资源,同时提供旅游指南、预订服务等功能,可以吸引更多游客前来参观和旅游,提升村落的知名度和美誉度。为了使官网更具专业性和吸引力,可以请专业的网站设计师进行设计,结合村落的特点,采用高质量的图片和视频,展现村落的独特魅力。

(三)短视频平台

短视频平台如抖音、快手等已成为各行各业的宣传渠道之一。传统村落可以通过发布各种短视频,展示村落的历史文化、民俗风情、自然景观等特色资源,吸引更多的年轻受众,从而扩大宣传效果。为了使短视频内容更具吸引力,可以请当地的民间艺人、非物质文化遗产传承人等参与录制,以独特的视角和表现手法,将村落的独特魅力传递给观众。同时,可以与网红、自媒体等合作,借助其影响力进一步扩大传播范围。

(四)在线社交平台

在线社交平台如微博、知乎、贴吧等,也是传统村落宣传的重要渠道。通过发布话题、答疑解惑等方式,可以吸引更多的用户关注村落,并通过用户分享、转发等方式扩大宣传效果,提升村落的知名度和美誉度。为了使内容更加丰富、专业、深入,可以邀请在当地具有影响力的文化人士、历史学者等担任答疑解惑的专家,分享村落的历史沿革、文化特色、民俗风情等方面的知识,同时引导网友进行讨论和互动,营造热烈的氛围。通过在线社交平台的传播,可以吸引更多人关注传统村落,从而提高其知名度和美誉度。

总之,合理运用互联网平台,可以对传统村落的文化和旅游资源进行有效的宣传和推广，提高村落的知名度和美誉度，进而带动传统村落的发展。

四、教育培训模式

传统村落作为中华优秀传统文化的重要代表，一直以来都是国内外旅游者和文化爱好者的热门目的地。然而，随着现代化进程的加速，传统村落在经济、人口等方面面临着诸多困难和问题，如人口老龄化、农业产业发展滞后、基础设施匮乏等。为了应对这些挑战，许多传统村落开始探索教育培训模式，通过开展多样化的教育培训活动，充分发挥自身的资源优势，从而实现村落的创新发展。具体而言，教育培训模式的落实可从如下几个方面作出思考。

（一）地域文化特色与课程设置

传统村落教育培训模式秉承对地域文化特色的尊重和传承的核心理念，将之融入课程设置。针对不同地区和村落独特的历史、文化、地理等特点，设计富有地方特色的课程体系，有助于实现教育的个性化和差异化。

比如，民间艺术课程可以涵盖民间绘画、刺绣、剪纸、陶艺等领域。这些课程以村落的地域特色为依托，教授村民传统的手艺技能。通过学习和实践，村民们能够掌握民间艺术的基本技巧，将传统文化与现代审美相结合，创作出具有地域特色的艺术品。这不仅可以为村落增加文化底蕴，提升村民的文化素养，还能带动相关产业的发展，为村民提供增加收入的渠道。

传统手工艺课程应关注传统工艺品的制作技术和工艺美学。例如，木雕、竹编、藤编等传统手工艺在当地具有深厚的历史渊源和丰富的文化内涵。开设此类课程，能够让村民深入了解传统手工艺的工艺流程、材料选择、设计理念等方面的知识，提高他们的手工技能。这样，村民可以生产出高质量的传统工艺品，既满足市场需求，也为乡村旅游业增添了新的亮点。

（二）专业技能培训与产业发展

为应对传统村落经济发展滞后的问题，专业技能培训在教育培训模式中占据重要地位。对村民进行农业技术、手工艺、旅游服务等方面的培训，既能提高他们的职业技能，也能助力村落产业发展和经济增长。

首先，农业技术培训关注现代农业生产技术的普及和推广。通过培训，村民可以掌握科学种植、养殖、农产品加工等方面的知识和技能。这样，他们可以提高农业生产效率，降低成本，增加产值，从而提高农民收入水平。此外，现代农业技术培训还有助于推动农业生产方式的转型升级，促进传统农业与现代农业的融合发展。

其次，手工艺培训旨在将传统手工技艺与现代设计理念相结合，培养具有创新精神和实践能力的手工艺人才。通过学习和实践，村民可以生产出具有市场竞争力的手工艺品，满足消费者的多元化需求。这将有助于推动手工艺产业的发展，为村民提供更多就业和创业机会，提高他们的收入水平。

最后，旅游服务培训关注提高村民的服务意识和服务技能。这包括接待技巧、导游知识、民宿经营等方面的培训。通过培训，村民可以提供优质的旅游服务，吸引更多游客，带动旅游业的发展。这将为村落创造新的经济增长点，提高村民的生活水平。

（三）社会资源整合与多元发展

传统村落教育培训模式强调社会资源整合，通过与高校、科研机构、企业等社会组织合作，充分利用社会资源，推动传统村落教育培训活动的开展。这种合作不仅能够提高培训活动的质量和效果，还能够促进传统村落与外部社会的交流与互动，拓宽村落的发展空间，实现多元化发展。

1. 与高校合作可以充分利用高校的教育资源和专业优势

高校可以为传统村落提供师资支持、课程开发、技术指导等方面的帮助。同时，高校可以将村落作为实践基地，让学生在实践中学习和了解传统文化、农村产业发展等方面的知识，提高其综合素质和能力。

2. 与科研机构合作可以引入先进的科技和理念

科研机构可以为村落提供技术支持、产业指导、项目研发等方面的服务。这将有助于推动传统村落产业升级、技术创新，提高村民的生产效率和经济收入。

3. 与企业合作可以实现资源共享和优势互补

企业可以为村落提供资金支持、市场拓展、产品推广等方面的帮助。这将有助于提高传统村落产品和服务的市场竞争力，实现可持续发展。

（四）政策支持与创新发展

政府在传统村落教育培训模式的实施过程中发挥着关键作用。政府可以出台相关政策，为传统村落教育培训活动提供资金、技术、人才等方面的支持。这种政策支持有助于推动传统村落的创新发展，促进村落在经济、社会等方面实现全面进步。

首先，政府可以通过财政补贴、税收优惠等政策，为传统村落教育培训活动提供资金支持。这将降低培训成本，激发村民参与培训的积极性，提高培训的普及率和扩大覆盖面。

其次，政府可以通过技术研发、产业示范、信息服务等政策，为传统村落提供技术和产业发展的支持。这将有助于提高村民的生产技能，推动村落产业转型升级，实现经济增长。

最后，政府可以通过人才引进、培训师资、教育资源支持等政策，为传统村落提供人才支持。这将有助于引入具有专业知识和实践经验的人才，提高教育培训活动的质量和效果，为村落发展培养更多的人才。

第五章　传统村落保护与创新发展的基本策略

五、艺术创作模式

传统村落作为历史与文化的富饶沃土，孕育了丰富的民间艺术与传统工艺。在现代社会，这些村落不仅具有极高的历史价值和文化内涵，还能够成为艺术家、设计师等创意人士的创作背景与灵感源泉。传统村落通过吸引艺术家、设计师等来到村落进行艺术创作，打造独特的艺术氛围和文化品牌，可以增加村落的知名度和文化价值，为传统村落的振兴注入新活力。笔者将立足以下几个方面深入探讨艺术创作模式在传统村落中的应用和发展。

（一）挖掘和利用传统文化资源

传统村落拥有丰富的历史文化资源，如古建筑、民间传说、民间艺术、传统工艺等。这些资源是艺术家和设计师进行创作的宝贵素材。艺术家可以深入挖掘这些文化资源，将其融入作品，打造出独具特色的艺术品。同时，设计师可以将传统文化元素与现代设计理念相结合，创作出具有地域特色和现代审美的设计作品。

（二）强化艺术家与村民的互动与合作

艺术家和设计师在进行艺术创作时，应与村民建立紧密的联系，共同学习和传承当地的民间技艺。这种互动和合作可以帮助艺术家更深入地了解当地文化，为创作提供更丰富的素材。同时，村民也可以借此机会学习到新的技能和知识，提高自身素质，为村落的经济发展作出贡献。

（三）创建特色艺术品牌与文化产业

传统村落可以通过艺术创作模式，打造出独具特色的艺术品牌和文化产业。例如，将村落的特色民间艺术作为品牌核心，结合现代设计元素和市场需求，推出一系列独具地域特色的艺术品。这种特色艺术品牌可以提高村落的知名度和文化价值，吸引更多的游客和投资者，从而促进村落的经济发展。

（四）推动文化旅游业的发展

借助艺术创作模式，传统村落可以发展文化旅游业，将自身丰富的历史文化资源转化为经济效益。艺术家和设计师的到来可以为村落带来更多的关注和资源，吸引游客前来参观和体验。村落可以通过开展各类文化活动、展览和开设工作坊等，为游客提供丰富的旅游体验。同时，村民还可以将自己的民间技艺传授给游客，将文化传承与旅游业相结合，实现经济与文化的双重发展。

（五）培育新型文化创意产业

传统村落可以借助艺术创作模式，发展新型文化创意产业，如手工艺品制作、特色民间工艺品开发、原创设计作品生产等。这些新兴产业不仅可以提高村民的收入，还能带动相关产业链的发展，如原材料供应、物流配送、文化传播等。新型文化创意产业的发展有助于实现传统村落的经济结构转型和升级，为村落的可持续发展提供新的动力。

（六）强化传统村落的品牌塑造和传播

艺术创作模式可以帮助传统村落塑造独特的品牌形象，提升村落的知名度和影响力。村落可以通过与艺术家和设计师的合作，创建出具有地域特色和文化内涵的艺术作品，将这些作品作为村落品牌的核心元素。同时，村落还需要加强与外界的沟通和传播，利用各种渠道和平台，如社交媒体、展览会、文化活动等，宣传和推广村落品牌，扩大村落的知名度和影响力。

第五节　构建传统村落保护效果评估体系

一、明确评估目的和内容

传统村落保护效果评估体系的建立，需要明确评估的目的和内容，以制定相应的评估指标和标准，建立评估数据收集和处理机制，建立评估报告和反馈机制，以提高传统村落保护工作的质量和效率。

（一）评估目的

评估目的是确定评估的主要目标和目的，以确定评估体系的构建方向和内容。评估目的可以是评估传统村落保护工作的整体效果，也可以是评估某个具体的保护项目的效果。在评估传统村落保护工作整体效果时，可以从多个方面入手，如从传统村落建筑、传统文化节日、传统手工艺、生态环境等方面进行评估，以全面了解传统村落保护工作的效果。在评估某个具体的保护项目的效果时，可以针对该项目制定相应的评估指标和标准，以便更好地评估该项目的保护效果。

（二）评估内容

评估内容是评估的具体内容和对象，是评估体系建设的重要组成部分。传统村落保护工作涉及传统建筑、传统文化、生态环境等多个方面，因此需要对不同方面的保护效果进行评估。下面对传统村落建筑、传统文化节日、传统手工艺、生态环境等方面的评估指标和标准进行详细说明。

1. 传统村落建筑保护效果评估

传统村落建筑是传统村落的重要组成部分，是传统文化的重要载体。评估传统村落建筑的保护效果，可以从以下方面进行。

（1）建筑完整性。建筑完整性是指传统村落建筑的数量和完整程度。评估建筑完整性时，可以考虑以下指标：建筑数量、建筑结构完整性、建筑保护情况等。

（2）历史性。历史性是指传统村落建筑的历史价值和文化意义。评估历史性时，可以考虑以下指标：建筑年代、建筑历史背景、建筑文化价值等。

（3）文化性。文化性是指传统村落建筑所具有的文化内涵和艺术价值。评估文化性时，可以考虑以下指标：建筑风格、建筑装饰、传统建筑技艺等。

2. 传统文化节日保护效果评估

传统文化节日是传统村落文化的重要组成部分，是传统文化的重要传承形式。评估传统文化节日的保护效果，可以从以下方面进行。

（1）节日传承。节日传承是指传统文化节日的传承和发展情况。评估节日传承时，可以考虑以下指标：节日历史沿革、节日传承方式、节日庆祝活动等。

（2）节日文化内涵。节日文化内涵是指传统文化节日所具有的文化意义和传统价值。评估节日文化内涵时，可以考虑以下指标：节日文化内涵、节日传统礼仪、节日文化底蕴等。

3. 传统手工艺保护效果评估

传统手工艺是传统村落文化的重要组成部分，是传统文化的重要表现形式。评估传统手工艺的保护效果，可以从以下方面进行。

（1）手工艺传承。手工艺传承是指传统手工艺的传承和发展情况。评估手工艺传承时，可以考虑以下指标：手工艺历史沿革、手工艺传承方式、手工艺制作技艺等。

（2）手工艺文化内涵。手工艺文化内涵是指传统手工艺所具有的文化意义和传统价值。评估手工艺文化内涵时，可以考虑以下指标：手工艺文化内涵、手工艺传统工艺、手工艺者传承等。

4. 生态环境保护效果评估

生态环境是传统村落的重要组成部分，也是传统村落保护工作的重要内容。评估生态环境的保护效果，可以从以下方面进行。

（1）环境质量。环境质量是指传统村落的空气、水、土壤等环境质量情况。评估环境质量时，可以考虑以下指标。空气质量、水质量、土壤质量等。

（2）生态保护。生态保护是指传统村落生态环境的保护和改善情况。

评估生态保护时,可以考虑以下指标:生态保护措施、生态环境改善情况、生态环境保护成效等。

总之,评估传统村落保护效果需要针对不同的评估内容制定相应的评估指标和标准,以便更好地评估传统村落保护工作的效果和成效。

二、制定评估指标和标准

评估指标和标准的制定是构建传统村落保护效果评估体系的重要步骤。评估指标是对评估对象进行分析和评估的基本单位,而评估标准则是确定每个评估指标所对应的分数等级和评分标准。在制定评估指标时,需要充分考虑评估目的和内容,体现传统村落保护的重要性和特点。下面以传统村落建筑的保护效果评估为例,论述评估指标和标准的制定。

(一)建筑完整性

建筑完整性是指传统村落建筑的数量和完整程度。评估建筑完整性时,可以考虑以下指标。

(1)建筑数量:评估传统村落建筑数量是否达到保护要求。

(2)建筑结构完整性:评估传统村落建筑结构是否完整,包括建筑外观、建筑构件、建筑材料等方面。

(3)建筑保护情况:评估传统村落建筑的保护情况,包括维修情况、重建情况、保护政策等方面。

(二)历史性

历史性是指传统村落建筑的历史价值和文化意义。评估历史性时,可以考虑以下指标。

(1)建筑年代:评估传统村落建筑的年代和历史背景。

(2)建筑历史背景:评估传统村落建筑的历史沿革和文化背景。

(3)建筑文化价值:评估传统村落建筑的文化内涵和艺术价值,包括建筑风格、装饰、工艺等方面。

（三）文化性

文化性是指传统村落建筑所具有的文化内涵和艺术价值。评估文化性时，可以考虑以下指标。

（1）建筑风格：评估传统村落建筑的建筑风格和特点。

（2）建筑装饰：评估传统村落建筑的装饰和细节处理，包括彩画、雕刻、浮雕等方面。

（3）传统建筑技艺：评估传统村落建筑所采用的传统建筑技艺和工艺，包括传统建筑结构、传统建筑材料等方面。

在制定评估标准时，需要针对每个评估指标制定相应的评分标准和等级，以便更好地评估传统村落保护工作的效果。评估标准的制定应充分考虑传统村落保护的实际情况和要求，兼顾保护与开发的关系。

例如，对于建筑完整性的评估，可以按照以下标准制定评分等级。

（1）建筑数量评分等级。

5分：建筑数量达到保护要求，全部保留完好。

4分：建筑数量大部分保留完好，部分建筑有损坏或缺失。

3分：建筑数量较少，有些建筑严重损坏或缺失。

2分：建筑数量严重不足，大部分建筑已经严重损坏或缺失。

1分：建筑数量极少，大部分建筑已经严重损坏或缺失。

（2）建筑结构完整性评分等级。

5分：建筑结构完整，外观完好，没有严重的裂缝和倾斜。

4分：建筑结构基本完整，外观基本完好，有轻微的裂缝和倾斜。

3分：建筑结构较为破损，外观有明显的损坏，有明显的裂缝和倾斜。

2分：建筑结构严重损坏，外观严重破损，有严重的裂缝和倾斜。

1分：建筑结构已经严重倾斜或坍塌，无法保护。

（3）建筑保护情况评分等级。

5分：建筑得到很好的保护，建筑物的外观和结构得到保留和修复。

4分：建筑得到一定的保护，建筑物的外观和结构有少量修复和保留。

3分：建筑得到一定的保护，建筑物的外观和结构有轻微的修复和保留。

2分：建筑保护不足，建筑物的外观和结构有明显的损坏和破坏。

1分：建筑保护非常差，建筑物的外观和结构已经严重破坏，无法保护。

制定评估指标和标准，可以更加客观、准确地评估传统村落保护工作的效果，为后续的传统村落保护工作提供参考和指导。

三、建立评估数据收集和处理机制

建立评估数据收集和处理机制是评估体系建设的重要环节。以下是建立评估数据收集和处理机制的具体步骤和方法。

（一）确定数据收集方式

数据收集方式可以采用实地调查、问卷调查、数据统计等多种方式。实地调查是收集数据的重要途径之一，需要对传统村落的建筑、文化节日、手工艺等方面进行细致的观察和记录，同时收集保护工作的相关信息。问卷调查则可以面向村民、游客等群体，收集有关传统村落保护的意见和建议。数据统计则可以收集传统村落建筑、文化、环境等方面的数据，并进行分析和处理。

（二）建立数据收集流程

建立数据收集流程是保证数据收集的准确性和完整性的关键。数据收集流程应包括数据收集的时间、地点、方式、内容、对象等方面的详细说明，并确定负责人和具体操作步骤。以下是建立数据收集流程的详细步骤。

（1）确定数据收集时间。在制订数据收集计划时，需要明确数据收集的时间,以便为数据收集活动做好充分的准备。确定数据收集时间的过程需要考虑传统村落的季节性和特定时段的活动和节日等因素。

(2)确定数据收集地点。在确定数据收集地点时,需要考虑传统村落的重要节点和特定区域,包括重要文化景点、特色建筑和重要历史文化遗产等。

(3)确定数据收集方式。数据收集方式可以采用实地调查、问卷调查、数据统计等多种方式,具体需要根据数据收集的目的和内容来选择。

(4)确定数据收集内容。数据收集内容需要明确,包括传统村落建筑、文化节日、手工艺等方面的内容,以及有关保护工作的相关信息。

(5)确定数据收集对象。数据收集对象包括村民、游客、专家学者、相关政府部门等,需要根据数据收集的目的和内容来确定。

(6)确定数据收集的具体操作步骤。在确定数据收集的具体操作步骤时,需要考虑数据收集的工具和方法,以及数据收集的时间、地点和对象等因素,制订相应的数据收集计划和工作流程。

(7)确定数据收集负责人。数据收集负责人需要具备相关专业知识和实践经验,能够对数据收集进行有效的监督和管理。

(8)制定数据收集的相关标准和规范。为了确保数据收集的准确性和可靠性,需要制定相关标准和规范,包括数据收集的流程、方法、工具、质量要求等。

建立数据收集流程是保证数据收集的准确性和完整性的基础,有助于为评估体系提供可靠的数据支持。

(三)建立数据收集表格和问卷

数据收集表格和问卷是数据收集的重要工具。数据收集表格和问卷应包括收集的数据项、问题和选项,并注明填写方式和要求,以保证数据的准确性和完整性。以下是建立数据收集表格和问卷的具体步骤。

(1)确定数据收集的范围和内容。在建立数据收集表格和问卷之前,需要先确定数据收集的范围和内容。根据评估目的和内容，确定需要收集哪些数据和信息，以及需要了解哪些方面的情况。

（2）制定数据收集表格和问卷的结构和问题。根据确定的数据收集范围和内容，制定数据收集表格和问卷的结构和问题。数据收集表格和问卷应包括收集的数据项、问题和选项，并注明填写方式和要求。应该确保问题的表述简洁明了，不会引起歧义，同时尽可能避免主观性和偏见。

（3）设计数据收集表格和问卷的格式和样式。设计数据收集表格和问卷的格式和样式，要考虑到表格和问卷的易读性和易填写性。表格和问卷应该采用简洁明了的格式和样式，避免使用过于复杂的表格和问卷设计。

（4）进行试填。设计完成后，需要进行试填。试填的目的是检查表格和问卷的逻辑性和可行性，以及是否有不必要的问题和选项。

（5）修改和完善。根据试填的结果，对数据收集表格和问卷进行修改和完善，使其更加合理和实用。在修改和完善时，要注意保持表格和问卷的逻辑性和连贯性，避免造成数据的不准确和遗漏。

（6）印制和分发。设计完成后，对数据收集表格和问卷进行印制和分发。表格和问卷的印制应保证格式和样式的统一和规范，同时注意保护数据的隐私和安全。

（四）建立数据录入和清洗流程

数据录入和清洗是保证数据准确性和可靠性的关键步骤。数据录入和清洗流程应包括数据录入方式、录入人员、数据清洗方法等方面的说明。以下是建立数据录入和清洗流程的详细步骤。

（1）确定数据录入方式。数据录入方式可以采用手动录入和自动录入两种方式。手动录入是指将实地调查或问卷调查收集到的数据逐项输入电脑；自动录入则是指通过扫描仪或其他自动化设备将纸质表格转换为电子数据。

(2)确定数据录入人员。数据录入人员需要具备一定的电脑操作技能和数据录入经验。需要对数据录入人员进行培训,让其掌握正确的数据录入方法和技巧。

(3)建立数据录入模板。建立数据录入模板是为了规范数据录入的格式和内容,防止数据录入错误。数据录入模板应包括数据项、问题和选项,并注明填写方式和要求。

(4)数据录入。按照数据录入模板的格式和要求,逐项录入数据,并对录入数据进行核对和比对,防止录入错误和漏项。

(5)数据清洗。对录入数据进行初步的筛选和排除,排除数据中的噪声和异常值。数据清洗需要对数据进行逻辑检查、范围检查和合法性检查,以保证数据的准确性和可靠性。

(6)数据整理。对清洗后的数据进行整理和归纳,以便后续处理和分析。需要对数据进行分类、编号和存档,保证数据的准确性和完整性。

(7)数据备份。建立数据备份机制,保证数据的安全性和可靠性。数据备份可以采用硬盘备份、云备份等多种方式,以防止数据丢失或损坏。

(五)数据分析和处理

数据分析和处理是评估体系建设的核心环节,可以采用多种统计方法和分析工具,对收集到的数据进行分析和处理,得出评估结论。数据分析和处理应充分考虑评估指标和标准,并按照评估目的和内容进行分析和处理。具体步骤如下。

(1)数据分析。数据分析是对收集到的数据进行分析和处理,以得出评估结论。数据分析的方法和工具可以根据不同的评估指标和评估目的进行选择。常用的数据分析方法包括描述性统计、回归分析、主成分分析等。在数据分析过程中,需要注意以下几点。

①对数据进行预处理。数据预处理包括缺失值处理、异常值处理和数据转换等。这可以有效地提高数据的准确性和可靠性。

②进行数据的可视化展示。可视化展示可以帮助我们更好地理解数据和发现数据之间的关联性。

③进行数据的质量检查。数据的质量检查是数据分析和处理的前提，必须保证数据的准确性和可靠性。

（2）结果展示。结果展示是对数据分析结果的展示，可以采用图表、图像、文字等多种形式进行展示。结果展示应准确、清晰、易懂，以便进行参考和决策。

（3）评估结论的得出。评估结论是数据分析和处理的最终产出，需要对分析结果进行综合和分析，得出相应的评估结论。评估结论应针对评估目的和内容，客观准确，并对传统村落保护和发展提出相关的建议和意见。

四、建立评估报告和反馈机制

在评估指标、标准和数据处理机制建立后，需要建立评估报告和反馈机制，对评估结果进行汇总和分析，形成评估报告，并及时向有关部门和群众反馈评估结果。

（一）评估报告的撰写

评估报告是评估结果的汇总和分析，是评估体系建设的重要成果之一。评估报告应该全面、客观地反映评估的结果，包括评估结论、存在的问题和不足、改进和提升的建议等内容。评估报告的撰写应该遵循以下原则。

（1）明确评估对象和评估目的。评估报告应该针对具体的评估对象和评估目的进行撰写，不同的评估对象和评估目的需要采取不同的评估方法和技术。

（2）采用科学的评估方法和技术。评估报告的撰写应该采用科学的评估方法和技术，包括数据收集、数据分析和数据处理等方面的技术和方法。

（3）客观、公正、准确。评估报告的撰写应该客观、公正、准确，反映实际情况，不得夸大或歪曲评估结果。

（4）提出具体的改进和提升建议。评估报告应该提出具体的改进和提升建议，以指导传统村落保护工作的改进和提升。

（5）符合相关法律法规和规范。评估报告的撰写应该符合相关法律法规和规范，保护被评估对象的合法权益。

评估报告的撰写流程包括以下步骤。

（1）汇总和整理评估数据。评估报告的撰写需要对评估数据进行汇总和整理，以便后续的分析和处理。

（2）对评估数据进行分析和处理。评估报告的撰写需要对评估数据进行分析和处理，采用多种统计方法和分析工具，得出评估结论，指出存在的问题和不足。

（3）撰写评估报告。评估报告的撰写需要全面、客观地反映评估的结果，并提出具体的改进和提升建议。

（4）评估报告的审定和发布。评估报告需要经过相关部门的审定后才能发布，确保评估结果的准确性和可信度。

（二）反馈机制的建立

评估报告的反馈机制是评估体系建设的重要组成部分。及时向有关部门和群众反馈评估结果，可以促进传统村落保护工作的改进和提升，增强社会参与和共同责任感。反馈机制的建立应该包括以下方面。

（1）明确反馈对象和反馈方式。反馈机制的建立需要明确反馈对象，包括政府部门、社会组织和公众等，同时明确反馈方式，包括专家座谈、听证会、新闻发布等多种方式。

（2）及时反馈评估结果。评估报告的反馈应该及时，可以通过定期组织专家座谈、开展听证会等方式进行，以便更好地反映评估结果和意见建议。

（3）鼓励广泛参与和共同建设。反馈机制应该鼓励各方广泛参与和共同建设，包括政府部门、社会组织、专家学者、村民等多方面的参与，以达到共同建设和共同推进的目的。

（4）持续改进和完善反馈机制。反馈机制需要持续改进和完善，不断提高反馈效果和质量，以更好地推动传统村落保护工作的开展和发展。

总之，构建传统村落保护效果评估体系需要明确评估目的和内容、制定评估指标和标准、建立评估数据收集和处理机制、建立评估报告和反馈机制等多方面的工作，以提高传统村落保护工作的质量和效率。

拓展篇

传统村落的保护与创新发展之路研究

第六章 传统村落与旅游的协同发展

第一节 旅游与传统村落旅游

一、旅游

(一) 旅游的定义与特点

旅游是指人们出于休闲、娱乐、观光、学习、探访亲友等目的而离开日常居住地到本国其他地区或其他国家进行暂时停留的活动。旅游活动通常涉及交通、住宿、餐饮、娱乐、购物等多个方面,并且一般是由个人或团体自愿选择的。

旅游作为一种经济和文化活动,具有多种特点。

第一,旅游具有明显的移动性。旅游需要人们离开日常居住地,到本国其他地区或其他国家进行暂时停留。这种移动性也为旅游行业带来了很大的市场潜力,使得旅游成为一种重要的经济活动。

第二,旅游活动的形式以及旅游产品和服务的种类非常多样。旅游活动的形式包括观光旅游、文化旅游、休闲旅游、探险旅游等多种形式,旅游产品和服务的种类也是丰富多样的。例如,旅游产品包括各种旅游线路类产品、活动项目类产品等,旅游服务则包括交通、住宿、餐饮、娱乐、购物等服务。

第三,旅游活动通常是暂时性的,一般不会持续太久,而且旅游者的停留时间也比较短暂。这种短期性既是旅游活动的特点,也是旅游经济的一个重要特征，因为短期停留使得旅游产业的收益更为集中。

第四，旅游活动需要消耗一定的物质和金钱，旅游者需要支付交通、住宿、餐饮、娱乐、购物等费用。旅游消费是旅游经济的一个重要组成部分，旅游消费是推动旅游经济快速发展的重要因素之一。

第五，旅游活动具有一定的可替代性，旅游者可以选择本国其他地区或其他国家进行旅游活动。这种可替代性要求旅游产业必须提供更具有吸引力和竞争力的旅游产品和服务，以吸引更多的旅游者。

（二）旅游的类型

旅游的类型可以从多种角度进行划分，以下是几种常见的旅游类型分类方式。

1. 根据旅游目的分类

旅游可以按照不同的目的进行划分，以下是几种主要的旅游目的分类。

（1）观光旅游主要是为了欣赏壮丽的自然景观、丰富的人文景观以及历史遗迹等。观光旅游可以分为自然观光和人文观光两种。自然观光包括观赏风景名胜、动植物园、地质公园等；人文观光则涉及游览历史古迹、名胜古迹，感受民俗风情、宗教信仰等。

（2）休闲旅游以消遣放松、体验自然美景、感受各类文化和艺术活动为核心目的。休闲旅游的内容丰富多样，包括海滨度假、温泉疗养、沙滩浴、SPA、森林疗养等。此类旅游注重游客的心灵放松和身体健康。

（3）文化旅游主要是为了探索、体验和欣赏不同文化的风貌、艺术、历史和传统。文化旅游可以涵盖参观博物馆、游览古迹、体验民俗文化、参加艺术表演、学习特色手工艺等。此类旅游可以帮助游客了解当地的文化底蕴，增长知识见识。

（4）商务旅游以商务交流、会议参加、市场拓展等为主要目的，是商业活动与旅游活动的融合。商务旅游可以包括出席国际会议、参加展览、考察市场、洽谈合作等。商务旅游往往辅以其他旅游项目，如观光、休闲等,以增加商务活动的趣味性。

(5)探险旅游是以冒险、勇敢、挑战等为核心目的的旅游。探险旅游包括登山探险、滑雪运动、潜水探秘、越野驾驶等。此类旅游追求刺激和挑战,旨在锻炼游客的意志和体能,增加其对大自然的敬畏与了解。

2.根据旅游方式分类

旅游可以按照不同的方式进行划分,以下是几种主要的旅游方式分类。

(1)自由行:游客自主规划行程、安排交通和住宿等,无须旅行社组织。自由行游客可以按照个人喜好和兴趣安排行程,体验更为个性化的旅游。自由行的优势在于灵活性高,可以随时调整计划,更深入地体验当地文化。

(2)跟团游:旅行社负责安排行程、交通和住宿等,游客按照旅行社的安排进行旅游。跟团游适合那些时间紧张、不愿自行安排的游客。跟团游的优势在于省时省力,不用自己操心行程安排,同时也能享受到导游的专业讲解。

(3)自驾游:游客使用自己的交通工具进行旅游,拥有较高的自由度。自驾游可以让游客更加自由地选择目的地,沿途欣赏风景,随时停留。自驾游的优势在于可以自由掌控时间和行程,更加贴近当地生活。

3.根据旅游内容分类

旅游可以按照不同的内容进行划分,以下是几种主要的旅游内容分类。

(1)海滨旅游以海滩、海水浴、沙滩运动等为核心旅游项目。海滨旅游通常包括观赏美丽的海景、沙滩、日出日落等,同时可以尝试各种水上运动,如冲浪、潜水、帆板等。

(2)山地旅游以登山、徒步、滑雪、探险等为主要旅游项目。山地旅游可以让游客亲近大自然,领略高山、瀑布、森林等自然奇观。同时,山地旅游还可以进行各种户外活动,如攀岩、徒步、山地自行车等。

（3）城市旅游以城市的人文景观、历史文化、商业娱乐等为主要旅游内容。城市旅游可以让游客深入了解城市的历史底蕴，品尝当地的美食，体会购物、娱乐等活动。

（4）乡村旅游以农村、传统村落、农业、自然生态等为主要旅游内容。乡村旅游可以让游客体验传统农耕文化、感受乡村宁静的生活氛围，还可以参与农事活动，如农产品种植、收获、加工等。

4.根据旅游季节分类

按照旅游季节，可以将旅游分为以下几类。

（1）春季旅游以赏花、登山、户外野餐等为主要旅游内容。春季是大自然复苏的季节，游客可以欣赏到盛开的花朵、新绿的树叶和活跃的动物。春季旅游活动包括赏樱花、赏桃花、踏青、郊游等。

（2）夏季旅游以沙滩运动、游泳、水上运动等为主要旅游内容。夏季是阳光、沙滩和海浪的季节，游客可以在海滨度假胜地享受阳光沙滩，或者参加各种水上运动，如冲浪、潜水、皮划艇等。

（3）秋季旅游以赏红叶、摘果子、品尝美食等为主要旅游内容。秋季是丰收的季节，游客可以欣赏到斑斓的红叶、金黄的稻田和硕果累累的果园。秋季旅游活动包括赏红叶、摘苹果、赏月、品尝美食等。

（4）冬季旅游以滑雪、泡温泉等为主要旅游内容。冬季是雪花纷飞的季节，游客可以在滑雪胜地感受雪的魅力，或者在温泉度假村享受温暖舒适的汤泉。冬季旅游活动包括滑雪、冰爬犁、雪橇、冰雕观赏等。

二、传统村落旅游

（一）传统村落旅游的定义与特点

1.传统村落旅游的定义

传统村落旅游是指以传统村落为旅游目的地，以村落自然环境、人文历史、民俗文化为旅游资源，开展旅游活动的一种旅游形式。传统村落旅游的目的是让旅游者了解和体验传统村落的文化遗产和民俗风情，同时推动村落经济的发展,促进村落文化的传承和发展。

2. 传统村落旅游的特点

相比于城市旅游和度假旅游,传统村落旅游具有独特的特点和优势,成为当前旅游业发展的热点和趋势。

第一,传统村落旅游具有文化性。传统村落是传承和展示当地文化遗产和民俗风情的重要载体,通过传统村落旅游,旅游者可以了解当地的传统文化和历史背景。在传统村落旅游中,旅游者可以参观传统建筑、民居和博物馆等,了解当地的传统手工艺和传统美食等。

第二,传统村落旅游具有生态性。传统村落通常都处在自然环境中,具有较高的生态价值和旅游吸引力。在传统村落旅游中,旅游者可以享受自然美景,参观农田和参与农家乐等,感受乡村生态的魅力和自然风光。

第三,传统村落旅游具有民俗性。传统村落保留着本土的习俗和风情,传统村落旅游可以让旅游者更好地了解和体验当地的民俗文化。在传统村落旅游中,旅游者可以参加各种传统文化活动和观看民俗表演,如民俗舞蹈、乡土戏剧、传统婚俗表演等,亲身感受当地的传统文化氛围。

第四,传统村落旅游具有亲近性。相比于城市旅游和度假旅游,传统村落旅游更加贴近自然和人文,旅游者可以更加近距离地接触当地的居民和文化,了解当地人的生活方式和习惯。在传统村落旅游中,旅游者可以住在民宿中,与当地人交流,品尝当地的美食,亲身感受当地的生活和风情。

(二)传统村落旅游包含的类型

根据旅游活动的性质和目的,传统村落旅游可以分为以下几个类型。

1. 文化探索型

文化探索型传统村落旅游是一种聚焦于地域文化特色的旅游方式,游客可以深入探访当地历史沉淀、艺术瑰宝、民间风俗等多个方面。在这种旅游类型中，游客可以通过参观历史悠久的博物馆、古老的历史遗迹、独具特色的传统建筑以及庙宇等场所，全面地感受当地丰富多彩的文化底蕴。游客还可以与当地村民互动，倾听他们口中的故事，让自己更加深入地了解目的地的文化特色。

2. 生态体验型

生态体验型传统村落旅游着重于让游客欣赏当地优美的自然景观和丰富的野生动植物资源，同时关注当地的生态环境保护。在这类旅游中，游客可以在村落周边的山林、湖泊、河流等自然环境中徒步、骑行或划船，亲身感受大自然的神奇魅力。此外，游客还可以通过参观生态保护区、自然公园等地，了解当地的生态保护工作和成果。

3. 农业体验型

农业体验型传统村落旅游致力于让游客深入了解当地的农业文化和农耕生活。游客可以亲自参与当地的农事活动，如耕种、养殖、收割等，体验农业生产的全过程和掌握相关技术。同时，游客还可以了解农村土地资源、气候条件、种植技术等方面的知识，感受农村生产与生活的韵味。

4. 美食体验型

美食体验型传统村落旅游的核心是品尝当地的传统美食和了解当地的饮食文化。游客可以前往当地的特色餐馆、小摊贩或村民家中品尝地道的美食佳肴，了解独特的烹饪工艺和食材来源。在此过程中，游客不仅可以品尝到美食的美味，还可以感受到当地人对饮食文化的热爱与传承。

5. 休闲娱乐型

休闲娱乐型传统村落旅游旨在为游客提供一个放松身心、享受美好环境与乡村生活的机会。在这类旅游中，游客可以参与各种娱乐活动，如欣赏民间艺术表演、参加文化活动、进行自行车旅行等，让自己沉浸在宁静的乡村氛围中。此外，游客还可以体验传统的手工艺制作，如编织、染布、陶艺等，感受当地民间艺术的独特魅力。

(三)传统村落旅游包含的价值

1. 经济价值

传统村落旅游在经济层面具有显著的价值。它不仅能够有效地推动当地经济的繁荣和发展,为居民带来可观的收入,还能增加就业机会,从而改善当地民众的生活水平。通过吸引国内外游客游玩,传统村落旅游进一步促进当地农业、手工业、旅游服务业等相关产业的壮大,提升了区域经济的整体竞争力。传统村落旅游还有助于实现资源的可持续利用,平衡城乡经济发展差距,为地方政府带来稳定的税收来源,进一步促进区域经济的健康发展。

2. 社会价值

传统村落旅游在社会层面具有重要的价值。它能够提高当地居民的文化素养和社会认知水平,加强城乡之间的文化交流与融合。此外,传统村落旅游有助于改变当地居民的生活方式,提高其生活品质,使之更加关注乡村文化与生态环境的保护。在这个过程中,居民的幸福感和归属感得到提升,社会和谐稳定得以维护。同时,传统村落旅游还能促进区域内的社会合作与互助,推动社区治理能力的提升,为全面推进乡村振兴提供有力支持。

3. 文化价值

传统村落旅游在文化层面具有深远的价值。它有助于保护和传承当地的传统文化,使之得以在现代社会中繁荣发展。游客参观当地的博物馆、历史遗迹、庙宇等场所,深入了解当地的历史、文化和民俗,使旅游业成为传承和弘扬地方文化遗产的重要载体。在这个过程中,游客对当地的文化、风俗和传统产生更深的认同和尊重,从而有利于传统文化的传承和发扬。与此同时,传统村落旅游还能促进文化多样性的保护,为人类文明的共同进步作出贡献。

4. 生态价值

传统村落旅游在生态层面具有重要的价值。它有助于保护和改善当地的自然环境和生态系统，维护当地生态平衡。游客在欣赏村落周围优美的自然风光的同时，也能够了解到当地的生态环境保护措施和生态修复工作。通过这种方式，传统村落旅游提高了游客的自然环境保护意识，促使他们更加珍惜和关爱自然环境。传统村落旅游还能促进当地绿色经济的发展，推动可持续旅游理念的实践，从而为生态文明建设贡献力量。

5. 教育价值

传统村落旅游在教育层面具有丰富的价值。它为游客提供了关于历史、文化、生态和社会问题的实践性教育，增强了游客对乡村文化和生态环境的认知和理解。游客通过参与当地的农事活动、品尝传统美食、参观文化遗产和自然景观等方式，可以深入了解当地的文化、历史、传统知识和技能，培养他们的文化自觉和地方认同感。这种实地体验式的学习方法，能够帮助游客形成对传统文化和自然环境的保护与传承的正确认识，进一步培育公民的社会责任感。

第二节 传统村落旅游资源分析及其开发

一、传统村落旅游资源分析

传统村落旅游资源包含物质文化遗产资源和非物质文化遗产资源两大类，下面笔者便针对这两类传统村落旅游资源进行分析。

（一）物质文化遗产资源

传统村落的物质文化资源包括以下六项。

1. 历史建筑

历史建筑是指具有一定的保护价值，反映某一地区独特的历史风貌和地方特色的建筑物。历史建筑通过专家评议后，可由县级以上保护主管部门公布，一般应满足建筑样式、结构、材料、施工工艺和工程技术具有时代特色及地域特色，具有其特殊的革命纪念意义，或具有其他特殊历史意义的条件，如祠堂、古书院、古庙宇、府第大厝、名人故居以及其他古代民居等。

2. 历史街巷

历史街巷是传统村落中风貌独特的街道，其走向、形态、尺度、铺装、命名等均具有历史特征，或与典故传说密切相关。这些街巷见证了村落的历史发展脉络，展示了当地人民的生活轨迹和文化传承。它们承载着历史信息与民间智慧，与沿街而建的各种建筑、商铺、酒肆等，共同勾勒出一幅生动的历史画卷。

3. 传统格局

传统格局是指具有历史特征与人文内涵的村镇整体布局。这种布局往往顺应地形地貌、环境条件与风水观念，反映了当地的传统生活方式和居住习惯。传统村落的传统格局融合了自然与人文因素，展示了村落社群的智慧和精神内涵。

4. 历史风貌

历史风貌是由具有地方特色的传统建筑（构）筑物、绿化种植、地形地貌等组成的整体风貌。这些元素共同形成了一种独特的空间氛围和视觉体验，彰显了村落的历史底蕴和文化特质。传统村落的历史风貌使游客在漫步其中时能够深刻体会到往日的生活场景和当地的风土人情，成为与时光对话的宝贵载体。

5. 聚落自然环境与传统生产方式所构成的文化景观

村镇周边的山体丘陵、河流湖泊、绿化种植等自然环境，以及传统农耕形成的农田景观，如梯田、水田、盐池等，共同构成了独具魅力的文化景观。这些景观既展示了村落与自然的和谐共生关系，又彰显了世代相传的传统农耕文化和生产技艺。游客在欣赏这些美丽景色的同时，也能体会到传统村落中深厚的文化底蕴和乡土气息。

6. 一定历史阶段的代表生产设施和场所

传统村落中的风车、水车、磨坊、酒坊等生产设施和场所，是特定历史阶段劳动人民智慧和技能的具体体现。这些设施和场所见证了村落的发展历程，承载着世代村民共同的记忆和情感。它们不仅具有很高的历史价值和科学价值，还为游客提供了深入了解传统生产方式和技艺的珍贵机会。

（二）非物质文化遗产资源

传统村落的非物质文化遗产资源包括在各级非物质文化遗产中注册的遗产资源，也包括广义上需要通过口传心授的方式得以传承的非物质文化遗产，无论是否列入各级名录。传统村落的非物质文化遗产资源可分为以下五类。

1. 口头传说和表述

传统村落的口头传说和表述丰富多彩，展现了村落世代居民丰富的想象力和创造力，其中包括与传统村镇历史传承息息相关的传说典故、历史上的名人事迹及其精神、街巷名称的由来及变迁、文学作品、家族谱系等。这些口头传说和表述不仅具有很高的历史价值和文化价值，而且成为村落文化传承的重要载体。游客在聆听这些动人的故事时，能够深入了解村落的历史、文化和地域特色，感受到深厚的乡土情怀。

2. 传统的演技艺术

传统村落的演技艺术包括民间舞蹈、戏剧、杂技等曲艺形式，体现了村落居民丰富的文化生活和艺术创造力。这些演技艺术既有传统的民间风格，又融合了地域特色和时代变迁的影响，成为村落文化的独特符号。游客在欣赏这些精彩的表演时，不仅能体验到传统艺术的魅力，还能感受到村落居民对艺术的热爱和执着。

3. 民俗活动、礼仪、节庆

传统村落的民俗活动、礼仪、节庆丰富多样，包括有地方特色的祭天、求神、年节庆祝等仪式。这些活动既展示了村落居民对传统文化的尊重和传承，又反映了村落在地域文化、宗教信仰、社会观念等方面的特点。游客在参与这些活动时，可以亲身体会传统习俗的魅力，感受到村落居民的热情和友好。

4. 有关自然界和宇宙的民间传统知识和实践

传统村落中的民间传统知识和实践包括村镇营建、居民建造、园林建造、宗教文化等方面，体现了村落居民对自然界和宇宙的认知和尊重。这些知识和实践为村落的发展提供了有益的借鉴和启示，成为世代相传的宝贵文化遗产。游客在深入了解这些传统知识和实践的过程中，可以感受到村落居民对自然界和宇宙的敬畏与谦卑，以及对和谐共生的追求。

5. 传统手工艺技能

传统村落的手工艺技能包括泥塑和剪纸等民间技艺、传统食品、传统生产工具、传统生活用具及制作工艺等，体现了村落居民世代传承的技艺和匠心独运。这些手工艺品既具有很高的实用价值，又具有极高的艺术性和观赏价值。游客在欣赏和体验这些传统手工艺技能时，可以深入了解村落的生活方式、传统工艺和民间智慧，进一步感受到传统村落文化的独特魅力。

二、传统村落旅游资源的开发

传统村落旅游资源的开发是指将传统村落中的历史文化、民俗风情、自然环境等资源利用起来，将传统村落打造成具有旅游吸引力的旅游目的地，促进经济发展和社会进步。传统村落旅游资源的开发需要注意保护与利用并重，充分发挥当地的资源优势，提升游客旅游体验和竞争力。下面将从两个方面对传统村落旅游资源的开发进行详细论述。

（一）传统村落旅游资源的调查与评估

在进行传统村落旅游资源开发前，必须对其进行深入的调查与评估，以确保旅游开发具有可持续性并充分利用村落的资源优势。传统村落旅游资源的调查与评估主要包括如下三个方面的内容。

1. 对传统村落的历史背景、民俗风情、自然景观等资源进行调查与整理

传统村落是历史沉淀的结晶，自然风光与人文景观交相辉映。为了全面了解传统村落旅游资源，首先需深入挖掘其厚重的历史背景，包括村落的起源、发展历程、重大事件、名人逸事等。这些元素往往是旅游资源的灵魂所在，能够提升游客对目的地的认同感和情感共鸣。

民俗风情是传统村落中不可或缺的一部分。对村落的民间传说、风俗习惯、节庆活动等进行详细记录，有助于后续开发过程中充分展示地方文化的独特魅力。通过对民俗风情的调查与整理，我们可以发现传统村落中隐藏的旅游价值，为后续的开发与利用奠定坚实的基础。

自然景观资源亦是传统村落旅游资源的重要组成部分。全面调查和整理村落的自然景观资源，如山水、林海、田园等，可以在旅游开发中发挥其独特的吸引力，增强游客的参与度和体验感。在调查和整理过程中，应运用多种方法，如文献研究、实地考察、访谈等，以确保所收集的信息真实可靠。

2. 对传统村落旅游资源的可持续性进行评估

可持续性是传统村落旅游资源开发中不可忽视的问题。在开发过程中，需要在保护历史文化、自然环境、民俗风情等资源的基础上，充分挖掘其旅游价值，实现资源的可持续利用。对传统村落旅游资源的可持续性进行评估，有助于预防和避免过度开发带来的负面影响，确保旅游业的长远发展。

在评估过程中，要关注旅游资源的承载力、生态环境、社会文化等多方面因素，通过专业的评估方法和技术，为旅游资源开发提供科学依据。同时，可持续性评估也有助于传统村落在资源开发过程中找到适度开发与保护的平衡点，实现旅游业与生态环境、社会文化的和谐共生。

3. 运用 SWOT 分析法对传统村落旅游资源的优劣势进行分析

SWOT 分析法是一种广泛应用于企业和项目管理的战略分析方法，分析优势（Strengths）、劣势（Weaknesses）、机会（Opportunities）和

威胁（Threats），有助于对旅游资源开发进行全面评估。对传统村落旅游资源进行 SWOT 分析，可以为其制定合理的发展策略和规划，提升旅游产品的竞争力。

在分析过程中，要全面梳理传统村落旅游资源的内外部环境因素，发现并充分利用其优势资源，如独特的历史文化、丰富的民俗风情和优美的自然景观等。同时，要针对劣势和不足，如基础设施欠缺、旅游产业发展水平不高等，制定相应的改进措施和发展策略。

关注外部环境中的机会因素，如政策扶持、市场需求、技术创新等，紧密结合传统村落旅游资源的特点，把握时机，积极拓展旅游市场。同时，警惕外部环境中的威胁因素，如竞争压力、政策变动、自然灾害等，制定应对措施，降低潜在风险。

（二）传统村落旅游资源的保护与开发规划

1. 分析游客的旅游需求和旅游市场趋势

在制定传统村落旅游资源的保护与开发规划时，首先要充分了解游客的旅游需求与旅游市场的发展趋势。这对于指导旅游资源开发的方向、精准定位目标市场、调整旅游产品结构、提升市场竞争力和推动传统村落旅游业的可持续发展具有十分重要的意义。

在分析游客旅游需求方面，要深入挖掘游客在传统村落旅游过程中所关注的核心问题和期望达到的体验效果。如今，随着旅游市场的日趋成熟和游客消费理念的转变，游客在选择传统村落旅游时，越来越注重个性化、体验式、文化性等多元化需求。因此，在对游客旅游需求的分析过程中，应综合考虑多种因素，包括游客的年龄、性别、职业、兴趣爱好、消费水平等方面，以全面把握市场需求的多样化特点。

在旅游市场趋势分析方面，要重点关注国内外旅游政策的调整、旅游业的发展动态、竞争对手的战略布局以及游客消费行为的变化等因素，以便在市场竞争中占得先机。同时，要关注新兴旅游市场的发展趋势，如乡村旅游、生态旅游、文化旅游等，以便及时调整旅游资源开发策略，提高市场竞争力。

在此基础上,有必要通过市场调查、数据挖掘等手段,对游客旅游需求和市场趋势进行深入分析和研究,以期为传统村落旅游资源的保护与开发提供科学的决策依据。在市场调查过程中,可以采用问卷调查、访谈、专家咨询、网络搜索等多种方式,收集相关数据和信息,确保分析结果的客观性和真实性。此外,在分析游客旅游需求和市场趋势的过程中,应注意运用专业的分析方法和技术,如统计分析、趋势预测、市场细分等,以期达到更高的分析深度和精度。同时,可以适当运用华丽的辞藻和专业术语,使分析内容更加丰富、专业和深入。

2.结合传统村落旅游资源特点制定保护与开发策略

在保护与开发传统村落旅游资源时,我们必须充分考虑其独特的历史文化底蕴、浓厚的民俗风情、壮美的自然景观等资源特点,制定相应的保护与开发策略。这些策略应旨在保护村落的文化传承、生态环境以及提高居民生活质量,同时充分挖掘和利用旅游资源,实现可持续发展。具体而言,应做到如下几点。

第一,应坚持历史文化保护的原则。传统村落是历史沉淀的结晶,凝聚着世代村民的智慧和辛勤付出。因此,在开发过程中,要充分尊重和保护历史文化遗产,避免破坏性的改建和不合理的商业开发。例如,可以通过修旧如旧、整治保护等方式,对古建筑、历史街巷、名胜古迹等进行恢复性保护,以凸显村落的历史韵味。

第二,应注重民俗风情的保护与传承。民俗风情是传统村落魅力的重要组成部分,承载着丰富的地方文化内涵。为了保护和传承这些宝贵的民俗资源,我们应在旅游开发中充分展示地方特色,如民间传说、风俗习惯、节庆活动等。同时,可以通过培训、演出、展览等方式,传承和弘扬传统手工艺、民间艺术等非物质文化遗产,以满足游客的文化体验需求。

第三,应强化生态环境保护。生态环境是旅游资源的基础,关系到传统村落的可持续发展。在旅游开发过程中，要严格遵守生态保护的法律法规，落实环境保护责任，加强生态环境监测和治理。例如，可以通过水土保持、绿化植被、减少污染物排放等措施，保护和改善传统村落的生态环境，确保游客在享受自然风光的同时，也能感受到清新的空气和宜人的环境。

第四，应兼顾地方经济发展和居民生活质量。在开发过程中，要关注当地居民的利益，通过旅游产业带动地方经济发展，实现共同富裕。例如，可以鼓励居民参与旅游产业链，如家庭旅馆、特色餐饮、土特产销售等，增加当地就业机会，提高居民收入水平。同时，要重视基础设施建设，如交通、通信、医疗等，提高居民生活质量，实现旅游业与地方社会的和谐发展。

第五，应关注可持续发展。传统村落旅游资源的保护与开发应立足于长远，遵循可持续发展的原则。在策略制定过程中，要充分考虑旅游资源的承载力、生态环境、社会文化等多方面因素，平衡好资源保护与经济利益的关系，确保旅游业的长远发展。例如，可以通过限制游客数量、实行预约制度、设置旅游景区环境保护费等手段，控制旅游资源的开发强度，降低过度开发带来的负面影响。

3. 确定旅游开发核心区域与环境保护区域

在传统村落旅游资源的保护与开发规划中，精准划分旅游开发核心区域与环境保护区域是至关重要的。这一划分不仅有助于实现资源的合理利用，还有助于保护传统村落的生态环境、历史文化及民俗风情，为可持续发展提供坚实的基础。

旅游开发核心区域的划定应依据村落的特色景观、历史文化和民俗风情等因素来进行。在这一区域内，旅游资源应得到充分的挖掘和利用，以便为游客提供丰富的旅游产品和服务。同时，核心区域的规划应注重功能布局的合理性，兼顾景点、交通、住宿、餐饮等多方面的需求。例如，可以将具有历史文化价值的建筑群、民俗活动场所、自然景观等设置为重点景点，引导游客深入体验当地的文化韵味。同时，要优化交通、住宿等基础设施建设，以满足游客的出行、休憩需求，提高旅游体验质量。

在划定环境保护区域时，需充分考虑生态环境保护、文化传承以及居民生活质量等多方面因素。环境保护区域内的生态环境、历史文化遗产、民俗风情等资源应得到严格保护，避免因过度开发导致的破坏。此外，还应关注居民的生活需求，确保其生活质量不受旅游开发的影响。在这一区域内，可以采取多种保护措施，如限制游客数量、实行预约制度、设置环保教育设施等，以降低旅游活动对环境和文化造成的压力。

在划分旅游开发核心区域与环境保护区域的过程中，要根据村落的具体条件灵活调整规划，确保各区域的功能得到充分发挥。同时，还需加强区域间的协同配合，形成良好的互动机制。例如，在游客较多的时段，可以适当引导游客分散至环境保护区域进行参观，减轻核心区域的压力。此外，还可以通过开展生态旅游、乡村体验等多样化的旅游项目，将游客引导至环境保护区域，让游客在享受优美自然风光的同时，更好地了解当地的生态环境保护措施及文化传承工作。

4. 规划旅游线路、景点布局与服务设施

在传统村落旅游资源的保护与开发规划中，旅游线路、景点布局和服务设施的规划具有举足轻重的地位。为了使游客能够深入体验村落的独特魅力、丰富文化和自然风光，规划师必须精心设计旅游线路、合理布局景点，并提供完善的服务设施。

首先，旅游线路的规划是传统村落旅游资源开发的基础。一条合理、便捷的旅游线路可以使游客在参观村落的过程中感受到轻松愉悦的旅游氛围，从而提升整体的旅游体验。在规划旅游线路时，应综合考虑地形地貌、自然景观、历史文化遗址等因素，确保旅游线路的安全性、实用性和舒适性。可采用环线、径走线、放射线等多种线路布局方式，适当设置休息点、观景台等设施，使游客能够轻松地游览村落内的各个景点。

此外，旅游线路的设计还须关注无障碍通道的设置，以便于老人、残障人士等特殊群体游览。

其次，景点布局在传统村落旅游资源的保护与开发规划中具有至关重要的地位。一个优秀的景点布局不仅能充分展示村落的特色和魅力，还能避免过度开发和资源破坏。在景点布局过程中，应将重点放在保护文化遗产、生态环境和民俗风情，同时，充分挖掘其旅游价值。可借鉴国内外成功案例，采用分散式、集中式、网状式等多种布局方式，使景点之间形成合理的空间关系，提升游客的参观体验。同时，要加强对景点的保护措施，确保在发展旅游业的同时，保护传统村落的生态环境、历史文化和民俗风情。

最后，服务设施的规划在提升游客体验、保障游客满意度方面起到举足轻重的作用。为了满足游客在旅游过程中的各种需求，如住宿、餐饮、购物、休闲等，必须在规划中充分考虑服务设施的布局和质量。在住宿方面，可通过提供特色民宿、酒店、度假村等多种类型的住宿设施，满足不同游客的需求。这些住宿设施应符合当地建筑风格，尽量保持原有村落风貌，以增强游客的文化体验。在餐饮方面，应重点推广当地特色美食，将地方美食文化融入旅游产品，为游客提供独特的饮食体验。此外，还要设立购物区域，供游客购买当地特色手工艺品、土特产等纪念品，增强游客的参与感。

第三节　传统村落与旅游协同发展的策略

传统村落与旅游协同发展是一种可持续的发展模式，它通过旅游带动当地经济发展，同时也保护了传统村落的自然环境和文化遗产。以下是几个传统村落与旅游协同发展的策略。

一、整合资源,建立合作机制

传统村落和旅游业之间的合作,可以实现资源共享,优势互补,形成互赢发展的局面。以下就建立双方合作机制、整合资源进行详细论述。

(一)建立双方合作机制

为实现双方共同发展,建立传统村落和旅游业之间的合作机制是必要的。传统村落和旅游业可以建立联合体、合作社等形式的组织,通过共同协商和决策发展方向、资源整合、项目策划等问题,来实现合作。这样的组织形式有利于更好地整合双方的资源和优势,实现双赢发展。例如,在联合体或合作社中,传统村落可以提供历史文化遗产、民俗文化和自然景观等旅游资源,而旅游业可以提供专业的管理和服务经验,通过双方合作实现互补优势,推动旅游产业和传统村落的协同发展。

(二)整合旅游资源

传统村落的历史文化遗产、民俗文化和自然景观等是非常有价值的旅游资源。为了更好地利用这些资源,传统村落可以与旅游业进行合作开发。比如,将传统村落作为旅游景点进行推广,组织旅游活动,为游客提供文化、历史、自然等方面的体验和观赏。此外,还可以将传统村落和周边景点进行联动,推出特色线路,为游客提供多种选择。例如,将传统村落和附近的山水景区结合起来,推出旅游线路,让游客可以在欣赏美景的同时,深度了解传统村落的文化和历史。

(三)建立旅游服务中心

旅游服务中心可以为游客提供全面、高效的旅游服务。传统村落和旅游业可以共同建立旅游服务中心,提供游客咨询、导游、交通、住宿等服务,解决游客的实际问题。同时,旅游服务中心也可以成为传统村落和旅游业合作的重要平台,促进双方的沟通和合作。例如,旅游服务中心可以为游客提供传统村落的文化解说和历史介绍,推荐当地的特色美食和手工艺品等,提高游客的游览体验。同时,旅游服务中心也可以作为传统村落和旅游业合作的窗口,为双方提供交流和合作的平台,供双方探讨共同的发展战略和进行业务合作。

(四)制定合作协议

传统村落和旅游业之间的合作需要建立在明确的协议和规定之上。可以制定合作协议,明确双方的职责和利益分配,建立合作机制和共赢模式。这样可以保证双方的合法权益得到保护,同时也能够更好地推进合作的进展。合作协议可以明确合作的目标、任务、合作期限、费用分配等内容。例如,合作协议可以规定旅游业提供资金和技术支持,帮助传统村落建设旅游设施和开发产品,同时传统村落可以提供旅游资源和文化特色,为游客提供更好的服务体验。合作协议还可以明确合作双方的权利义务、合作期限和终止条件等。

(五)推广合作成果

传统村落和旅游业之间的合作成果需要得到更广泛的宣传和推广。可以通过各种方式,如网站、微信公众号、线下宣传等,让更多的人了解和认识传统村落和旅游业的合作成果,提高社会知名度和吸引力,促进旅游业和传统村落的可持续发展。通过合作成果的推广,可以让更多的人认识和了解传统村落的文化和历史,提高传统村落的知名度和吸引力,吸引更多游客前来游览和体验。同时,也可以让旅游业更好地了解传统村落的资源和特色,进一步拓宽旅游业的发展空间。

二、打造独特的品牌和形象

传统村落作为传承中国文化的重要载体,已经成为旅游业的重要资源。而随着旅游市场的不断发展和变化,传统村落也需要不断地创新和发展,打造独特的品牌和形象,以吸引更多的游客前来参观和体验。笔者将从五个方面深入论述如何打造独特的品牌和形象。

（一）发掘传统文化资源

传统村落拥有独特的历史文化遗产、民俗文化和传统手工艺品等资源。发掘这些资源，可以打造独特的文化品牌，提高传统村落的知名度和吸引力。比如，可以通过挖掘当地的历史文化遗产，如古建筑、古城墙、古寺庙等，来打造传统文化的品牌形象。可以对这些历史文化遗产进行修缮和整治，同时也可以结合当地的传统文化和历史故事，开展相关的宣传和推广，吸引更多的游客前来参观和学习。此外，民俗文化和传统手工艺品也是传统村落的重要文化资源。可以开展民俗文化活动，如传统节日庆典、传统手工艺品展示等，将当地的民俗文化和传统手工艺品展现给游客，让游客亲身体验和了解当地的文化，提高传统村落的知名度和吸引力。

（二）推广特色美食和饮品

传统村落的特色美食和饮品也是其独特的文化资源之一。可以通过推广当地的特色美食和饮品，吸引更多的游客前来品尝，提高传统村落的知名度和吸引力，如传统的酒、豆腐、腌制食品、特色小吃等，能够为游客提供不同的美食体验。还可以通过美食节、美食展示等活动，让更多的游客了解和品尝当地的美食，提高传统村落的知名度和吸引力。

（三）举办民俗文化活动

举办民俗文化活动是传统村落推广文化品牌的有效方式。可以开展传统节日庆典、传统手工艺品展示、民俗表演等活动，吸引更多的游客前来参观和体验。比如，可以举办年节庆典，如春节、端午节、中秋节等节日的庆典，让游客亲身参与当地的传统节庆活动，感受传统文化的魅力；可以展示当地的传统手工艺品，如织锦、木雕、剪纸等，让游客了解当地的传统手工艺技艺；可以组织民俗表演，如鼓乐、舞蹈、传统戏剧等，让游客感受当地的民俗文化，提高传统村落的知名度和吸引力。

（四）开展生态旅游

生态旅游是当前旅游市场的一个热门发展方向。传统村落可以结合自然环境和人文景观，推出生态旅游产品，如自然保护区、生态农业等，为游客提供不同的旅游体验。比如，可以推出生态农业体验项目，让游客体验农村的生活和工作方式，感受大自然的魅力；可以推出自然保护区的旅游线路，让游客深入了解当地自然环境和动植物资源，提高传统村落的知名度和吸引力。

（五）强化宣传和推广

传统村落和旅游业可以通过各种渠道，如线上和线下宣传，提高品牌和形象的知名度和影响力。同时，可以通过营销活动、合作推广等方式，增加品牌曝光率和吸引力。比如，通过建设官方网站、微信公众号等线上渠道，及时发布传统村落的活动信息、旅游线路、特色美食、住宿情况等，让更多的人了解传统村落的文化和旅游资源；可以通过合作推广、旅游展览等线下渠道，让更多的人了解和认识传统村落和旅游业的合作成果。

三、开发多样化的旅游产品和服务

开发多样化的旅游产品和服务是传统村落和旅游业协同发展的重要手段。以下是一些具体的建议。

（一）文化旅游产品

传统村落是历史文化的重要载体，文化旅游是传统村落和旅游业合作开发的重要方向之一。可以开发文化旅游产品，如古迹巡游、文化主题展览、历史文化讲解等，向游客传播当地的历史文化、风土人情、传统艺术等方面的信息。在文化旅游产品的开发中，传统村落可以通过文化节庆、展览、表演、体验等方式，打造具有特色的文化品牌。比如，可以举办传统节日活动，如在农历春节、端午节等节日举办特色活动，展示传统民俗文化，吸引更多的游客前来体验和观赏。此外，还可以组织传统手工艺品展示、民间音乐演奏、戏剧表演等文化活动，让游客深入了解当地文化，感受传统文化的独特魅力。

（二）生态旅游产品

生态旅游是当前旅游市场的热门发展方向之一，也是传统村落和旅游业协同发展的重要方向之一。可以结合传统村落的自然景观和人文景观，推出生态旅游产品，如自然保护区、生态农业等，为游客提供不同的旅游体验。在生态旅游产品的开发中，传统村落可以通过提供自然景观、人文景观、民俗文化等方式，打造独特的生态旅游品牌。比如，可以组织徒步旅行、自行车旅行、摄影旅行等，让游客深入了解自然景观和人文景观。同时，也可以通过组织农家乐、采摘等活动，让游客了解当地的农业文化和传统生活方式。

（三）民俗旅游产品

传统村落是传统民俗文化的重要载体，民俗旅游也是传统村落和旅游业合作开发的重要方向之一。可以开发民俗旅游产品，如传统手工艺品体验、传统农业体验、民俗表演等，向游客传播当地的传统民俗文化。在民俗旅游产品的开发中，传统村落可以通过组织传统农事活动、传统手工艺品展示、民俗节庆等方式，让游客了解和体验当地的民俗文化。比如，可以组织田间劳作、草编、织布等活动，让游客了解传统的农业文化和手工艺文化。同时，可以在传统村落举办传统的民俗节庆活动，如婚礼、年俗等，让游客感受传统的民俗文化。

（四）定制化旅游服务

传统村落和旅游业可以开发定制化的旅游服务，根据游客的需求和兴趣，提供个性化的旅游服务。比如，为家庭游客提供亲子游玩、家庭农业等活动，为年轻人提供户外探险、自驾游等活动，为老年人提供养生旅游、文化体验等活动。定制化旅游服务可以满足游客的不同需求和兴趣，提高游客的满意度和忠诚度。

（五）提高服务质量

提高服务质量是开发多样化旅游产品和服务的关键。可以通过提高旅游从业人员的专业技能、增加旅游服务设施的投入、提高服务质量标准等方式，满足游客的不同需求和兴趣。在提高服务质量的过程中，传统村落可以通过建立服务质量评估机制，对旅游服务质量进行评估和监督，及时发现和解决服务问题，提高服务质量和竞争力。

四、加强旅游设施建设和管理

加强旅游设施建设和管理是传统村落和旅游业协同发展的重要环节。以下是一些具体的建议。

（一）加强旅游设施建设

1. 提供住宿设施

传统村落可以提供多样化的住宿设施，以满足游客的不同需求和预算。可以提供旅游客栈、家庭旅馆、度假别墅等。同时，也可以在当地的传统民居中改建客房，让游客有机会在传统村落中体验当地的生活方式。

2. 提供餐饮设施

传统村落可以提供具有当地特色的餐饮服务，满足游客对当地美食的好奇和需求。可以提供当地的特色菜肴、民族餐饮、特色小吃等，在游客品尝当地美食的同时，促进当地的经济发展。

3. 提供交通设施

传统村落可以提供便捷的交通设施，以方便游客的出行。可以提供专门的旅游大巴、公交线路、自行车出租服务等，也可以提供当地特色的交通方式，如马车、竹筏等，让游客有更多的选择和体验。

4. 提供旅游娱乐设施

传统村落可以提供各种旅游娱乐设施，让游客在旅游中体验更多的乐趣。传统村落可以提供游乐设施、文化展览、演出表演等，丰富游客的旅游体验。

（二）加强旅游设施管理和维护

1. 建立健全管理体系

传统村落可以建立健全管理体系，制定管理规定和标准，确保旅游设施的安全和舒适性。可以建立管理机构，负责对旅游设施的监督和管理。

2. 加强旅游设施维护

传统村落需要加强对旅游设施的维护，及时处理设施的故障和损坏，保障游客的出行和安全。可以定期检查和维护旅游设施，确保设施的完好和安全性。

3. 提高服务质量

传统村落需要提高服务质量，增强服务意识，提升服务水平。可以加强对旅游从业人员的培训和教育，提高其专业技能和端正其服务态度。同时，也可以建立客户反馈机制，收集游客的反馈和建议，及时进行改进和优化，提高服务质量和游客的满意度。

总之，加强旅游设施建设和管理是传统村落和旅游业协同发展的必要措施。提供多样化的旅游设施和服务，满足游客的需求和兴趣，加强设施管理和维护，提高服务质量和游客的满意度，可以为传统村落和旅游业的协同发展注入新的动力。这需要传统村落和旅游业共同努力，通过建立合作机制、整合资源、推广品牌等多个方面的努力，实现双方的共赢发展。

五、加强营销和宣传

加强营销和宣传是传统村落和旅游业实现协同发展的重要环节。以下是一些具体的建议。

（一）利用网络和社交媒体

网络和社交媒体是传统村落和旅游业宣传推广的重要渠道。可以通过建立自己的网站、微信公众号、社交媒体账号等，向游客提供详细的旅游信息和服务；可以发布有关传统村落的图片、视频、故事等内容，吸引游客的兴趣和关注；同时，也可以通过网络和社交媒体与游客进行互动和沟通，解答游客的疑问和建议，提高游客的满意度和忠诚度。

（二）参加旅游展会和推广活动

参加旅游展会和推广活动是传统村落和旅游业宣传推广的有效途径。可以参加各类旅游展会和推广活动，向游客展示传统村落的魅力和特色，通过展示当地的传统文化、美食、手工艺品等，吸引更多的游客关注和参与。

（三）加强口碑营销

口碑营销是传统村落和旅游业宣传推广的重要手段。可以通过游客的口碑和评价，向更多的人推荐和宣传传统村落；可以加强与游客的沟通和交流，了解他们的需求和意见，及时解决游客的问题和反馈，提高游客的满意度和忠诚度。

（四）提供定制化旅游服务

提供定制化旅游服务可以满足不同游客的需求和兴趣。可以根据游客的需求，提供个性化的旅游方案和服务，让游客体验到更具有个性和特色的旅游服务。提供优质的定制化旅游服务，可以提高游客的满意度和忠诚度，同时也可以提高传统村落的知名度和吸引力。

总之，加强营销和宣传可以提高传统村落和旅游业的知名度和吸引力，促进协同发展。利用网络和社交媒体、参加旅游展会和推广活动、加强口碑营销、提供定制化旅游服务等手段可以有效地推广传统村落旅游资源。传统村落和旅游业需要共同努力，不断创新和完善宣传和营销策略，以实现双赢发展。

六、加强人才培训和提高服务质量

加强人才培训和提高服务质量是传统村落和旅游业协同发展的重要环节。以下是一些具体的建议。

（一）传统村落人才培训

1. 加强传统文化教育

传统村落需要加强对当地居民关于传统文化的教育和培养，让当地居民深入了解和认识自己的文化传承。可以通过开展文化活动、举办传统文化讲座等方式，提高居民对传统文化的认识和了解。

2. 提高服务意识和能力

传统村落需要加强对当地居民服务意识和能力的培训，提高当地居民的服务水平。可以开展服务技能培训、礼仪培训等，提高居民对游客的接待能力和服务质量。

3. 开展安全培训

传统村落需要加强对当地居民安全意识的培训，提高居民的安全意识和应急处理能力。可以开展消防、急救等安全培训，提高居民的安全素质和应急反应能力。

（二）旅游业人才培训

1. 加强旅游知识培训

旅游业需要加强对员工旅游知识的培训，提高他们对旅游行业的了解和认识。可以开展旅游知识、文化背景、历史传统等方面的培训，提高员工的专业知识水平和业务水平。

2. 提高服务能力

旅游业需要加强员工服务能力的培训，提高他们的服务意识和服务质量。可以开展礼仪、沟通技巧、服务技能等培训，提高员工对游客的接待和服务能力。

3. 开展团队建设

旅游业需要开展团队建设活动,加强员工之间的协作和沟通。可以通过团队建设、讲座、研讨等方式,提高员工的集体荣誉感和凝聚力,进一步提升服务质量和工作效率。

(三) 加强服务质量管理

1. 建立服务质量管理体系

传统村落和旅游业需要建立健全服务质量管理体系,对服务质量进行全面管理和控制。可以建立服务质量考核制度,对服务质量进行定期考核和评估,及时发现问题并改进。

2. 提高服务意识和素质

传统村落和旅游业需要加强对员工和居民服务意识和素质的培养,让员工和居民始终把游客的需求和满意度放在首位。可以通过定期的培训和交流,加强其服务意识,提高服务质量和满意度。

3. 加强反馈和改进

传统村落和旅游业需要加强对游客反馈的管理和改进。可以建立反馈渠道,让游客可以及时反馈意见和建议,及时解决问题和改进服务。同时,也需要建立完善的服务质量管理机制,对游客反馈的问题进行整理和分析,提出改进措施和方案。

七、推动产业协同发展

推动产业协同发展是传统村落和旅游业实现协同发展的重要手段。传统村落和旅游业与其他相关产业进行协同发展,可以实现资源共享、优势互补,推动传统村落和旅游业的发展。

(一) 传统村落与农业产业的协同发展

农业产业可以与乡村旅游结合,推出农家乐等农村旅游产品。传统村落可以利用当地的农业资源和农产品,推出具有当地特色的农家菜肴、农家乐体验等旅游产品，吸引游客前来体验。同时，农村旅游也可以促进当地的农业发展，提高农产品的附加值和市场竞争力。

（二）传统村落与文化产业的协同发展

文化产业可以与文化旅游结合，推出文化主题旅游产品。传统村落可以利用当地的传统文化和历史遗迹，推出具有文化特色的旅游产品，吸引游客前来游览和学习。同时，文化旅游也可以促进当地的文化产业发展，推动文化产业的多元化和创新发展。

（三）传统村落与生态产业的协同发展

生态产业可以与生态旅游结合，推出生态主题旅游产品。传统村落可以利用当地的生态资源和自然景观，推出具有生态特色的旅游产品，吸引游客前来感受和体验。同时，生态旅游也可以促进当地的生态保护和环境治理，推动生态产业的可持续发展。

（四）传统村落与休闲产业的协同发展

休闲产业可以与休闲旅游结合，推出休闲主题旅游产品。传统村落可以利用当地的休闲资源和景点，推出具有休闲特色的旅游产品，吸引游客前来放松和休闲。同时，休闲旅游也可以促进当地的休闲产业发展，推动休闲产业的多元化和创新发展。

以上产业的协同发展，不仅可以推动传统村落和旅游业的发展，也可以促进相关产业的协同发展，实现产业链和价值链的拓展和延伸。传统村落和旅游业需要与相关产业加强合作和协调，共同推动产业协同发展，实现共赢。

第四节 传统村落与旅游协同发展的案例
——以老君堂村景区为例

一、村落概况

老君堂村位于山东省菏泽市西南部,是山东省菏泽市东明县长兴集乡下辖的一个行政村,东临牡丹区,西临河南省,处于两省交界处,距离菏泽市区仅一个半小时车程,交通十分便利。老君堂村附近有菏泽黄河水利风景区、东明黄河国家湿地公园等旅游景点。

二、现状分析

(1)地块整体凹陷1米左右。地势不平,坑坑洼洼。

(2)杂草丛生,植物主要有苦楝、爬山虎等,植被单一,风貌活力不足,大面积的土地荒废,空间布局混乱。

(3)业态形式单一,经济效益低下,产业发展弱,建设需求强。

(4)道路狭窄,道路痕迹几乎消失。

(5)境内大多为黄河冲积平原,土地肥沃,水资源丰富,积聚了大量不同类型的文化遗产。

三、设计的具体方案

(一)思路

本设计将乡村村民及外地游客作为主要服务人群,以"水"为设计主题,从造型、色彩等方面体现黄河元素,并将其充分融合在空间中。造型上提取波浪的形状,与当地文化相结合,然后再应用到地块中,达到人与空间互相交流的效果,在空间中体现人情味,并加入水景,使整个空间更加具有层次。运用不同色彩以及不同材质,给人一种静谧的空间感受,从而最大限度提高老君堂村的综合价值,更好地满足人们在休闲中的精神享受。

(二)原则

老君堂村的设计原则如下:

(1)尊重自然。每个地方都有自己独特的自然环境和资源禀赋。

(2)尊重人性。空间因人而生。

(3)尊重市场。管理流程的规范。

(4)可持续性。赋予空间生命。

(三)目的

老君堂村的设计目的如下:

(1)解决当下城乡之间失衡的问题,促进空间的分享、多元化文化的交流。

(2)促进就业,提高物质和精神生活的品质。

(3)回归自然,返璞归真,与大自然健康和谐相关。

(4)具有可持续性发展的意义。

四、总体规划

老君堂村的总体规划如图 6-1 所示。

图 6-1　总体规划平面图

五、方案设计

老君堂村的整体方案设计如图 6-2 所示。

图 6-2　老君堂村的整体方案设计鸟瞰效果图

(一)茶韵归源

茶韵归源——品茶区,在整个区域内属静区,如图 6-3 所示。从踏进竹林汀步那刻起,人们就能感受到幽静的感觉。人们在此品茶、交谈,想不到热闹的游园中,还有如此静谧的一处。

图 6-3　茶韵归源平面图

1——竹林汀步;2——围炉煮茶;3——休闲小品

附其效果图（见图 6-4、图 6-5、图 6-6）。

图 6-4　竹林汀步效果图

图 6-5　围炉煮茶效果图

图 6-6　休闲小品效果图

（二）水韵寻悦

水韵寻悦——水景区，在整个区域内属静区，如图 6-7 所示。造园讲究"虚""实"，游园内置水景，用水景来对比实景，以聚为主，并设置亭与台来划分水面。水景也可以更好地调节园内气候，改善当地环境。

图 6-7　水韵寻悦平面图

1——莲池；2——且停亭

附其效果图（见图 6-8、图 6-9）。

图 6-8　莲池效果图

图 6-9　且停亭效果图

莲池以池塘的宏观形式，体现出水的包容壮观，给人们视觉上的享受。

李渔曾讲:"名乎利乎道路奔波休碌碌,来者往者溪山清静且停停。"且停亭成为喧嚣城市中的壶中天地,源于自然,归于自然。

(三)陶韵归真

陶韵归真——陶艺区,在整个区域内属动区,如图6-10所示。它打破常规乡村建设思路,反对千篇一律,防止文化流失。在陶艺区,通过听、看、做,人们可以全方位深入了解中国陶瓷文化,陶艺区也给青少年以启蒙。

图 6-10　陶韵归真平面图

1——互动水景;2——陶瓷体验

附其效果图(见图6-11、图6-12)。

图 6-11　互动水景效果图

图 6-12　陶瓷体验效果图

以喷泉的形式，拉近水与人们之间的距离，使人体验水中乐趣。

陶瓷中盛水，水位高低不同，敲击音调不同，从而发出不同水声，对应五感景观中的声景观，给予人们全方位体验。

（四）欣然寻味

欣然寻味——休闲区，在整个区域内属动区，如图 6-13 所示。附近多餐厅、书吧等，并设置雨水花园，注重环保，雨水花园收集水源，对应当下海绵城市。在水资源如此宝贵的今天，我们要合理利用每一滴水。另外，景观不应只体现于视觉，还应体现在其他感觉上。

图 6-13　欣然寻味平面图

1——休闲区域；2——雨水花园

附其效果图（见图 6-14、图 6-15）。

图 6-14　休闲区域效果图

图 6-15　雨水花园效果图

休闲区设置木平台，附近多书吧、餐厅、酒馆，游客可在此休憩。

雨水花园可净化空气，能够为当地生物提供好的栖息环境，通过其蒸腾作用调节空气中的湿度与温度，减少建筑热效应，促进碳中和，并带给人新的景观感知与视觉感受。

（五）翩然寻韵

翩然寻韵——广场区，在整个区域内属动区，如图 6-16 所示。灵感来源于水滴，将水滴做成微地形，与绿植相结合，化繁为简。广场区不仅是饭后散步的好去处，而且离入口较近也可充当集散广场，可设置标志性景墙，让人们感觉更加方便、舒适。

图 6-16 翩然寻韵平面图

1——环湖步道；2——水滴广场；3——景墙

附其效果图（见图 6-17、图 6-18、图 6-19）。

图 6-17　环湖步道效果图

图 6-18　水滴广场效果图

图 6-19　景墙效果图

围湖道路可供游客快速游览园内景观，并可作为当地人晨跑道路。

以水滴形式，感受水的各种形态。水滴广场通过对水的状态及形态的展现，唤醒人们保护水资源的意识，以"一滴水的故事"，鼓励人们以主人翁精神珍惜水资源。

第五节　传统村落与旅游协同发展的案例——以山东省传统村落为例

一、山东省章丘区朱家峪村

（一）村落概况

朱家峪村位于中国山东省济南市章丘区官庄乡，地处胡山东北处和泰沂山脉北侧，北纬 36°，东经 117°。作为龙山文化发祥地的一部分，村子在章丘市区东南 10 千米处，位于省会城市济南和工业城市淄博的交界地带。朱家峪村地形主要以低山和丘陵地貌为主，平均海拔 600 米，是一个典型的山地型传统村落。

朱家峪村分为新村和旧村（古村）两个部分，总占地约8.5平方千米。古村落地势较高，缺水且距离交通干道较远，因此，村民逐渐迁移到北部地势较低、靠近交通干道（G309）的新村。

朱家峪村地理环境独特，三面环山，西靠笔架山，东依白虎岭，南起于文峰山脚，北面为平原。村落因地势发展成为南北长、东西窄的狭长形聚落，北起礼门、南至文峰山，长约2300米，东西山麓间最宽约780米。村落选址体现了古代"枕山、环水、面屏"的理念，建筑布局讲究群体布局，以祠堂为中心，符合"君子营建宫室，宗庙为先"的原则。

朱家峪古村拥有近200处大小古建筑，99座石桥，66处井泉和众多古树名木，自然景观和人文景观丰富。因此，朱家峪村被誉为"齐鲁第一古村，江北聚落标本"。2005年9月，朱家峪村被住房和城乡建设部与国家文物局评为"中国历史文化名村"，2014年被评为"中国最美休闲乡村"，2015年被评为山东省"乡村记忆"工程文化遗产单位。

（二）朱家峪村的价值分析

1. 历史价值

朱家峪传统村落作为一个历史悠久且保存较完整的村落承载着丰富的乡土社会传承发展的历史信息。由于其特殊的地理位置以及20世纪70年代村民的集体外迁等原因，朱家峪村尽可能地保留了古村落的原真面貌。古建筑、雕刻、古桥和古树等物质文化遗产具有极高的文物价值，为研究北方传统村落建筑风貌和山东乡村历史提供了宝贵的现实标本。

朱家峪传统村落具有重要的历史文化研究价值，作为北方地区历史悠久、保存较完整的传统村落，是研究山东地区乡村社会发展演变史、建筑史，以及儒家思想在传统社会的教育功能等方面的重要活态资料。主要体现在具有聚族而居、血缘延续性的宗族文化，建筑营造、堪舆规划的建筑文化，道德教化的耕读文化，民风民俗与宗教信仰，以及历史原因形成的独特的闯关东文化。古村落的一砖一瓦、一街一巷都蕴含着中国古代传统文化的智慧、哲学韵味和齐鲁文化博大精深的内涵。研究朱家峪传统村落，具有精神文明传承的重要意义，其体现的文化价值是过去传统社会稳定延续和发展的关键，而这些文化价值中体现的孝悌、仁义、积极进取、勤劳、和睦等思想精神，在当今社会的精神文明建设中仍具有重要意义。

2. 艺术价值

朱家峪传统村落的艺术价值主要体现在其建筑学与景观构建方面。朱家峪古村在选址和规划上受到传统的"天人合一"思想观念的影响，因此，选址讲究且规划严谨。村落的布局设计依山顺势，与自然山水相融，符合生态规律的要求。

朱家峪村的民居建筑规划科学，因地制宜，建筑随地形变化而呈现出多样的形状。民居类型包括四合院、三合院、特殊合院等，组合方式有纵向组合、横向组合以及纵横相结合的复合型院落。整个村落的屋顶多为硬山式清水脊，屋脊上的雕花各具特色，装饰类型有砖雕、木雕、石雕等。传统村落中保留的木雕、石雕、砖雕艺术对北方传统村落建筑艺术的研究具有重要的科学价值，成为研究"江北聚落"的标本。

朱家峪村民还根据村落中的人文景观和自然景观进行艺术构景，形成了"朱家峪八景"，包括"文峰独秀""坛桥七折""危阁连云""圩门远眺""柏亭孤立""团山瀑布""巉岩幽壑""柳浪闻莺"等，具有极高的景观艺术价值。

3. 经济价值

从现实功能的角度出发，传统村落的经济价值主要体现在旅游开发方面，通过发展旅游业带动当地经济发展从而创造经济价值。朱家峪村虽然不大，但作为物质文化遗产和非物质文化遗产的"容器"，其功能复合的多文化空间具有极高的开发价值。从风景旅游的角度来说，传统村落是可观、可游、可居的旅游资源，具有难得的旅游综合开发价值。

朱家峪自然资源丰富，古村落山清水秀，地形地貌复杂，自然景观资源类型丰富。村落中的古建遗存、古井名泉、民间技艺等具有极高的观赏价值和审美价值，其展现的生产和生活劳动场景独具特色，通过观赏和体验历史文化景观与现代乡村生活的场景，设计旅游活动，既能唤醒城市人对乡村文化的记忆，又能增加旅游收入。朱家峪传统村落以深厚的文化底蕴、悠久的历史传统、高超的建筑艺术、丰富的民俗活动、风景优美的田园风光和自然风光吸引着众多的游人，是重要的乡村旅游资源，有极大的旅游开发价值。

（三）朱家峪村与旅游协同发展的做法

朱家峪村自然环境优美，文化底蕴丰厚，与旅游的协同发展，不仅推动了该村落的保护与发展，也在一定程度上促进了当地旅游业的发展。具体而言，朱家峪村与旅游协同发展的做法主要包括如下四点。

1. 注重科学规划

科学规划是朱家峪村与旅游协同发展的前提。为了更好地保护朱家峪村的历史风貌，朱家峪村在专家的指导下对村落进行了科学的规划，其规划的科学性主要体现在如下七个方面。

（1）在古村历史文化特色骨架的构建方面，突出"四山围双溪，四巷串古韵"。"四山"指紧围古村的青龙山、白虎山、笔架山、文峰山；"双溪"指纵贯古村的两条溪水；"四巷"指下崖沟、东崖头、西崖头、西北角四条古街巷；"古韵"指古村内散布多处的文物保护单位及历史建筑。在传统街巷保护方面，要严格保护街巷走向与格局，保护范围内的路面禁止采用石板以外的其他材料，保持街巷尺度，重点保护沿街建筑，保持立面形式、材料、色彩等的统一性、连续性和视觉景观的完整性。

（2）根据现状风貌特征和保护规划原则，规划区域被划分为核心保护范围、建设控制地带和环境协调区。其中，核心保护范围面积约 0.129 平方千米，以朱家峪古村的主街为核心，涵盖大部分文物保护单位和有保护价值的传统建筑群及相关空间；建设控制地带面积约 0.126 平方千米,将老村除核心保护范围、文物保护单位保护范围以外的所有可建设用地划为建设控制地带;环境协调区为古村内的重要节点向周围环视、目力可及的所有地区,约2平方千米。

(3)核心保护范围内居住人口容量为500人,对区内建筑实行分类保护。区内不得进行新建、扩建活动,但是新建、扩建必要的基础设施和公共服务设施除外。核心保护范围内建筑层数控制在1层、檐口高度原则上不得高于3.5米,屋脊高度不得高于5.4米,应为小青瓦或覆草坡顶。

(4)建设控制地带内要对区内建筑进行分类保护,允许对区内现存废墟及质量较差、风貌较差的建筑按照规划进行适度改建、扩建及新建活动。靠近核心保护范围的区域内,建筑层数控制在1层、檐口高度不得高于3.5米;远离核心保护范围的区域中,局部地段建筑层数可为2层,檐口高度不得高于7米。

(5)环境协调区应重点控制好区内自然环境,原则上不得进行新建、扩建等建设活动,但新建、扩建必要的基础设施和景观建筑物除外。

(6)对核心保护范围外分散的、未确定为文物保护单位的较为完整的传统民居及历史环境要素,均予以保护。保护规划突出重点,对文物古迹、环境及具有传统风貌的街区予以重点保护。规划用地以居住为主,同时兼具其他旅游休闲功能,改善古村内生活环境。

(7)建筑活动应尊重原有地形,合理组织交通,限制机动车进入。同时,应严格保护传统街巷、历史环境要素及周边环境,对古桥、古泉、古井等分类进行修缮和必要的恢复。

2.注重生活及旅游服务设施的建设

在当今社会,生活与旅游服务设施的建设对于提高人们的生活质量和推动旅游业的发展具有至关重要的作用。朱家峪村在生活及旅游服务设施的建设上投入了大量的精力和资源,致力于打造一个宜居、宜游的美丽乡村。

首先,朱家峪村注重居民生活品质的提升。村庄规划充分考虑了日常生活所需设施的布局，如便利商店、菜市场、医疗卫生机构等。此外，还设置了儿童游乐设施、公园绿地和社区活动中心，为居民提供了丰富多样的休闲娱乐选择。这些完备的设施不仅让居民的生活更加便捷，还为村庄的和谐发展打下了良好的基础。

其次，朱家峪村充分挖掘了当地的旅游资源，力求为游客带来丰富的旅游体验。村内设有旅游咨询中心，为游客提供全面的导游服务，协助他们了解当地的风土人情和旅游资源。此外，村内还建有多家餐厅和特色民宿，为游客提供各类美食和住宿选择。这些完善的设施使得游客在朱家峪村能够尽情享受美好的旅游时光。

最后，在交通方面，朱家峪村重视道路交通的规划与建设。村内道路宽敞、畅通，设有专门的自行车道和人行道，确保了居民和游客的出行安全。同时，还与周边的交通枢纽如高速公路、火车站和机场等实现了便捷的衔接，为游客提供了便利的出行条件。

3. 注重环境保护与文化传承

朱家峪古村作为一座国家 4A 级旅游景区，不仅在环境保护方面投入了巨大精力，还注重古村传统格局的保护和文化传承，使得生态环境宜人，吸引了众多游客前来旅游观光。

村庄采取多种措施恢复生态平衡，如实施水土保持、植树造林等项目。在此基础上，村庄大力保护当地水源地，确保村民和游客的用水安全。在古村传统格局的保护上，朱家峪古村采取了一系列有效措施。在新建筑物的规划和建设过程中，充分考虑与古村风貌的融合，遵循传统建筑风格，使新旧建筑和谐共存。此外，村庄还加强对古建筑和历史遗迹的保护，确保它们得到妥善维护，为后人留下宝贵的历史见证。

在文化传承方面，朱家峪古村重视非物质文化遗产的保护与推广。通过组织各类文化活动，如民间艺术表演、传统手工艺展示等，让游客深入了解当地的文化传统，同时激发村民的文化自豪感。这些举措使得朱家峪古村的文化底蕴得以传承，朱家峪古村成为游客心中独特的旅游胜地。

4. 注重旅游品牌的打造

旅游品牌的打造对于提升景区的知名度和吸引游客至关重要。朱家峪村的孟僧郎峪景区以"美丽朱家峪"和"忠厚朱家峪"两大品牌为核心，旨在展现朱家峪村秀丽的自然景观以及淳朴敦厚的民风民俗。

"美丽朱家峪"品牌凸显了朱家峪村独特的自然风光。肖家瀑布、朱家峪水库等景点展现了大自然的天造地设和人工景观的巧夺天工，为游客带来心旷神怡的感受。思郎溪、饮马溪则以清澈的溪水和蜿蜒曲折的溪谷吸引着游客探寻自然之美。而"羊肠小道"原生态白杨林则让游客在这片绿意盎然的林间小道漫步，享受宁静与自然的融合。

"忠厚朱家峪"品牌则代表着朱家峪村丰富的历史文化底蕴和淳朴民风。以"孟思郎峪惨案"爱国主义教育基地为代表，通过讲述历史事件，激发游客的爱国情怀和民族自豪感。丰滦密联合政府办公驻地旧址等景点则向游客展示了朱家峪村在抗日战争中的重要作用，见证了一段充满荣誉与牺牲的历史。此外，长城烽火台作为中华民族的象征更为游客提供了一次领略千年文化的独特体验。

这种独特的品牌定位不仅彰显了朱家峪村的特色，更为游客提供了丰富多样的旅游体验。

二、山东省荣成市烟墩角村

(一) 村落概况

烟墩角村位于山东省荣成市俚岛镇，这个面朝大海、背靠青山的小渔村在 2014 年 11 月成功入选第三批中国传统村落名录，成为国家级文化遗产保护单位。这里民风淳朴，传统的渔耕文化代代相传，体现了中国传统渔村的特色和韵味。烟墩角村东南部的崮山是该村的标志性地貌，明朝时期山顶上修建了烟墩，用于传递军情，具有很高的军事价值。这座烟墩见证了历史的变迁，也使烟墩角村得以在历史长河中留下独特的名字。

（二）旅游资源

山东省荣成市烟墩角村的旅游资源丰富多样，这里既有壮美的自然景观，也有历史悠久的传统建筑，更有丰富的文化底蕴，为游客提供了丰富的旅游体验。

烟墩角村最引人注目的自然景观是世界上最大的大天鹅越冬之地的海湾。每年11月至次年4月，成千上万只来自西伯利亚的大天鹅齐聚这里过冬，宛如一幅天然的美丽画卷。荣成大天鹅国家级自然保护区的成立不仅保护了这些珍稀鸟类，还为游客提供了观赏大天鹅的绝佳机会。

在建筑方面，烟墩角村的海草房展现了人类与自然环境的和谐共生。这些古朴的建筑以海草为主要材料，形成了具有灰白色调的独特风格。海草房具有冬暖夏凉、百年不腐的特点，生动地展现了人类生存智慧的传承。游客可以亲身感受这些传统民居所带来的舒适环境，了解胶东建筑的独特魅力。

烟墩角村的文化资源同样丰富，包括渔耕文化、民间艺术、饮食文化等。村民传承着深厚的渔耕文化，以海为生，他们勤劳、善良、纯朴。在这里，游客可以亲身体验传统捕鱼技艺，感受渔民生活的点滴趣味；在民间艺术方面，烟墩角村的剪纸艺术是传统村落文化的重要组成部分，这种剪纸艺术不仅包括传统的吉祥纹样和节庆图案，还在本地资源特色的基础上增添了以天鹅、海洋渔家文化为主题的创作，这些富有地方特色的剪纸作品展示了烟墩角村民世代相传的技艺和生活智慧；烟墩角村的饮食文化也别具魅力，胶东大饽饽搭配海鲜美食，成就了一道地道的胶东渔村佳肴，游客在品尝美食的同时，也能深入了解胶东地区的饮食文化和生活方式。

（三）烟墩角村与旅游协同发展的做法

依托丰富的自然生态人文资源，烟墩角村蹚出了一条"乡村+旅游"的美丽乡村新路子，乡村越来越美，村民越来越富。如果进行具体的分析，烟墩角村的做法主要包括如下四点。

第六章　传统村落与旅游的协同发展

1. 规范社区面貌

规范社区面貌对于提升烟墩角传统村落整体形象和游客体验具有重要意义。近年来，烟墩角传统村落在基础设施建设方面取得了显著成果，特别是在道路建设、绿化、污水处理等方面，所取得的成果更为突出。

在道路建设方面，烟墩角传统村落着力提升道路品质。社区北面的主路铺装沥青，扩建了2千米的花斑彩石路，提升了道路的美观度和舒适度。此外，村内主要游览区域铺成旧石头路面，保留了村落的历史风貌。村南的观鸿路则采用石头路面，使游客在欣赏自然景观的同时，也能体验到独特的乡村风情。

在绿化方面，烟墩角传统村落注重打造生态美景。周边绿化面积近2万平方米，为游客提供了宜人的休闲空间。绿化工程的实施不仅美化了环境，还有助于提高空气质量，使游客在欣赏美景的同时，也能呼吸到新鲜的空气。

在污水处理方面，烟墩角传统村落采用高端技术，共配备27台高端污水处理器。这些设施有效地保障了当地水质的清洁，确保了游客的生活品质。

此外，改建停车场、沿途管线全部入地等措施也使村落的基础设施更加规范，为游客提供了便捷的出行条件。

2. 放大品牌特色，构筑"天鹅小镇"

放大品牌特色，构筑"天鹅小镇"是烟墩角村在旅游产业发展中的重要策略。借助天鹅这一独特资源，烟墩角成功打造了一个集文化、生态和民俗风情于一体的美丽乡村，吸引了大量游客前来体验。

首先，烟墩角社区充分挖掘并利用自然资源，以天鹅为特色，吸引游客。每年冬天，成群的西伯利亚大天鹅飞抵烟墩角，为游客带来了浪漫的冬日景象。这一自然现象不仅展示了烟墩角丰富的生态资源，还为游客提供了难得的观赏和拍照机会。

其次，烟墩角社区强化民俗风情的传承和发展。渔家热炕头、热情的渔家大嫂、各色肥美的海鲜等元素，成为烟墩角旅游的一大亮点。游客在欣赏天鹅凌波起舞的同时，还能品味浓厚的渔韵民俗风情，感受当地人民的热情好客。

最后，烟墩角社区还紧紧抓住"缘来烟墩角，情满天鹅海"的新建设主题，着力打造以天鹅游、民宿经济、花斑彩石、海洋牧场为主体的特色渔村。通过这一系列举措，烟墩角社区成功实现了文化旅游融合发展，塑造了独具特色的美丽乡村形象。

3. 住海草房吃渔家饭

"住海草房，吃渔家饭"是烟墩角社区在解决冬热夏冷、提高游客留存率等问题上所提出的旅游品牌。通过打造这一品牌，烟墩角村希望提升游客的就地消费能力，实现四季旅游业的稳定发展，同时提高渔家乐的服务质量和管理效率。

为解决民宿档次低、服务差等问题，俚岛镇成立了社区渔家乐协会，实现从村民自发经营向统一高效管理的转变。通过民宿征信管理和星级评比，渔家乐业者可以借此提高服务水平，吸引更多游客入住。协会还可以免费为渔家乐更换统一样式的门头及配备消毒柜、餐具等配套设备，这有助于提升整个社区的形象和民宿业的专业度。

此外，天鹅海旅游开发有限公司租赁了社区内100多套闲置海草房，并计划改造其中的10套，修建精品民宿。这一举措既满足了不同游客的需求，又引导现有和新建民宿对风格、内饰等进行改造升级，打造高标准民宿，有效提高了烟墩角的旅游层次。

4. 制定村规民约，走以德治村之路

"制定村规民约，走以德治村之路"的做法强调在烟墩角村庄管理和发展过程中，采用道德约束和集体智慧来推动旅游业与其他产业、环境保护之间的协调发展。以下几点体现了这种做法的优势和意义。

（1）集体决策和集体智慧。通过村民共同制定村规民约，烟墩角村实现了以村民为主体的发展模式。这种方式发挥了集体决策和集体智慧的优势，推动了旅游业与乡村之间的协调持续健康发展。在这一过程中，村落要充分尊重村民意愿，听取村民意见。

（2）协调产业关系。村规民约有助于处理旅游与其他产业的关系，实现产业间的利益分配和联动发展。这种协调发展模式为乡村经济社会发展提供了有力支撑。

（3）保护生态环境。村规民约强调了生态环境保护的重要性，使得乡村旅游资源得以科学保护和合理开发。村民在追求旅游开发利益的同时，受到村规民约的约束，避免破坏生态环境的行为。这有助于实现旅游业与乡村生态环境之间的协调和可持续发展。

（4）促进道德建设。烟墩角村通过制定村规民约，推行"七步工作法"，实现了以德治村的目标。村庄呈现出积极向善、创业凝聚力强的发展局面。这种以德治村的发展方式有助于提升村庄的形象，吸引更多游客前来体验。

总之，"制定村规民约，走以德治村之路"的做法充分发挥了烟墩角村村民集体决策和集体智慧的优势，保护了生态环境，促进了道德建设，为烟墩角村的保护与创新发展提供了有力支撑。

第七章 数智技术赋能传统村落的保护与创新发展

第一节 数字技术与人工智能技术

一、数字技术

(一)数字技术的定义与特点

数字技术是指运用0和1两位数字编码,通过计算机、光缆、通信卫星等设备来表达、传输和处理所有信息的技术。数字技术的核心是数字化,即将物理实体转换为数字形式,使数据可以更方便地储存、共享和处理。

数字技术的特点主要包括以下几个方面。

1. 数字化

数字化是数字技术的核心特点之一,是指将物理实体转换为数字形式进行处理和传输。数字化的优点在于可以实现高效的数据处理和传输,可以快速获取和传递信息,同时也可以减少物质资源的浪费和环境的污染。数字化的应用范围非常广泛,如数字化生产、数字化医疗、数字化教育等。

2. 数据驱动

数据驱动是数字技术的一个重要特点。数字技术的核心是数据,数据的采集、存储、处理和分析是数字技术的重要应用方向，而数据的价值也在不断提升。通过数据驱动，可以快速获取和分析大量数据，发现数据背后的规律和趋势，为决策提供科学依据。数据驱动的应用非常广泛，如数据挖掘、大数据分析、人工智能等。

3. 自动化

自动化是数字技术的重要应用方向之一，是指利用数字技术能够实现各种自动化功能，如自动化生产、自动驾驶、自动化服务等，提高了生产效率和服务质量。自动化的优点在于可以减少人力资源的使用和管理，同时也可以提高工作效率和质量，减少和降低工作风险和误差。自动化的应用领域非常广泛，如智能制造、智能交通、智能家居等。

4. 互联互通

互联互通是数字技术的重要特点之一，是指数字技术的应用需要通过互联网和通信网络实现信息的传输和交流，实现了全球互联互通。互联互通的优点在于可以快速传递信息，扩大信息的范围和影响力，同时也可以实现国际化的交流和合作。互联互通的应用范围非常广泛，如电子商务、社交媒体、在线教育等。

5. 个性化和智能化

个性化和智能化是数字技术的一个重要特点。个性化是指数字技术能够提供个性化和智能化的服务和产品，满足消费者多样化的需求，利用数字技术可以针对不同的用户需求和偏好提供个性化的服务和产品，如个性化推荐、定制化设计等。智能化是指数字技术还可以通过机器学习和人工智能技术提供智能化的服务和产品，如语音助手、智能家居等。

（二）数字技术的应用领域

数字技术的应用范围非常广泛，涵盖了多个领域，包括但不限于以下几个方面。

1. 生产制造领域

数字技术已经广泛应用于生产制造领域，从设计到生产到销售等各个环节都涉及数字技术的应用。数字化设计和制造、智能化生产、供应链管理等都是数字技术在生产制造领域的重要应用方向。数字化设计和制造可以实现快速设计和制造，缩短产品研发周期，提高产品质量和生产效率；智能化生产可以通过自动化和数字化的技术手段实现生产的高效率、高质量和低成本；供应链管理中利用数字化和信息化手段可以实现供应链的透明化、协同化和智能化管理，提高供应链管理的效率和质量。

2. 交通运输领域

数字技术已经改变了交通运输的方式和效率，如智能交通管理系统、自动驾驶技术等。智能交通管理系统可以通过信息化手段实现对交通流量的监测，实现交通调度，提高交通运输的效率和安全性；自动驾驶技术可以通过数字化和智能化的技术手段实现车辆的自主导航和控制，提高交通运输的效率和安全性。

3. 医疗卫生领域

数字技术在医疗卫生领域的应用包括医疗记录数字化、远程医疗服务、医疗大数据分析等，提高了医疗服务的效率和质量。医疗记录数字化可以通过数字化和信息化的手段实现医疗记录的电子化管理，提高医疗服务的效率和准确性；远程医疗服务可以通过互联网和通信网络实现远程诊断和治疗，缓解医疗资源短缺的问题；医疗大数据分析可以通过数据挖掘和人工智能等技术手段分析大量医疗数据，发现其中的规律和趋势，为疾病的预防和治疗提供科学依据。

4. 金融服务领域

数字技术在金融服务领域的应用包括移动支付、互联网银行、金融科技等，提高了金融服务的效率和安全性。移动支付可以通过移动设备实现快速、便捷的支付，方便了人们的生活；互联网银行可以通过互联网和移动端实现各种银行服务的在线化，提高了金融服务的效率和便捷性；金融科技可以通过数据分析和人工智能等技术手段提高金融风险控制水平和提升客户体验。

5. 教育培训领域

数字技术已经广泛应用于教育培训领域，如在线课程、远程教育、虚拟现实教学等。在线课程可以通过互联网和移动端实现学习资源的在线化，提高学生学习的灵活性和便捷性；远程教育可以通过互联网和通信网络实现远程教学，促进教育资源的共享；虚拟现实教学可以通过虚拟现实技术使学生获得沉浸式学习体验，提高学生学习的趣味性和效果。

6. 娱乐文化领域

数字技术在娱乐文化领域的应用包括视频游戏、数字音乐、数字影视等，提供了丰富的娱乐和文化项目。视频游戏可以通过虚拟现实技术实现沉浸式游戏体验，数字音乐可以通过互联网和移动端实现音乐资源的在线化和分享，数字影视可以通过互联网和流媒体技术实现影视资源的在线化和点播。

数字技术的应用范围还包括城市管理、能源环保、农业种植等领域，涉及城市规划、环境保护、农业科技等多个方面。数字技术的不断发展和创新将使其具有更广阔的应用前景，为各个领域的发展和进步提供强大的支撑和推动力。

二、人工智能技术

（一）人工智能技术的定义及其子领域

人工智能技术是一种模拟人类智能行为的技术，其能够模拟人类思维和行为，能使计算机系统具备自主学习、理解、推理和决策的能力，完成各种智能任务。人工智能技术是一种综合性的技术，包括机器学习、深度学习、自然语言处理、计算机视觉和机器人技术等。

1. 机器学习

机器学习是人工智能技术的核心之一，是指让机器通过学习数据，自动发现数据中的规律和模式，并利用这些规律和模式进行预测和决策。

机器学习分为监督学习、无监督学习和半监督学习等几种类型，常用的算法包括决策树、神经网络、支持向量机等。

2. 深度学习

深度学习是一种机器学习的分支，是指通过多层神经网络模型实现对大量数据的自动分析和学习。深度学习的优点在于可以自动地从大量的数据中提取特征和模式，从而更加准确地预测和决策。深度学习在图像识别、语音识别、自然语言处理等领域都有广泛的应用。

3. 自然语言处理

自然语言处理是指利用计算机对人类语言进行自动化处理和分析的技术，包括语音识别、语言翻译、情感分析、文本分类等。自然语言处理的目标是让计算机能够理解和处理自然语言，实现人机交互和智能化应用。

4. 计算机视觉

计算机视觉是指计算机通过视觉传感器获取图像和视频数据，并通过图像处理和模式识别等技术实现对图像和视频数据的理解和分析。计算机视觉的应用包括人脸识别、物体识别、行为分析等。

5. 机器人技术

机器人技术是指利用机器人来完成人类工作的技术，这类机器人包括工业机器人、服务机器人等。机器人技术的目标是实现机器人的自主决策和操作，从而实现更加高效的生产和服务。

（二）人工智能技术的特点

人工智能技术的特点主要包括以下几个方面。

1. 模仿人类智能

人工智能技术最基本的特点是模仿人类智能，通过计算机程序来实现类人智能。人工智能技术的目标是模拟人类某些思维的过程和智能行为，如推理、学习、感知、语言理解和自主决策等。

2. 具有学习能力

人工智能技术具有一定的学习能力，即根据数据来自动调整其算法和参数，提高其准确率和预测能力。机器学习是人工智能技术中最重要的分支之一，其核心思想是从数据中学习规律和模式，并利用这些规律和模式来预测未来事件和行为。深度学习是机器学习的一种特殊形式，可利用神经网络模型实现复杂的模式识别和自动化决策。

3. 具有自主决策能力

人工智能技术具有一定自主决策能力，即能够根据输入数据和任务目标自主地作出决策和行动。自主决策能力是人工智能技术与其他技术的一个重要区别，它可以使机器自主地执行任务，并适应和优化其行为和结果。

4. 具有多模态输入和输出能力

人工智能技术具有多模态输入和输出能力，即可以处理不同类型和格式的数据，并将结果呈现为多种形式，如文本、图像、语音和视频等。多模态输入和输出能力是人工智能技术与其他技术的一个重要区别，它使机器能够处理复杂的输入数据，并生成多样化的输出结果。

5. 具有强大的计算能力

人工智能技术具有强大的计算能力支持，包括高性能计算、分布式计算和云计算等技术，可以实现大规模数据的处理和分析、复杂模型的训练和优化、高效实时的决策和响应等。

6. 具有大规模数据处理和分析能力

数据是人工智能技术的基础和驱动力，只有有足够多的数据，才能提高机器学习的效果，才能发挥人工智能技术最大的效能。人工智能技术具备大规模数据处理和分析能力，可以快速、准确地处理和分析海量数据，提取有用的信息并加以使用。

(三) 人工智能技术的应用领域

人工智能技术目前已经在许多领域得到了广泛的应用，包括但不限于以下几个方面。

1. 智能家居

人工智能技术在智能家居领域的应用非常广泛，如智能家电使用、智能家居控制、智能家居安防等。对于智能家电而言，可以通过人工智能技术实现自主学习和自动化控制，能够根据用户的习惯和需求自动调节工作模式和参数；智能家居控制是指可以通过语音识别、手势识别等技术实现对家居设备的远程控制和管理，提高生活的便利性和舒适度；智能家居安防是指可以通过人脸识别、智能门锁等技术实现对家庭安全的监控和保护。

2. 金融服务

人工智能技术在金融服务领域的应用也非常广泛，如风险控制、反欺诈等。风险控制是指可以通过人工智能技术实现对金融市场风险的监测和预测，为金融决策提供科学依据；反欺诈可以通过人工智能技术实现对欺诈行为的检测和预防，保护金融机构和客户的权益。

3. 医疗卫生

人工智能技术在医疗卫生领域也得到了广泛应用，如智能医疗诊断、医学影像识别、医疗大数据分析等。智能医疗诊断可以通过人工智能技术实现对疾病的自动诊断，提出治疗建议，提高医疗服务的效率和准确性；医学影像识别是指可以通过人工智能技术实现对医学影像的自动化分析和识别，提高医疗服务的质量和效率；医疗大数据分析是指可以通过人工智能技术实现对大量医疗数据的挖掘和分析，发现其中的规律和趋势，为疾病的预防和治疗提供科学依据。

4. 教育和培训

人工智能技术在教育和培训领域的应用主要是在线学习、智能化考试等。在线学习是指可以通过人工智能技术实现对在线课程的个性化推荐和评估，为学生提供更加符合其需求和兴趣的学习资源；智能化考试是指可以通过人工智能技术实现对学生答题情况的实时监测和评估，提高考试的公正性和效率。

5. 智慧城市

人工智能技术在智慧城市领域的应用包括智能交通、智能安防、智能环保等。智能交通是指可以通过人工智能技术实现对交通流量的监测和交通调度，提高交通运输的效率和安全性；智能安防是指可以通过人工智能技术实现对城市安全风险的防范和综合监测预警，提高城市的安全性和稳定性；智能环保是指可以通过人工智能技术实现对环境污染的监测和控制，保护城市的生态环境和人民的健康。

第二节　数智技术在传统村落保护与创新发展中的应用

数智技术飞速发展，已经成为现代化社会的重要组成部分。在传统村落保护与创新发展方面，数智技术的应用已经成为越来越重要的因素。本节将详细论述数智技术在传统村落保护与创新发展中的应用。

一、数智技术在传统村落保护中的应用

（一）数字化测绘技术在传统村落保护中的应用

1. 数字化测绘技术的定义

数字化测绘技术是指运用数字技术，对传统村落进行精准测量和记录，以获取相关信息并对其进行保存和管理。传统测绘技术往往只能对地形地貌进行简单测量，而数字化测绘技术则可以对传统村落的建筑、文化和历史等信息进行更加全面、精确的测绘和记录，为传统村落保护提供了更加科学的依据和手段。

2. 数字化测绘技术在传统村落保护中的应用

（1）传统建筑测绘。传统建筑是传统村落的主要组成部分，也是传

统文化的载体。然而，传统建筑多为木结构和砖木结构，建筑形式多样，建筑风格独特，应用传统测绘技术无法满足对传统建筑的测量需求。数字化测绘技术可以精准地记录传统建筑的结构、规模、材料、装饰等方面的信息，为传统建筑的保护和修复提供了更加全面、精确的数据支持。

（2）历史文化遗址保护。传统村落中的历史文化遗址是传统文化的重要组成部分。数字化测绘技术可以对历史文化遗址进行精确的测绘和记录，包括遗址的位置、形状、大小等方面信息。通过数字化测绘技术，可以更好地了解历史文化遗址的分布和保存情况，为历史文化遗址的保护和修复提供更加科学的依据和手段。

（3）文化资源整合。利用数字化测绘技术可以将传统村落的历史、文化和建筑信息进行整合和管理，以便更好地保存和利用这些文化资源。通过数字化测绘技术，可以将传统村落的建筑、景观、历史文化遗存等信息进行数字化整理和保存，并进行多维度的空间数据建模和管理，从而为传统村落的保护和开发提供更加科学、准确的数据支持。同时，数字化测绘技术也可以将传统村落的文化资源与其他地域文化资源进行整合，形成更加丰富、多元化的文化产品和服务，提高传统村落的文化价值和经济价值。

（4）传统村落规划和设计。利用数字化测绘技术可以为传统村落的规划和设计提供更加全面、精准的数据支持。通过数字化测绘技术，可以建立传统村落的数字模型，对村落的地形、建筑、道路、水系等要素进行模拟和分析，为规划和设计提供科学依据。此外，利用数字化测绘技术还可以对传统村落的历史、文化、社会等方面信息进行综合分析和评估，为传统村落的保护和发展提供更加科学、全面的指导。

（二）虚拟现实技术在传统村落保护中的应用

虚拟现实技术是一种通过计算机生成的虚拟场景来模拟真实世界的技术，它可以将人们带入虚拟场景，让人们身临其境地感受虚拟世界。虚拟现实技术是计算机科学、视觉技术、感知技术、人机交互等多学科

第七章 数智技术赋能传统村落的保护与创新发展

技术的综合应用,目前在游戏、教育、医疗、娱乐等领域得到广泛应用。虚拟现实技术可以应用于传统村落的保护和传承中,具体应用包括以下几个方面。

1. 虚拟现实技术在传统建筑保护中的应用

(1)传统建筑数字化建模。可以通过 3D 扫描、激光测量等手段获取传统建筑的建筑形态、构造、材料、装饰等信息,再通过数字建模技术将其还原为虚拟模型。这样可以实现对传统建筑的高精度建模,为传统建筑的保护和修复提供更加全面、精确的数据支持。

(2)传统建筑仿真演示。利用虚拟现实技术可以将数字建模和实时渲染技术结合起来,实现传统建筑的虚拟仿真演示。通过虚拟现实技术,人们可以在虚拟环境中自由游览传统建筑,了解其建筑形态、构造、材料、装饰等信息,从而提高对传统建筑的认知和理解程度。此外,利用虚拟现实技术还可以为传统建筑的修复提供可视化的方案展示,帮助专家和设计师更好地设计修复方案,提高修复效率和质量。

2. 虚拟现实技术在文化遗产传承中的应用

(1)传统化数字化展示。利用虚拟现实技术可以将传统文化元素进行数字化展示,通过虚拟环境向公众呈现传统文化的艺术、历史、民俗等方面信息。这样可以更好地推广和弘扬传统文化,提高人们对传统文化的认知和理解程度。

(2)传统文化教育。虚拟现实技术可以为传统文化教育提供新的手段和途径。通过虚拟现实技术,可以在虚拟环境中建立传统文化学习场景,使学生获得更加真实、直观、可互动的传统文化学习体验。例如,在虚拟环境中学习传统民居、传统手工艺、传统文学等,不仅可以提高学生的学习兴趣和参与度,还可以帮助学生更好地理解和传承传统文化。

(3)传统文化活动推广。虚拟现实技术可以为传统文化活动的推广提供新的方式和手段。通过虚拟现实技术,可以在虚拟环境中建立传统文化活动场景,如传统节日庆祝活动、传统表演等,向公众提供更加真实、生动、多样化的传统文化活动体验。这样可以帮助更多的人了解、感受和传承传统文化，展现传统文化的魅力和价值。

3. 虚拟现实技术在旅游推广中的应用

（1）传统村落旅游推广。虚拟现实技术可以将传统村落的历史、文化和建筑信息呈现出来，以便游客更好地了解和体验传统村落的魅力。通过虚拟现实技术，游客可以在不实际前往传统村落的情况下，感受传统村落的历史、文化和建筑风格，加强对传统村落的认知和理解，增加游客对传统村落的兴趣和热情。

（2）旅游体验增强。利用虚拟现实技术可以增强旅游体验。通过虚拟现实技术，游客可以有更加真实、生动、多样化的旅游体验，如在虚拟环境中游览传统村落、体验传统村落的文化活动等，增强游客的旅游体验感受，提高游客对传统村落的满意度和"回头率"。

（三）人工智能技术在传统村落保护中的应用

人工智能技术是指利用计算机科学的方法和技术来模拟、延伸和扩展人类智能的一种技术。在传统村落保护中，人工智能技术也可以发挥重要作用，下面笔者将详细论述人工智能技术在传统村落保护中的应用。

1. 传统建筑智能识别与保护

传统建筑智能识别与保护一直是传统村落保护的重要工作之一。传统建筑的保护需要大量的时间、人力和物力，而人工智能技术可以通过图像识别、语音识别、自然语言处理等技术手段实现对传统建筑的自动识别和分类，从而更好地指导传统建筑的保护和修复工作。

2. 文物保护与修复

文物的保护与修复需要大量的人工和物力，而人工智能技术可以通过机器学习、计算机视觉等技术手段实现对文物的自动保护和修复。利用人工智能技术可以对文物进行图像分析、特征提取、形态分析、材料分析等工作，从而更好地指导文物的保护和修复工作。

3. 文化遗产数字化保护

人工智能技术可以对传统村落中的文化遗产进行数字化保护。利用人工智能技术可以实现对传统村落中文化遗产的快速准确数字化测绘和建模，为传统村落文化遗产的保存和传承提供了更加科学、便捷和高效的手段。

4. 智能化文化旅游

传统村落文化旅游是传统村落保护中的重要内容。人工智能技术可以通过智能推荐、自然语言处理、语音识别等技术手段实现智能化文化旅游。人工智能技术可以为游客提供更加智能化、个性化、精准化的文化旅游服务，提升传统村落的旅游吸引力和竞争力。

二、数智技术在传统村落创新发展中的应用

（一）智慧旅游

智慧旅游是近年来快速发展起来的一种新型旅游方式，随着信息技术的不断进步和发展，智慧旅游也逐渐成为旅游业的一种重要趋势。在传统村落的创新发展中，智慧旅游可以结合传统村落的历史、文化和自然风光等资源，为游客提供更加个性化、便捷和丰富的旅游体验，从而增强传统村落的吸引力和竞争力。

1. 智慧旅游的基本概念和特点

智慧旅游是指利用数字技术、互联网技术和物联网技术等先进技术手段，实现旅游服务的全面数字化和智能化，为游客提供更加个性化、便捷和丰富的旅游体验的新型旅游形式。智慧旅游的主要特点包括以下几个方面。

（1）数字化。智慧旅游将旅游服务全面数字化，包括景区信息、旅游线路、景点介绍、游客评论等各方面信息，使旅游服务更加智能、便捷和个性化。

（2）互动性。智慧旅游提供游客与景区之间的互动服务，游客可以通过手机应用程序或其他设备获取景区信息，了解景点、交通、购物和美食等方面信息，还可以通过互联网与其他游客进行交流和互动。

（3）智能化。智慧旅游通过机器学习、人工智能等技术手段为游客提供更加个性化、精准化的旅游服务，满足游客的不同需求。

2.智慧旅游在传统村落创新发展中的应用

（1）智能导览。传统村落是旅游目的地之一，通过智能导览系统，可以为游客提供更加便捷和全面的导览服务。智能导览系统可以结合传统村落的历史、文化和自然景观等信息，为游客提供导览地图、语音导航、实时路况和景区介绍等信息，使游客更加轻松地游览传统村落，同时提高旅游体验。

（2）智能客服。智能客服是指通过机器学习、自然语言处理等技术手段实现人机交互，为游客提供在线咨询、订票、预订和投诉等服务。可以通过智能客服系统，实现游客在线咨询、门票预订、导览服务等，提高旅游服务的效率和质量。

（3）智慧景区管理。传统村落的景区管理可以通过智慧化管理系统实现数字化和智能化。智慧景区管理系统可以通过大数据分析、人工智能等技术手段，实现游客数据分析、人流管理、景区资源管理等，为传统村落景区的管理和运营提供更加科学、便捷和高效的手段。

（4）智能游客体验。智慧旅游可以为游客提供更加个性化、丰富和有趣的旅游体验。在传统村落中，可以通过VR技术、AR技术、3D打印技术等手段，实现传统村落的数字化重构和虚拟旅游。同时，还可以通过智能推荐、个性化定制等手段，为游客提供更加个性化、贴心化的旅游体验。

（5）智慧文化遗产保护。智慧旅游可以为传统村落文化遗产保护提供科学、便捷和高效的手段。通过数字化测绘、大数据分析等技术手段，可以更加全面、精准地了解传统村落文化遗产的分布和保存情况，为文化遗产保护和修复提供更加科学的依据和手段。

(二) 数字化营销

数字化营销是利用数字技术为传统村落提供更加智能化、高效化和精准化的营销服务。随着互联网的普及和快速发展，数字化营销已经成为企业营销的重要手段之一。在传统村落的创新发展中，数字化营销可以通过搜索引擎优化、社交媒体推广、网上广告等方式实现，提高传统村落的知名度和影响力，吸引更多游客前来游览和参观，增加传统村落的收益和贡献率。

1. 数字化营销的基本概念和特点

数字化营销是利用数字技术为企业或组织提供更加智能化、高效化和精准化的营销服务。数字化营销的主要特点包括以下几个方面。

（1）数据化。数字化营销将营销服务全面数字化，包括营销信息、广告宣传、推广策略、用户数据等各方面信息，使旅游服务更加智能、便捷和个性化。

（2）互动性。数字化营销提供用户与传统村落之间的互动服务，游客可以通过社交媒体、旅游平台等渠道获取传统村落的信息，了解景点、交通、购物和美食等方面信息，还可以通过互联网与其他游客进行交流和互动。

（3）精准化。数字化营销通过数据分析、用户画像等技术手段，为游客提供更加个性化、精准化的旅游服务，满足游客的不同需求。

2. 数字化营销在传统村落中的应用

（1）搜索引擎优化。搜索引擎优化是指通过对传统村落网站内容的优化，提高其在搜索引擎中的排名，增加传统村落网站的流量和知名度。传统村落可以通过优化网站内容、构建友好的用户界面、提高网络访问速度等方式提高网站在搜索引擎中的排名，吸引更多的游客前来参观。

（2）社交媒体推广。社交媒体是传统村落数字化营销中重要的渠道之一。传统村落可以通过在社交媒体平台上发布有趣的旅游内容吸引更多的游客，增加传统村落在社交媒体上的影响力和知名度。此外，传统村落还可以通过社交媒体平台与游客进行互动，回答游客的问题，解决游客的疑虑，提高游客的满意度。

（3）网上广告。网上广告是数字化营销中的另一种重要手段。传统村落可以通过在旅游平台上投放广告、发布精美的旅游照片和视频等方式，吸引更多的游客前来参观。传统村落还可以通过合作推广、打造独特的品牌形象等方式，提高曝光率和知名度。

3. 数字化营销带来的益处

数字化营销可以为传统村落带来许多益处，包括以下几个方面。

（1）提高传统村落的知名度和影响力，吸引更多游客前来游览和参观。

（2）通过精准化的营销策略，提高传统村落的收益和贡献率。

（3）通过数字化营销手段，提高传统村落的管理效率和服务质量。

（4）通过数字化营销手段，可以实现对传统村落游客的数据分析和用户画像，为传统村落的管理和服务提供科学依据。

（三）智慧农业

智慧农业是指利用物联网、传感器、云计算等数智技术，实现农业生产全程的数字化、自动化和智能化管理。传统村落的农业生产一直是传统村落经济发展的主要支柱之一，而智慧农业的发展可以为传统村落的农业生产带来更多的机遇和挑战。

1. 智慧农业的基本概念和特点

智慧农业是指通过数字化、自动化和智能化手段，实现农业生产全程的信息化和数字化，从而提高农业生产效率、降低生产成本、保护生态环境、提高农产品质量和安全性等。智慧农业的主要特点包括以下几个方面。

（1）数字化。智慧农业将农业生产全面数字化，包括土壤、气象、作物、肥料、农药等各方面信息，农业生产更加智能、便捷和个性化。

（2）自动化。智慧农业通过自动化设备和传感器技术实现农业生产全程的自动化管理和控制，减少人工操作，提高农业生产效率和生产能力。

（3）智能化。智慧农业通过机器学习、人工智能等技术手段，为农民提供更加个性化、精准化的农业生产管理服务，满足农民不同需求，提高农业生产的科学性和技术含量。

2. 智慧农业在传统村落中的应用

（1）土壤监测与分析。传统村落的农业生产大多依靠自然生态环境，而土壤是农业生产的重要基础。智慧农业可以通过传感器技术和云计算技术，实现对传统村落农田土壤的实时监测和分析，了解土壤养分、水分和质地等基本信息，帮助农民制订科学合理的土壤施肥和种植方案，提高农产品质量和产量。

（2）气象监测与预测。传统村落的农业生产受到气候影响较大，气象监测与预测对农民确定农业生产计划和决策非常重要。智慧农业可以通过气象传感器和数据分析技术，实现对传统村落农田气象的实时监测和预测，及时掌握降雨、气温、风速等气象信息，为农民提供科学的气象服务，帮助农民制订合理的种植和农业生产计划。

（3）自动化农机和设备。智慧农业通过物联网技术和自动化设备，实现农业生产全程的自动化管理和控制，提高农业生产效率和生产能力。传统村落可以利用智能化农机和设备，如自动化收割机、自动化播种机、无人驾驶拖拉机等，减少人工操作，提高农业生产效率和生产质量。

（4）农产品追溯和溯源管理。智慧农业可以通过云计算技术实现农产品的追溯和溯源管理。利用物联网技术和数字化标识技术，实现对农产品的生产、加工、运输、销售等全过程的数据记录和追踪，为消费者提供可靠的农产品信息和安全保障。

（5）智慧农业示范园。传统村落可以建设智慧农业示范园，集成各种智慧农业技术和设备，为农民提供智能化的农业生产服务，促进传统村落的农业发展。智慧农业示范园可以通过展示和推广先进的农业科技成果提高农民的科学素质和技能水平，带动传统村落的农业产业转型和升级。

（四）智慧管理

智慧管理是指利用数字技术为传统村落提供更加高效、智能和精细的管理服务。传统村落作为传统文化的重要载体和旅游资源，需要保护和发展，而传统村落的管理工作面临着一些挑战，如信息不对称、管理成本高、资源浪费等。智慧管理可以通过数字技术手段实现传统村落管理的信息化和数字化，提高管理效率和服务质量。

1. 智慧管理的基本概念和特点

智慧管理是指利用数字技术、物联网技术和人工智能等技术手段，将传统村落的管理全面数字化和智能化，提供更加高效、智能和精细的管理服务。智慧管理的主要特点包括以下几个方面。

（1）数据化。智慧管理将传统村落的管理全面数字化，包括村落规划、建筑维护、环境监测等各方面信息，使管理服务更加智能、便捷和个性化。

（2）互联性。智慧管理通过物联网技术，实现传统村落内各个设备之间的互联互通，实现管理信息共享和资源优化配置。

（3）智能化。智慧管理通过机器学习、人工智能等技术手段，为传统村落提供更加个性化、精准化的管理服务，提高管理效率和服务质量。

2. 智慧管理在传统村落中的应用

（1）村落规划与设计。智慧管理可以实现传统村落的数字化测绘和规划设计。利用数字技术可以对传统村落的空间数据进行高效、准确的采集和分析，为传统村落规划和设计提供科学依据和指导。

（2）建筑维护与保护。传统村落的建筑多为古老的民居，是重要的文化遗产，需要进行维护和保护。智慧管理可以通过物联网技术和大数据分析实现对传统村落建筑的实时监测和分析，及时发现建筑问题并进行维护和保护。

（3）环境监测与保护。传统村落的环境保护也是非常重要的。智慧管理可以通过物联网技术实现对传统村落环境的实时监测和分析，如对空气质量、噪声污染、水质等方面的监测。同时，智慧管理还可以根据监测结果实现对环境污染源的定位和治理，保护传统村落的生态环境。

（4）资源共享与优化配置。传统村落中的资源是有限的，如何进行优化配置提高资源利用效率，是传统村落管理的重要问题。智慧管理可以通过物联网技术和大数据分析实现对传统村落内各类资源的信息化和数字化，实现资源共享和优化配置，提高资源利用效率。

（5）智能化服务与管理。智慧管理可以通过人工智能、机器学习等技术手段实现传统村落的智能化服务和管理。例如：通过智能客服系统实现对游客的在线咨询和服务；通过智能巡检系统，实现对传统村落的安全监测和预警；等等。

总之，数智技术已经成为传统村落保护与创新发展的重要工具和手段。随着数智技术的不断发展和应用，传统村落将有更多的机会展示其独特的魅力和价值，为人们带来更加美好的生活体验。

第三节　数智技术赋能传统村落保护与创新发展
——以黄河流域传统村落为例

一、黄河流域传统村落概况

黄河流域传统村落具有丰富的文化底蕴，如农耕文化、士大夫文化、渡口文化、军事文化和商业文化等。这些村落不仅保留了宗教祠堂、挽联碑记等物质文化遗产，还传承了民风民俗和艺术技能等非物质文化遗产。

以陕西地区为例，这里聚集了周秦汉唐的都城文明和京畿文化，留存着130多个具有文物和文化价值的古镇。从地理分布上看，陕西北部的黄土高原和台塬地区主要以砖木结构和窑洞为主；南部的秦巴山地则以山地木结构、土木结构和石木结构为主；而关中平原则以布局严谨的砖木结构为主。黄河流域各地理单元孕育了独具特色的建筑风格，反映出各自的文化特征。

黄河流域传统村落是村民传承生活智慧、文化艺术成果和地域特色的地方，是中华文明的根基，承载着游子的乡愁。这些传统村落具有朴实的美感和丰富的文化内涵，展示了人类聚落的延续和中国传统建筑的精华。它们真实地反映了农耕文明时期的乡村经济和社会生活，凝聚了中华民族的优秀文化，传承了历史信息，具有很高的科学研究、旅游观赏和开发利用价值。

黄河流域传统村落位于特殊的自然环境区，地貌、水系、资源特点和人文习俗各异，经济社会发展水平也不同。这种多样性和非均衡的资源环境给传统村落寻求合适发展模式带来挑战。

总之，黄河流域传统村落地域性特色很强，不同区域房屋建筑形成了不同的资源特色，传统村落的开发利用成为村民发展特色经济、实现脱贫致富的重要途径，传统村落也成为乡村振兴、美丽乡村建设的重要资源。与此同时，黄河流域传统村落生态保护既是城镇化建设的要求，也是村民的诉求以及传统建筑和文化保护的需要，更是发展我国生态经济的重要组成部分。

二、数智技术赋能黄河流域传统村落的保护与创新发展

前面，笔者分析了数智技术在传统村落保护中的应用，也对黄河流域村落的整体情况做了概述。下面笔者以山西省吕梁市临县碛口镇李家山村为例，进一步论述数智技术如何赋能黄河流域传统村落的保护与创新发展。

第七章 数智技术赋能传统村落的保护与创新发展

(一) 李家山村概况

李家山村位于山西省吕梁市临县碛口镇西南3千米处，是当年碛口商业繁荣带动的村庄之一。在明朝成化年间，碛口商人李氏因商业规定不允许携带家属，于是选择四面环山、西望黄河的李家山作为家属居住地，以保护家人和家族财产。李氏宗谱记载，当时该地名为陈家湾，随着李姓家族的大量迁入，便更名为李家山。

随着李氏家族代代在碛口经商致富，他们对李家山进行了大规模建设，形成了以窑洞四合院为主体的立体村落。2007年，李家山村被评为"中国景观村落"，2008年被命名为"中国历史文化名村"。

李家山村的布局如同展翅的凤凰，村北的凤凰山为"凤首"，中间向南突出的部分为"凤身"，两侧两道沟为"两翼"。整个村落分布在"凤身"和"两翼"部分。沿着山势逐层向上，建有多达十层的阶梯式院落，错落有致，犹如一幅立体画卷。其中，李德峰宅院群、李登祥窑院群等，充满了砖雕、木雕、石雕和匾额等艺术元素。

李家山村的建筑与山体完美融合，人与自然和谐共生。村道呈"之"字形，以石砌棱和块石铺成，贯穿村庄。整个村子依靠良山，两翼相护，四周黄山环绕，外形封闭，成为李氏家族的隐世桃源。著名画家吴冠中将李家山村比作桃花源，正是他的画作让世人了解到这个黄河岸边的秘境。

(二) 数智技术赋能李家山村保护与创新发展的具体路径

1. 以数据留存技术获取和保存李家山村真实数据

对于传统村落的保护，全面获取和保存真实数据是最关键和最基础的环节。它为物理保护和进一步的展示传播提供前提，也是一种数字化保护手段。数据采集和存储技术已经从纸质资料向数字化发展，目前典型的技术主要包括图形图像采集和空间数据获取技术。

（1）图形图像采集技术。李家山村的景观、民居、文物、表演等各类资源可以通过图形和图像进行数字化记录。例如：采用平面扫描获取绘画、书籍、乐谱、剪纸等二维图像；应用高清拍摄记录村落景观、民居古建、文物外观；运用摄录技术采集文化演出、传承人描述；等等。这类技术应用较早，发展迅速，相对成熟，已成为传统村落调查中的常规技术手段。其实，我国传统村落保护的调查工作已明确要求，要完善村落全貌、主要街巷、重要传统建筑的照片。

（2）空间数据获取技术。传统村落本身是一种具有物理空间特征的特殊景观，民居、古建筑、文物等物质性遗产都具有显著的地理空间特性。遥感和三维激光扫描等空间数据采集技术已成为传统村落三维空间数据获取的主要手段。遥感技术主要应用于对村落大范围基础地理信息数据的收集、村落景观中要素的解译以及村落环境动态变化数据的获取。对于李家山村，可以利用无人机遥感技术对整个村落的空间布局、自然环境和人文景观进行大范围的数据采集，从而为村落保护与发展提供宝贵的信息支持。三维激光扫描技术以其非接触、速度快、精度高等优势成为传统村落中民居古建、文物等空间数据获取的有效手段。针对李家山村的具体情况，可以运用三维激光扫描技术对其重要的民居、古建筑、文物等进行精细化的三维数据采集，以便在保护、修复和展示过程中实现精准还原。

2.通过信息加工技术为李家山村的保护与创新发展提供决策支撑

传统村落的数字化信息加工是一项关键的、多学科交叉的技术性工作。它涉及地理信息系统（GIS）技术、三维建模技术以及其他相关领域的技术，为传统村落的保护、规划设计、文化研究和传播等提供了强大的技术支持。在此背景下，我们将对传统村落数字化信息加工的两个主要方面进行详细阐述。

（1）地理信息系统技术。地理信息系统技术已经在传统村落保护领域发挥了关键作用。这一技术以其空间分析能力为核心，为传统村落空间形态、景观格局、民居分布等方面的研究和信息系统构建提供了有力支持。地理信息系统技术在规划、修复和设计等方面发挥了重要作用，被认为是现代传统村落保护规划的重要辅助手段之一。借助地理信息系统空间分析工具，研究人员可以对李家山村的空间分布进行深入研究。通过对田野调查、历史资料和地理信息系统技术方法的综合运用，研究人员可以为李家山村数字化保护提供全新的思路。同时，地理信息系统技术还可以为李家山村地理信息系统构建技术路线提供创新思维，实现李家山村规划信息的深度分析、高效管理和便捷交流。

（2）三维建模技术。传统村落的三维建模是数字化信息加工的另一个重要方面。这一技术可以帮助研究人员更好地理解和展示李家山村的空间结构和物质形态要素。三维建模技术主要包括两种类型：一种是对村域及其周边构建三维地形模型，为全域查询或展示提供基础地理骨架支撑；另一种是对村落中物质形态要素如建筑、构件、文物等构建三维数字模型。构建三维地形模型的过程通常包括提取高程点、生成数字高程模型（DEM）等步骤。这些步骤利用遥感技术、全球定位系统（GPS）和其他地理信息数据，将地形信息转化为数字化信息。通过对数字高程模型的分析和处理，研究人员可以深入了解村落地形特征、地貌变化等方面的信息，为李家山村的保护规划和文化研究提供有力支持。

与此同时，对村落中物质形态要素的三维建模也是一项关键任务。这一过程主要基于几何建模方法，运用相关三维建模软件将物理造型转化为数字模型。建筑物的三维建模需要考虑其结构、材料、形态、装饰等方面的特征，以便更准确地展示其历史、文化和艺术价值。此外，对构件、文物等要素的三维建模也同样重要，因为这些要素往往承载着丰富的历史信息和文化内涵。

传统村落的三维建模技术在文化遗产保护和传播领域具有广阔的应用前景。例如，通过创建虚拟现实环境，研究人员可以为游客提供身临其境的传统村落参观体验，使他们在欣赏美丽风景的同时，更好地理解村落的历史文化背景。此外，三维建模技术还可以用于教育和培训领域，帮助学生和专业人员更直观地掌握传统村落的空间结构和文化特色。

3. 以展示传播技术展示和传播李家山村的文化元素

为了全面生动地展示李家山村的传统景观和文化元素，以及有效地传播其独特魅力，我们可以采用虚拟现实技术和"互联网+传统村落"的模式，将李家山村的传统文化资源进行数字化处理并呈现给更多的受众。

应用虚拟现实技术可以为观众提供沉浸式的视觉体验。这种技术可以让人们身临其境地感受李家山村的建筑风格、自然环境以及人文风情等方面的特色。例如，通过李家山村的三维数字模型，观众可以在虚拟环境中自由漫游，欣赏村落的传统建筑、古老的巷道、青石小桥等景观。同时，通过虚拟现实技术，观众还可以模拟不同的季节和时间，让观众感受李家山村在四季变换中的美丽变化。

除了虚拟现实技术外，还可以通过"互联网+传统村落"的模式，对李家山村的文化资源进行数字化整合与传播。第一，可以将李家山村的文化遗产、历史资料、民俗习惯等各类信息进行系统化整理，并通过大数据存储技术进行有效管理。第二，利用互联网平台推出线上展示、讲座、研讨等活动，让更多人了解李家山村的丰富文化内涵。

在实施"互联网+传统村落"的模式时，应关注以下几个方面。

（1）重视文化传承与创新。通过建立线上资料库、开展线上课程和讲座等活动，弘扬李家山村的传统文化，同时鼓励当地居民及相关人士进行文化创新，丰富李家山村的文化内涵。

（2）避免标本化保护。将李家山村的数字化保护与实际保护相结合，确保其传统文化在数字化过程中得到真实、全面的呈现。

（3）及时出台有效政策。政府部门应密切关注李家山村的数字化保护进程，出台相应的政策和措施，确保其传统文化得到有效保护与传承。

（4）促进旅游业发展。结合李家山村的文化特色和自然景观，开发一系列线上线下的旅游产品。例如，开发基于虚拟现实的李家山村数字旅游产品，让游客足不出户即可体验李家山村的独特魅力；同时，推广

第七章 数智技术赋能传统村落的保护与创新发展

智慧旅游服务，为实地旅游的游客提供更便捷的导览、讲解等服务，提升游客的旅游体验。

总之，通过数字化手段，可以使李家山村的传统文化在全国范围内得到更广泛的关注，从而进一步推动其文化保护、传承和发展。在这个过程中，我们应关注各个方面的协调与平衡，尽可能地将李家山村的文化传统展现得更加丰富、专业、深入，以促进其在新时代的传承与发扬。

随着科技的不断发展，数智技术将在未来发挥更加重要的作用，为传统村落的数字化保护和传承贡献更多力量。同时，我们也应关注到，数字化技术虽然为传统村落保护带来了便利，但过度依赖技术手段可能导致对文化的片面理解和传承失真。因此，在运用这些技术的过程中，我们应始终关注传统村落的实际需求，充分挖掘其历史、文化和社会价值，为传统村落的可持续发展提供全面、深入的支持。

参考文献

[1] 曹伟. 传统村落[M]. 北京：中国建材工业出版社，2021.

[2] 吴必虎. 中国传统村落概述[M]. 深圳：海天出版社，2020.

[3] 周建明. 中国传统村落：保护与发展[M]. 北京：中国建筑工业出版社，2014.

[4] 钟小东，赵影. 旅游影响下传统村落的发展与保护[M]. 长春：吉林科学技术出版社，2019.

[5] 范贤坤. 传统村落旅游资源开发与保护[M]. 贵阳：贵州大学出版社，2018.

[6] 邱扶东. 传统村落文化遗产保护与旅游发展共赢机制研究[M]. 桂林：广西师范大学出版社，2022.

[7] 胡艳丽，曾梦宇. 人、形、业、境、魂：传统村落"五位一体"保护与发展路径体系研究[M]. 成都：四川大学出版社，2022.

[8] 汪欣. 传统村落与非物质文化遗产保护研究[M]. 北京：知识产权出版社，2014.

[9] 周东红. 乡村振兴视域下传统村落保护与设计研究[M]. 北京：北京工业大学出版社，2021.

[10] 刘天曌. 传统村落保护与利用的农户行为响应机理及其调控机制研究[M]. 北京：经济日报出版社，2022.

[11] 毛蕾，王金平．县域传统村落保护利用模式探析[J]．山西建筑，2023，49（8）：20-25．

[12] 谭刚毅，易玲薇．基于建成遗产理念的传统村落保护与乡村建设思辨[J]．新建筑，2023（2）：4-10．

[13] 高翔，王宇．传统村落保护制度的作用机制与组合路径[J]．四川戏剧，2023（1）：132-135．

[14] 石庆龙，盛茂银．传统村落保护与景观规划策略[J]．现代园艺，2023，46（5）：140-143．

[15] 冯智渊，李书琴．政府主导开发模式下从化传统村落保护策略探究：以钟楼古村为例[J]．福建建材，2023（1）：50-52．

[16] 刘碚．基于文旅融合的传统村落保护与开发利用对策研究[J]．西部旅游，2022（22）：22-24．

[17] 白澎．中国产业安全的实证研究[J]．山西财经大学学报，2010，32（8）：65-76．

[18] 葛晓丹，杜瑞雪，吴宦漳，等．浙江省传统村落保护管理制度探索：以松阳县为例[J]．小城镇建设，2022，40（11）：17-24．

[19] 郭莹莹．浙江省传统村落资源的原真性保护与评价研究[J]．现代经济信息，2017（15）：481，483．

[20] 刘虹，汤燕．村落传统景观风貌保护危机与传承策略：以浙中金华马头方村为例[J]．浙江科技学院学报，2014，26（6）：436-442．

[21] 汪涛，李弘正，王婧．乡村振兴视角下传统村落保护发展规划方法探索：以江苏省泰州市俞垛镇仓场村为例[J]．规划师，2020，36（23）：90-96．

[22] 张晓蕾，张宝，陈燕杰，等．江苏省特色保护类村庄规划与保护

建议：基于典型村的调研[J]. 中国国土资源经济，2020，33（10）：44-48.

[23] 杨颖，张洋，李晓琼，等. 复合系统视角下的江苏传统村落保护利用研究[J]. 南方农业，2018，12（14）：137-140.

[24] 盛丽梅，欧刚，赵胜兵. 乡村振兴背景下广西传统村落保护与发展调查研究[J]. 广西城镇建设，2023（3）：29-35.

[25] 广西壮族自治区住房和城乡建设厅. 广西壮族自治区：组织设计人才力量下乡 探索传统村落保护发展模式[J]. 城乡建设，2022（20）：74-75.

[26] 李鸣. 乡村振兴背景下的传统村落保护发展研究：以广西博白县松茂村昌穆荘为例[J]. 智能城市，2021，7（24）：25-26.

[27] 陆卫. 广西传统村落的保护与可持续发展思路[J]. 文物天地，2021（3）：4-7.

[28] 李亮. 传统村落保护与产业发展良性互动机制研究：基于广西6个典型村落的调查[J]. 桂海论丛，2020，36（1）：64-70.

[29] 徐明煜. 广西传统古村落生态与建筑的艺术保护发展研究[J]. 信息记录材料，2017，18（7）：175-177.

[30] 张云兰. 新型城镇化背景下传统村落的保护和发展：以广西为例[J]. 广西民族研究，2017（2）：139-146.

[31] 王路生. 传统古村落的保护与利用探索：以广西贺州市秀水村为例[J]. 规划师，2014，30（Z2）：148-153.

[32] 韩玮璇，刘苏文. 传统村落保护与乡村旅游协同发展分析：以山东淄博中郝峪村为例[J]. 智慧农业导刊，2022，2（20）：56-58.

[33] 刘利华. 生态文化下山东胶东传统村落的保护与发展探究[J]. 新美域，2020（3）：105.

[34] 胡建华.山东赵家石河村传统民居数字化保护研究[J].文化学刊，2020（4）：84-86.

[35] 杨清.民俗文化视角下的传统村落保护与发展研究：以山东荣成海草房为例[J].城市建筑，2020，17（6）：85-87.

[36] 陶聪.古村落的保护、发展挑战与对策：以潍坊安丘雹泉村为例[J].产业与科技论坛，2018，17（6）：249-250.

[37] 兰玲.民俗学视角下的传统村落保护：以烟台招远传统村落保护为例[J].人文天下，2015（23）：2-7.

[38] 夏青，罗彦，张兵.乡村建设为农民而建：传统村落保护的治理路径研究[J].规划师，2021，37（10）：26-33.

[39] 张晶.美丽乡村建设背景下传统村落保护与发展策略探析[J].城市发展研究，2020，27（8）：37-43.

[40] 杨瑾，鄢金明，杨红.内生发展理念下传统村落保护与振兴路径探究[J].城乡规划，2022（2）：39-50.

[41] 魏成，成昱晓，钟卓乾，等.传统村落保护利用实施与管理评估体系研究：以岭南水乡中国传统村落为例[J].南方建筑，2022（4）：46-53.

[42] 孙婉儒，关嘉琦，孙佳星，等.虚拟现实技术在传统古村落数字化保护中的应用与策略[J].科技创新与生产力，2022（2）：68-70.

[43] 罗苈，李鹏昊，季铁.从类型化到数字化：传统村落保护路径建构研究[J].包装工程，2021，42（14）：56-64.

[44] 高超，王卓男，周江.三维数字技术测绘介入传统村落建筑遗产保护研究的应用策略探析[J].内蒙古工业大学学报（自然科学版），2020，39（5）：379-385.

[45] 杨小军，丁继军. 传统村落保护利用的差异化路径：以浙江五个村落为例[J]. 创意与设计，2020（3）：18-24.

[46] 祝媛捷，宁林源，熊晨，等. AR技术在传统村落保护修复研究中的运用：以湖北咸宁山里饶村为例[J]. 城市建筑，2019，16（4）：169-172，178.

[47] 林晓蓉，简海云. 延续文脉的传统村落保护与发展——以云南沙溪寺登村为例[J]. 城市建筑，2023，20（1）：155-160.

[48] 陈中高，于英，姜坤汝. 触媒视角下我国传统村落保护与发展的研究进展与方法探索：基于CiteSpace的知识图谱分析[J]. 城市发展研究，2022，29（9）：22-27.

[49] 李奎莳，李璐，李炳程，等. 基于GIS技术对传统村落空间保护研究：以玉溪市峨山地区滇中传统村落为例[J]. 天津农业科学，2017，23（11）：32-35.

[50] 余佳莹. 广西桂南地区传统村落空间形态的保护与复兴策略研究：以灵山县大芦村保护设计为例[D]. 武汉：武汉纺织大学，2022.

[51] 覃晓菲. 乡村振兴背景下传统村落保护研究：丹洲古城为例[D]. 南宁：广西大学，2021.

[52] 周超. 浙江省下樟村传统民居保护与发展路径研究[D]. 济南：山东工艺美术学院，2018.

[53] 宓天姝. 山东章丘朱家峪传统村落保护与发展研究[D]. 武汉：华中师范大学，2019.